U0111768

大展好書　好書大展
品嘗好書　冠群可期

大展好書　好書大展
品嘗好書　冠群可期

武術特輯

61

楊式太極拳 體用圖解

崔毅士　親傳

崔仲三　編著

大展 出版社有限公司

國家圖書館出版品預行編目資料

楊式太極拳體用圖解／崔毅士　親傳　崔仲三　編著
——初版，——臺北市，大展，2004〔民93〕
面；21公分，——（武術特輯；61）
ISBN　957-468-338-9（平裝）

1.太極拳

528.972　　　　　　　　　　　　　　　　93016715

北京體育大學出版社授權中文繁體字版

楊式太極拳體用圖解　　ISBN 957-468-338-9

親　　　傳／崔　毅　士
編 著 者／崔　仲　三
責任編輯／董　英　雙
發 行 人／蔡　森　明
出 版 者／大展出版社有限公司
社　　　址／台北市北投區（石牌）致遠一路2段12巷1號
電　　　話／（02）28236031・28236033・28233123
傳　　　眞／（02）28272069
郵政劃撥／01669551
網　　　址／www.dah-jaan.com.tw
E－mail／service@dah-jaan.com.tw
登 記 證／局版臺業字第2171號
承 印 者／高星印刷品行
裝　　　訂／協億印製廠股份有限公司
排 版 者／弘益電腦排版有限公司
初版1刷／2004年（民93年）12月

定　價／400元

●本書若有破損、缺頁敬請寄回本社更換●

發展太極拳運動

增強人民體質

費玉通

二〇二一年十月

崔仲三先生雅屬

太極者陰陽之母也動之則分靜之則合

辛巳月之秋　楊萱庭

跨世紀煉身心養太

極葆青春

歲在乙卯冬月三九

之初于北京藝龍居

吉良居

楊式太極拳一代宗師楊澄甫

楊式太極拳一代名家崔毅士

前排左起：傅鐘文、崔毅士、牛椿明、劉東漢、李雅軒

後排右三為本書作者崔仲三

火而火之出天然

(十)太極進退不已功

掤進攞退自然理。　陰陽水火旣相濟。　先知四手得來真。

採捌掤攞方可許。　四隅從此演出來。　十三勢架永無已。

所以因之名長拳。　任君開展與收斂。　千萬不可離太極。

(十一)太極上下名天地

四手上下分天地。　採捌掤攞有由去。　採天攞地相應求。

何患上下不旣濟。　若使掤捌習遠離。　迷了乾坤遺歎惜。

此說亦明天地盤。　進用掤捌歸八字。

(十二)太極人盤八字歌

崔毅士手跡

預備勢

左攬雀尾

右攬雀尾（掤式）

右攬雀尾（捋式）

捋式（正面）

右攬雀尾（擠式）

右攬雀尾（按式）

單　鞭

提　手

白鶴晾翅

左摟膝拗步

右摟膝拗步

搬攔捶之一

搬攔捶之二

如封似閉

十字手

右倒捲肱

斜飛式

海底針

閃通背

撇身捶

白蛇吐信

右雲手

左雲手

高探馬

右分腳

左蹬腳

左打虎

右打虎

雙封貫耳

右玉女穿梭

單鞭下式

左金雞獨立

弓步穿掌

單擺蓮

指襠捶

上步七星

退步跨虎

彎弓射虎

收　勢

崔 毅 士 簡 介

　　崔毅士（1892～1970），名崔立志，字毅士，河北任縣人。楊式太極拳主要傳人之一，楊式太極拳一代宗師楊澄甫入室弟子，第四代正宗傳人。1928～1936年隨楊師南下巡迴授拳於南京、上海、杭州、廣州、武漢、西安、蘭州、蚌埠、萬縣、漢口等地。解放初期在北京成立《永年太極拳社》，親任社長，曾榮任北京市武協委員。崔毅士曾在北京中山公園設場授拳，廣傳技藝，從學者眾多，有「北崔南傅」之美譽。崔毅士先生以畢生的精力研修楊式太極拳功法，尤以太極推手最擅長，深得楊師遺風。教學嚴謹，一絲不苟，別具一格，享有「崔派太極」之美譽。1964年創編《簡化楊式太極拳42式》、《楊式太極棍》，流傳於世，使楊式太極拳進一步得到完善和昇華。終成為北派楊式太極拳代表人物之一。

崔仲三簡介

　　崔仲三（1948～　），崔毅士嫡孫，北京市人，祖籍河北。北京體育大學大專學歷，中國武術七段，國家一級武術裁判員。出身太極世家，幼年起就隨祖父習練傳統楊式太極拳，至今已有40餘年。崔仲三先生秉承家傳，在祖父嚴格教導下全面掌握了太極拳、器械及推手，深得教誨。繼承了祖父拳架舒展大方、勻緩柔和、輕靈沉穩、剛柔相濟、意在其中的風範，是北京楊式太極拳嫡傳之人。

前　言

　　謹以本書深深懷念我的祖父———一代太極名家崔毅士。

　　我的祖父崔立志（字毅士），1892 年生於河北任縣，1970 年故於北京。是楊式太極拳一代宗師楊澄甫先師的高足、楊式太極拳第四代正宗傳人。祖父自幼酷愛武術。在家鄉向鄰村老拳師劉瀛洲（清末名鏢師）習三皇炮捶，喜舞刀棍，善練石鎖。與邢臺李寶玉（李香遠）是摯友，共同習練開合太極（即武式太極拳）。祖父於 1909 年慕名進北京拜楊澄甫先生爲師，成爲入室弟子，從此開始了太極生涯。入室後，精心習拳，潛心練功，深得楊師器重與教誨，得其眞髓。1928年～1936 年隨楊師南下，巡迴授拳於南京、上海、杭州、漢口、廣州等地。1936 年又獨自授拳於南京、武漢、萬縣、西安、蘭州、蚌埠、合肥等地，1945 年返回北京。

　　此後，祖父一直居住在北京，廣交武林朋友，解放初期成立北京永年太極拳社，任社長。曾榮任北京市武協委員。祖父在教學中，態度嚴謹，一絲不苟，對「教」和「練」要求甚嚴，深得學員贊譽。在 60 多年的練功及授拳研修過程中，祖父不僅完全繼承了楊師當年授拳時的作風，而且加之多年隨師授拳，深得楊師眞諦，並畢生精心研修，終於成爲北派楊式太極拳的代表人物。

　　祖父爲人善良、處世忠厚、性情耿直、豪爽有節，富貴不

淫、貧窮不移、愛拳敬業。他以畢生精力修煉楊式太極功夫，治學嚴謹、技藝精湛。凡楊式太極拳、劍、刀、大杆（槍）、推手、大捋，無不得楊師之真傳，功底深厚，造詣精深，尤以太極推手最為擅長。他善化善發，出手綿軟，柔中寓剛；輕靈機敏，虛實分明；聽之至細，動之至微，引之至長，發之至驟，凡身受者未覺其動，早已騰空跌出丈外，令人驚嘆折服。祖父一生從學者不計其數，其中不乏黨、政、軍要員，如原海軍司令蕭勁光（上將）、愛國將領耿颺先生、原中南局書記王首道，原中宣部副部長周揚，作家周立波、丁玲，著名演員金山，著名畫家李可染等，以及外國駐華使節、各國朋友、學者、工人、農民、學生、普通百姓，可謂桃李滿天下。祖父畢生練功和授拳研修，其技藝達到了爐火純青的地步。在練習方法上，祖父強調科學性、整體性、連貫性、圓活性和內外身心的統一性。其拳勢寬大柔綿而舒展，別具一格，使楊式太極拳「舒展大方、勻緩柔和、輕靈沉穩、剛柔相濟、結構嚴謹、渾厚莊重」的特點日臻完美，並得到進一步的發展。因之，有「崔派太極」之美譽。

　　祖父畢生致力於楊式太極拳的研修和普及工作，同時也是第一位在北京傳授武式太極拳的名師。為了更進一步推廣和普及太極拳，祖父根據自己數十年的教學經驗和對太極拳的獨特精闢理解，於 1964 年在傳統楊氏太極拳的基礎上，創編了一套簡單易學、更適宜工間進行練習的「楊式簡化 42 式太極拳」。此套路保留了傳統套路的風格、特點和動作精華，刪減了重複動作，融入數十年對太極拳的理解和體會，改進了太極拳勢結構與動作方法，使新編套路更具短小精幹、再現風韻、清新流暢、簡單易學的特點。此套路推出後，受到廣大太極拳

愛好者的歡迎，至今廣爲流傳。祖父又根據自己多年修煉體會
並結合武術中棍術的特點，創編了「楊式太極棍」，爲繼承和
發展太極拳運動做出了卓越的貢獻。

　　祖父在畢生的習武和教學中，積累了豐富的教學經驗和對
太極拳的精闢理解。我至今還保存著近百幅 30 年代在我家庭
院，由澄甫先師親自指導，拍攝的祖父練習傳統楊式太極拳的
動作照片。從這些極其珍貴的照片中我們可以看到 60 年前傳
統楊式太極拳的動作姿態、風格特點，以及祖父當年練拳時的
風韻和深厚功底。

　　祖父經常用橡皮筋來比喻太極拳的內勁，他講：「當你用
雙手牽住橡皮筋的兩端，將橡皮筋拉長，拉到極限時，橡皮筋
就會斷開。這好比練拳時用力過猛，產生動作僵滯，沒有回旋
的餘地。如果雙手向裡合，橡皮筋就會軟下來，這就像練拳時
不用力，易產生動作鬆軟無力，沒有變化的餘地。只有將橡皮
筋拉到恰到好處，使它富有一定彈性時，這時既可以繼續拉
長，又可以適時地回收。」這極其生動形象的比喻，使學拳者
能比較通俗易懂地理解太極拳的內勁。進而體會到練拳時用意
不用力（是指不用拙力），動作鬆柔圓活（不是鬆軟無力，而
是要有內勁）。只有這樣不斷地加深理解，循序漸進地練習，
才能達到棉裡藏針的境界。祖父對太極拳術的理解和體會是與
他一生的不斷探索、追求、虛心好學分不開的。現在保存極好
的一本太極拳拳理手抄本，就是當年祖父用小楷書寫的。《揉
手（推手）眞義》手稿，是祖父一生對太極推手的理解和解
譯，是寶貴的文史資料。

　　祖父經常提到，舒展大方、勻緩柔和、輕靈沉穩、結構嚴
謹、渾厚莊重是楊式太極拳的特點，以其動作簡潔、外柔內

剛、體態瀟灑、神態安詳、體舒心靜、優美自然、開展大方深得國內外廣大太極拳愛好者所喜愛。楊式太極拳在練習方法上突出整體性、連貫性、圓活性和內外身心的統一性。端正自然，不偏不倚，舒展大方，旋轉鬆活，以腰爲軸，完整貫穿。從起勢到收勢，前後連貫有如一線貫通，銜接一氣，上下表裡，自然貫通，勢斷勁不斷，銜接和順，周身完整。動作沉穩中帶有輕靈，輕靈而不飄浮。急而不急動，靜而不僵滯，即所謂輕而不飄，沉而不僵。外柔內實，綿綿不斷，剛中寓柔，剛柔相濟。不論虛實變化、起伏轉換，都是式式相連，猶如行雲流水，沒有絲毫停頓間斷之處，更沒有忽急忽緩帶有棱角之處。正如《拳論》所云「由腳而腿而腰總須完整一氣」，「其根在腳，發於腿，主宰於腰，形於手指」，「綿綿不斷」。

楊式太極拳要求在意識引導下，呼吸匀細深長，氣沉丹田，運勁如抽絲，邁步如貓行。「心靜」，才能「用氣不用力」。要在寧靜的情緒下，身正體鬆，意識、呼吸、動作三位一體，密切結合，進行有節奏的練身、練意、練氣。所以，太極拳是內外兼修，形神合一，動靜結合，上下相隨的高級行爲的運動方式。太極拳不同於其它的運動，從精神到形體都是一種柔和的運動。

祖父經常講起當年在中山公園「行健會」和太廟（現北京市勞動人民文化宮）跟隨楊師習拳、推手、練刀劍、抖大杆時的情景。本書所描繪的拳路，是我和姐姐崔仲萍從幼年起在祖父的薰陶教導下所掌握的套路。祖父不僅完全繼承楊澄甫宗師的拳路，並將他幾十年研修的體會和經驗傳授給了我們。本書參閱了祖父的手稿和祖父當年所講的有關故事、典故，尤其是拳術勁力的體現和動作外形的規格要求，以及我的筆記，編寫

成此書。

1948 年我出生在這個太極世家，從幼年起就隨祖父習練傳統楊式太極拳。祖父對我要求非常嚴格，雖然年齡小，但每次練習都要達到一定數量和規定的標準。在練習傳統楊式太極拳的基本功時更是如此。「摟膝拗步」是楊式太極拳功夫中最具代表性的動作。它看似簡單，但按要求達到標準，並非易事。記得小時候每次練「摟膝」動作時，祖父經常都會買下一串山楂糖葫蘆，每當我練完一圈（約 30～40 個摟膝動作）才允許吃一粒山楂。我那時年齡小，要想吃糖葫蘆必須按規定、按要求練完才能吃。現在想起來，日後參加比賽所取得的成績均得益於祖父的嚴格要求和紮實的基本功。我自 4 歲起就向祖父學習傳統楊式太極拳，深得祖父偏愛與教誨，秉承家傳，全面掌握太極拳、械及推手，繼承了祖父「拳架舒展大方，勻緩柔和，輕靈沉穩，剛柔相濟，意在其中」的風範。

自 1957 年首次獲青少年組太極拳冠軍起，多次參加各種規模的太極拳比賽，並於 1960 年入選北京市青少年業餘武術學校訓練。1960～1961 年連獲北京市武術比賽太極拳冠軍。1982 年獲北京市第 6 屆運動會太極拳賽亞軍。1985～1986 年再次連獲北京市武術比賽太極拳冠軍。1986 年獲全國太極拳劍比賽太極劍亞軍。曾任北京代表隊教練、1985 年全國工人運動會開幕式太極拳表演任總教練。1990 年第 11 屆亞運會開幕式中日太極拳表演，任東城區執行總教練。1993 年第 7 屆全國運動會，擔任武術裁判工作。1995～1997 年連續三屆世界太極修煉大會，任副總教練和楊式太極拳導師。1997 年第 8 屆全國運動會，擔任武術裁判工作。多次參加太極拳推手競賽規則研討編寫，及北京市武術挖掘整理工作並獲嘉獎，多

次榮獲北京市優秀輔導員稱號。

多年的教學積累了豐富的經驗，三年的體育大學學習進一步豐富了理論知識和太極拳的運動內涵。多年來爲傳播推廣太極拳而辛勤耕耘，弟子袁健、鐘祖琴、李沐澤、王仲華、米瑞（美國）、朴觀雨（韓國）等人多次在全國和北京市運動會中取得優異成績，並爲武漢工業大學、北京大學、清華大學等高等學府輸送武術人才。二十多年來，相繼向來自十多個國家和地區的外賓（團隊和個人）傳授太極功夫。曾受北京市對外友協委派、應日本太極拳協會邀請，三次東渡日本進行太極功法教學，1999年應美國亞特蘭大市「美國美中楊式太極拳協會」邀請赴美傳授楊式太極拳。2001年被中國武術協會授予「中國武術七段」段位，同年受中國武術協會邀請赴三亞市參加「首屆世界太極拳健康大會」做名家表演。

根據自己幾十年練習體會及教學經驗，近些年編著出版發行了《傳統楊式太極拳教程》、《太極刀》、《學練24式太極拳32式太極劍》以及中國傳統武術經典系列片、名家名拳《傳統楊式太極拳108式》教學光碟，爲把太極拳推向世界作出積極貢獻。

現任北京市武協委員、北京市朝陽區武協委員、北京市豐臺區武協高級顧問、北京永年太極拳社社長，及河北廊坊、滄州，安徽蚌埠等市楊式太極拳學會名譽會長。曾任北京市東城武術館副館長、北京市東城區武術協會秘書長之職。

附：

楊式太極拳一代宗師楊澄甫所傳入門弟子：

陳月坡、閻仲魁（月川）、尤志學、崔立志（毅士）、王旭東、牛春明（敬軒）、李春年（雅軒）、王景星、張慶林、

郭子榮、陳微明（愼先）、姜廷宣、劉東漢、張欽林、傅鐘文、武匯川、田兆麟、董英杰、楮桂庭、鄭曼青、曾如柏等。

一代太極名家崔毅士先師所傳入門弟子：

和西青、吳文考、吉良晨、楊俊峰、劉高明、張海濤、殷建尼、白志銘、韓敏英、杜星垣、王永禎、馬祥麟、李鴻、黃永德、沈德豐、崔彬、邱佩如、孫正、方寧、李連生、陳連寶、曹彥章以及滕茂桐、朱習之、王守禮、姜煥亭、張家駒、崔少卿、鈕心玉、楊樂安、宋翊三、陳志強、于家嵐、陳雷等。

第五代傳人崔仲三再傳入門弟子：

袁健、鐘祖琴、王仲華、蘇風琴、喻繼紅、楊冬梅、劉新國、曹志勇、胡德民、秦輝、江峽羽、石紅、劉文吉、吳學軍、張守省、付文勝、爾桂茹、任玉琴、陳浩、高及春、于儻、賀紅波、徐慶、許允同、劉延晨、宋晶、羅伯遜（巴西）、米瑞（美國）朴觀雨（韓國）、劉二南等。

楊式太極拳傳統套路

楊式太極拳傳統套路名稱

第1式　預備勢

動作1　身體自然直立，兩臂自然下垂，兩掌輕貼大腿外側，兩腳併攏，成併立步；頭宜正直，下頜內收，口微開；精神集中；眼向前平視（圖1）。

動作要領：(1)呼吸自然，身體正直。(2) 兩肩放鬆，收腹斂臀，含胸拔背。

易犯錯誤：(1)雙臂緊夾身體，聳肩身體僵直。(2)身體前俯、後仰、歪斜，挺胸、凸腹、突臀。

動作方向：此動作身體向南方向。

技擊含義：此勢動作，雙腳併攏，頭頂上懸，下頜微收，口微開，舌抵上腭，神態自然，身體自然直立，眼向前平視。兩肩放鬆，含胸拔背，收腹斂臀，鬆腰沉髖（臀部前送，襠部虛空）。呼吸自然，氣沉丹田。雙掌指輕貼兩大腿外側，雙肘關節微向兩側輕撐，雙臂自然呈弧形，雙腋不可緊夾身體。雙膝關節微屈，不可挺直。身體重心不可偏前（重心偏前，雙腳趾產生承重感，身體極易向前俯身）。身體重心也不可偏後（重心偏後，雙腳跟產生承重感，身體極易向後傾倒）。此時，身體重心意貫雙足心。要體會拳諺所云：「一動無有不動，一靜無有不靜。立身中正安舒，支撐八面。」

動作2　身體自然直立，重心於右腿，左腳跟微提起，左前腳掌踏地；眼向前平視（圖2）。

動作要領：(1)呼吸自然，身體正直。(2)兩肩放鬆，收腹斂臀，含胸拔背。

易犯錯誤：(1)重心偏於右側身體向右傾倒。(2)腳跟提起過高，身體重心起伏。

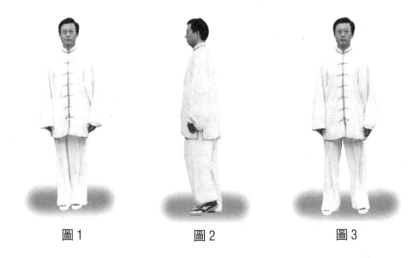

圖1　　　　　　圖2　　　　　　圖3

動作方向：此勢動作身體向南方向。

技擊含義：此勢動作幅度相當小，重心於右腿，左腳跟微提起，左前腳掌踏地，要具有支撐感，而不是虛提。動作要舒鬆自然。身體外形不可向右側傾倒。

動作3　身體自然直立，左腳向左側輕分開，前腳掌先踏地，隨重心左移，全腳掌踏實，雙腳與肩同寬，腳尖向前；眼向前平視（圖3）。

動作要領：(1)呼吸自然，身體正直。(2)兩肩放鬆，收腹斂臀，含胸拔背。

易犯錯誤：(1)開步過大，聳肩。(2)兩臂與身體過於夾緊。

動作方向：此動作身體向南方向。

技擊含義：此勢左腳動作時要輕提、慢開、緩落。也就是左腳輕輕提起，與地面近於擦地向左緩慢平行移動，然後左前腳掌先踏地，隨重心移動，再全腳掌踏實，身體不可產生明顯

的位移。雙腳平行，腳尖向前。雙腳間距離與肩同寬，（練習者可以右腳跟為軸右腳尖向內扣轉，此時雙腳間的距離為一腳寬，即為本人的肩寬）。

傳統楊式太極拳中，此勢動作也稱為「開勢」，是佔有「地方」的意思。這樣站立，身體重心最穩，並且可以適時度勢的進行變化。只有佔據了「根據地」，才能站穩腳跟待機而動。要如拳諺所云：「虛實易分清楚，一處自有一處虛實，處處總有此一虛實。周身節節貫串，勿令絲毫間斷。」

第2式　起勢（太極出勢）

動作1　接上勢，雙臂緩慢向前平舉，與肩平，掌心相對，虎口向上。雙掌與肩同寬；眼向前平視（圖4）。

動作要領：(1)兩臂平舉肩放鬆，手指微屈；雙肘鬆沉，有下墜之意。(2)兩臂放鬆，收腹斂臀，含胸拔背。

易犯錯誤：聳肩、挺肘，掌指用力。

動作方向：此動作身體向南方向。

技擊含義：兩臂準備向前平舉時，雙手掌指首先要微向下伸展，然後雙臂微微外旋，轉動虎口向上，拇指與食指在同一平面，以虎口為力點「運勁如抽絲」，帶動雙臂慢慢前舉。腕與肩平時，要沉肩垂肘，舒腕展指，同時以「虛領頂勁」的意念，帶動腳部產生的力量，而腿、而腰、而肩，將身體向上催起，最後力達掌指。此時的身形要達到尾閭中正、安舒，含胸拔背，呼吸要

圖4

平穩、深長，神態要自然。要豎頂立腰，身體重心要在同一縱軸線上，以保持身體的穩固。明瞭力量的來源，才能體會到拳諺所云：「其根在腳，發於腿，主宰於腰，形於手指。」

圖5

動作2　兩臂屈肘挑掌，向內畫弧收於胸前，掌心相對，指尖向上；眼向前平視（圖5）。

動作要領：(1)屈肘挑掌；雙掌向內回收要成弧形。(2)兩小臂成八字形，兩腋微撐開。(3)呼吸自然，身體中正。

易犯錯誤：(1)兩臂與身體過於夾緊。(2)雙掌直臂回收，掌指用力。

動作方向：此勢動作身體向南方向。

技擊含義：動作時，身體重心微下坐，雙膝關節要微屈，同時，先沉肩、再垂肘，以雙手拇指為力點，腕關節向內轉動，帶動雙掌指，立圓弧形向上挑起，收於胸前，雙腋要虛，不可緊夾身體。雙掌心側相對，雙臂呈八字形。此時，身形要立身中正，含胸拔背，鬆腰沉髖，呼吸要平緩，精神提起，用雙掌的動作將外力引化到自己的雙腳化解，萬不可用雙臂的直線回抽把雙掌收到體前，一定要用弧形動作過程破解外力的直線方向。而本身的力量要用意念貫注雙小臂外側。才能達到拳諺所云：「捨己從人，引進落空，四兩撥千斤也。」

動作3　兩掌微向下；同時向左、右平圓畫弧分開，再向前按出，掌指向上與鼻平，掌心側向前；眼向前平視（圖

6）。

動作要領：(1)雙臂屈肘撐圓，雙掌虎口相對，掌心不可直對向前。(2)雙掌指與鼻平，雙掌左右分開與肩同寬。(3)呼吸自然，身體中正，達到尾閭中正、安舒。

易犯錯誤：(1)雙臂僵直，掌心向前，身體前俯。(2)雙掌推出時，超過肩寬。

動作方向：此勢動作身體向南方向。

技擊含義：雙臂微內旋，向下旋腕，翻轉掌心側向下。雙手以人字形向兩側平分，掌心側相對，鬆肩垂肘、虛腋，此時力貫雙掌外側，以轉臂旋腕的動作繼續將外力化解。然後，雙掌再沿橢圓形路線向前展臂推出，雙掌前推時要保持在肩寬的範圍內。掌指向上，與鼻平，掌心側相對，順腕舒指，腕部不可向前坐腕用力，手指與肩要保持在圓活、自然的狀態。同時身體重心隨向前展臂前推動作，以「虛領頂勁」之意，腳生之力，將身體向上拔起。含胸拔背、坐腰，掌心內涵，意念貫注十指。才能達到拳諺所云：「勁起於腳跟，主宰於腰，形於手指，發於脊骨。」

圖6

動作4　兩腿微屈，同時雙掌輕輕下按於兩腿前外側，掌心向下，掌指向前；眼向前平視（圖7）。

動作要領：(1)雙臂微屈撐圓，兩肩放鬆，收腹斂臀，含胸拔背。(2)呼吸自然，身體直立，達到尾閭中正、安舒。

圖7

易犯錯誤：(1)折腕，雙臂僵直，聳肩。(2)身體中心過於下坐，產生身體前俯、後仰歪斜現象。

動作方向：此勢動作身體向南方向。

技擊含義：雙臂內旋翻轉掌心向下，按先鬆肩、再垂肘，然後落腕順指的順序，將雙掌緩緩下落到兩腿前外側。定勢時雙臂要保持自然弧形，不可僵直用力，更不可僵腕張指。身體要安宜舒適，心情要平和。雙手要有如在水中向下按漂浮物的感覺，欲有動中寓靜，靜中寓動之感。

但有許多練習者，在做此動練習時往往是將雙臂回抽下落，孰不知此時本人已失去進攻和防衛的能力。所以講太極拳的動作意識感覺不能斷，久而久之才能達到拳諺所云：「始而意動，既而勁動，轉接要一線串成。」

第3式　左掤勢

動作1 接上勢，身體向右轉，右腳尖外轉45度，重心於右腿；左腳跟提起；右掌屈臂上提於胸前，掌指向前，虎口向上；左掌向右畫弧於右腹前，翻轉掌心側向上，掌指向後；眼視右手方向（圖8）。

動作要領：(1)身體右轉與右腳尖外展動作要協調一致，以腰的轉動為主，轉體方向以45度為宜。(2)左掌與右肘上下相對，呈抱球狀。(3)立身中正，鬆腰沉髖。

易犯錯誤：(1)身體前俯後仰、突臀。(2)動作不協調，脫節。

動作方向：此勢動作身體向西南方。

圖8

技擊含義：身體向右轉，在傳統楊式太極拳的練習中是指以髖關節轉向右前側方45度。使頭部、軀幹部位面向右前側方，這樣才能達到「肩與胯合」的要求，而不僅僅是腰部以上部位的扭動。隨轉身的動作，以右腳跟為軸，前腳掌微抬離地面，向右外撇轉45度，再全腳掌踏實，此種腳法在傳統楊式太極拳中稱為「碾步」。他不僅是身體轉動時起到軸的作用，而且具有極強的殺傷力，即以腳的轉動鎖住對方的腳跟，再配合弓步的動作直接傷害對方的迎面骨。練習時強調膝關節與右腳跟在同一縱軸線上的轉動，身體的轉動也是圍繞著身體縱軸而動。同時，鬆腰鬆髖將身體七成重心坐於右腿，左腳跟提起，前腳掌踏地，含有三成重心。如身體轉動超過45度，或偏離了身體縱軸方向，則容易產生身體向右傾倒的現象。

右臂外旋，轉動掌心向左，虎口向前、向上提於胸前。鬆肩垂肘，順腕舒指，掌指與肩保持弧形，意貫右小臂上側，有向上頂起和向外撐擴的感覺。左臂外旋，翻轉掌心向上、向右合抱於右臂下，意貫左臂外側，有向下向外的撐力。同時雙手中指都要有順向、向前頂力的意念，動作才能飽滿。此動在傳統楊式太極拳中稱為「合手」，即現在稱謂「抱球」。

傳統楊式太極拳對「合手」的要求是極嚴格的，無論上面的手是掌心向下還是側向內，都要做到左（右）手與右（左）肩相對，掌指與肩平。鬆肩垂肘、順腕舒指，肘關節低於腕關節。掌與肩的距離一般要達到4拳距離。下面的手與對側腹部相對，肘關節要撐圓。掌與腹部的距離一般要在1～2拳距離。身形要做到鬆腰沉髖，含胸拔背，雙臂撐圓。這樣才能力貫雙臂，動作飽滿。動作外形基本上是上手下肘，手肘相對，但又不可教條理解為上下掌心相對。

　　「合手」動作在傳統楊式太極拳動作中起著極其重要的銜接作用，因而也稱為「太極手」，俗稱「銜接手」。在練此勢動作時如拳諺所云：「一動無有不動，一靜無有不靜，視動尤靜，視靜尤動，內固精神，外示安逸。」

圖9

　　動作2　身體向左轉，重心於右腿；左腳提起向前邁出，左腳跟先著地，右臂微內旋；眼隨體轉向前平視（圖9）。

　　動作要領：(1)左腳邁出時，左腳與地面夾角在 45～60 度之間為宜。(2)立身中正，鬆腰沉髖，左膝微屈。

　　易犯錯誤：(1)身體前俯，突臀。(2)左膝挺直，重心起伏。

　　動作方向：此勢動作身體向西南方。

　　技擊含義：在做此動時，只強調邁步時的感覺，身體重心穩固於右腿，再將左大腿輕提，帶動小腿、左腳提收於身體重心之下，再向前邁出。腳距離地面要有似擦非擦的感覺，所以不能抬腳過高，避免身體重心起伏。邁出時左腳後腳掌踏地，這即是「腳跟著地」的動作。但有許多練習者簡單理解為後腳掌外沿著地是不全面或錯誤的。實際是，腳不是以邊緣輕放在地面上，而是要有力度、有力量，鬆腰沉髖身體重心必然的落到雙腳上，只有腳踏實地，才有根基。邁出腿的膝關節要保持一定的弧度，角度過大身體重心前傾，膝關節挺直，身體重心完全在支撐腿，失去了雙腿同時支撐鬆腰沉髖的意義。所以邁出腿要有似放非放、似抬非抬的感覺，使之具有進則弓步，退

則撒步的靈活性。「邁步如貓行」的拳諺就提醒練習者動作時要輕提慢放，使之在緩慢的過程中控制腿部的力量。盡量避免快速邁出重心前傾，產生「砸地」和「搶步」的現象。這也是在整套傳統楊式太極拳動作練習中的必要感覺。腳步邁出身體重心分配要合理，才能達到拳諺所云：「半輕半重不為病，偏輕偏重是為病。」

動作3　身體繼續向左轉，重心移於左腿；左腳全腳掌踏實，左腿屈膝慢慢向前弓出，成左弓步；隨體轉，左臂向前挪出，掌心向內、掌指向右，與胸平；右臂內旋翻轉，右掌向下落於右髖旁，掌心向下，虎口向前，掌指斜向前；眼向前平視（圖10）。

動作要領：(1)雙掌分開與弓步動作與身體轉動同時完成。(2)立身中正，鬆腰沉髖，沉肩墜肘，雙臂撐圓。

易犯錯誤：(1)聳肩仰肘，弓步與雙掌分開動作不協調。(2)右臂僵直，右掌落於腹前，重心起伏。

動作方向：此勢動作身體向南方。

技擊含義：主宰於腰，以腰的左轉，帶動髖關節將身體轉正。此時重心前移，鬆腰沉髖，左腿屈膝慢慢向前弓出，隨重心前移左腳逐漸全腳掌踏實地面。切不可先將左腳放平，再弓步或膝關節已經到位，而腳卻遲遲未放下。定勢時，前腿的膝關節要與腳尖在同一垂線，膝過腳尖，身體重心偏前，容易被對方牽動；膝不到位，身體重心偏後，動作不飽滿，失去攻擊力，容易被對方控制住力量。當前腿動作到位時，特別要強調後

圖10

腿的動作。後腿不可完全繃直，膝關節要自然舒鬆，後腿保持自然蹬直狀態，要富有彈性。膝關節要微向外撐，近於與後腳尖在同一方向。兩胯根要向內合、裏襠，斂臀。

雙臂動作，雙臂微內合，左臂微外旋，轉動掌心向內、向前掤出，與胸平。鬆肩垂肘，肘關節略低於腕關節，意貫前臂外側，右臂內旋，翻轉掌心向下，採按於右髖外側，虎口向前，掌指側向右斜前方，虛腋、右肘關節微向右後撐，意貫虎口和右臂外側，使之具有採按的威力。要含胸拔背，使左臂平圓與右臂立圓相互呼應，成弓形。左掤的動作要體會到拳諺所云：「蓄勁如開弓，發勁如放箭。曲中求直，蓄而後發。力由脊發，步隨身換。」

第4式　右攬雀尾（掤勢）

動作1　接上勢，身體微向左轉，左腳尖內扣 45 度，右腳跟提起，隨身體轉動右手上提於體右側，掌心側向外；左手轉動掌心側向上，雙掌指向前，雙臂平展於體側；眼視左手方向（圖11）。

動作要領：(1) 腳尖內扣，與身體左轉同時協調完成。(2) 兩臂放鬆，雙臂成弧形。

易犯錯誤：(1) 轉體幅度過大，重心偏於左側。(2) 身體重心起伏，聳肩挺肘。

動作方向：此動作身體偏向東南方向。

圖11

技擊含義：左腳內扣「碾腳」時，以虛領頂勁之意，以腰髖的轉動帶動上體左轉，右腳跟提起是為了將身體的重心送向左腿，但右前腳掌要踏地，使之具有一定的支撐力。此時的重心分配應是「左七右三」比較合理。左腳內扣（腳尖向右轉）而身體向左轉，看似動作是矛盾的，其實在太極拳理中包含了許多矛盾、統一的關係，如上下、升降、開合……等，在此動中，左腳內扣和以轉腰的腰身之力，加強左臂向左引帶的掤勁，動作時要「鬆腰沉髖」，氣沉丹田，穩固重心，避免了身體起伏的弊病。雙手隨體轉，左臂微外旋，意貫左臂外側，保持掤勁，右臂上提，意貫右臂外側，保持向外的撐勁。雙手腕與肩平，鬆肩垂肘，順腕展指，含胸拔背，雙臂成弓形，使雙臂具有彈性。「立身中正」在鬆沉的感覺中要有向上的挺拔之感。身體的轉動，要達到拳諺所云：「命意源頭在腰隙。」

動作 2　身體向右轉，重心於左腿；右腳提起向前邁出，腳跟先著地；同時左掌微向上畫弧屈臂於右胸前，掌心向下，掌指向右；右掌向左下畫弧於左腹前，轉動掌心側向上，掌指向左；眼視左手方向（圖12）。

動作要領：(1)立身中正，沉肩垂肘，雙臂保持弧形。(2)鬆腰沉髖，右腿屈膝，雙腳間橫向距離30公分為宜。

易犯錯誤：(1)身體歪斜、突臀，左右歪髖。(2)聳肩、仰肘，雙膝挺直，重心起伏。

動作方向：此勢動作身體向西南

圖12

方。

　　技擊含義：將右腳的三分力，完全送到左腿，身體重心坐實，將腰髖向右轉動時，帶動右腿、右腳提起，向右前方邁出，後腳掌踏地，腳尖向前，腳尖與地面的夾角以 45～60 度為宜。因為夾角度數太大易給對方造成進攻的機會，同時也不符合太極拳「曲中求直」的理論，這也是現在我們經常提到的「亮靴底」的毛病。同時，左臂向右圈合；轉動掌心向下，左掌與右肩相對，與肩平。臂撐圓，肘關節低於手腕，意貫左臂外側。右臂邊向下，邊外旋，轉動掌心向上，合於左腹前，意貫右臂外側，做「合手」動作（合手的動作要領前面已介紹）。身法上要尾閭中正，鬆肩拔背。雙腳的橫向距離約與肩同寬，開步（邁步）過寬，影響身體轉動的靈活性；過窄，削弱了身體的穩固性。前腳、後腳、身體重心應在一合理的三角形面積內，而不是在一直線上，避免了通常我們所講雙腳在一線如同走鋼絲的現象。此勢在氣勢上要達到拳諺所云：「刻刻留意在腰間，腹內鬆靜氣騰然。」

　　動作 3　身體繼續向右轉，重心移於右腿；右腳全腳掌踏實，右腿屈膝慢慢向前弓出，成右弓步；隨體轉，右臂向上經面前立掌向前掤出，掌心側向前，掌指向上，與鼻平；左掌隨體轉落於右肘內側，掌心側向上，掌指對右肘；眼隨體轉向前平視（圖13）。

圖13

動作要領：(1)以腰轉動帶動上下動作協調完成。(2)沉肩、墜肘，含胸拔背。(3)右臂立掌向前掤出要成立圓弧形。

易犯錯誤：(1)身體前俯、突臀，雙腋緊夾身體。(2)聳肩、仰肘，雙膝挺直，重心起伏。

動作方向：此勢動作身體向西方。

本套路中的右掤動作與目前所流傳的動作有所不同，一種練習方法是：身體向右轉，左右手同時向前運動，定勢時，右臂成右平掤式，左手成立掌置於右腕下側。而本套路所講解的動作是右手以立圓的動作弧形向前掤出，定勢時，右手為立掤，左手於右臂內側。此動作的變化是楊澄甫宗師所變，有60年前我祖父在自家庭院由楊澄甫宗師親自指導所練的一套動作照片為證。據我祖父講，本勢動作一改平掤為立圓立掤，是為了加大動作的攻擊力和防衛能力，也更為了進一步結合推手動作所變，雙方一搭手我即以立掤迎擊，有利於我動作勁力的攻防變化。

身體向右轉，以腰、髖關節的轉動，帶動上體立身向前平移。隨體轉，身體重心漸漸移向右腿，右腳全腳掌踏實，成右弓步。同時右小臂向上畫弧，至面前時，掌心向內，掌指與眼平，意貫右小臂右側。在運動過程中要保持右掌與身體的3～4拳的距離，這樣右臂向上不僅是掤勁，而且還保持向外的撐力，同時右臂也保持了飽滿的動作外形。由於身體的轉動和重心的前移，右臂自面前，緩緩外旋，以立圓弧形向前展臂，至體前，掌心側向前，掌指向上，與鼻平。意貫小臂外側，從面前至動作完成，右臂是由掤勁轉換過渡到掤勁、再保持右臂的立掤勁。整體動作過程是：右掌從左腹前，以立圓、大弧形經面前向前展臂，勁力也內含了上掤的掤勁——右掤勁——立掤

勁的轉換過程。在右手動作的同時，左臂邊外旋、邊下落於右臂內側，轉動掌心側向上，掌指側對右肘關節，意貫左臂外側，要保持柔韌而有彈性。此時要注意立身中正、鬆腰沉髖、鬆肩垂肘、虛腋，雙臂保持弧形。從雙臂的動作外形講左臂、胸部、右大臂，形似陰陽魚的魚頭，而右小臂與左掌指形似魚尾。正如拳諺所云：「掤勁義何解，如水負舟行，先實丹田氣，次緊頂頭懸，周身彈簧力，開合一定間，任爾千斤力，漂浮亦不難。」

第4式　右攬雀尾（捋勢）

動作1　接上勢，身體向左轉，重心移於左腿，成坐步；雙掌隨身體轉動向左後捋至腹前，雙掌心側相對，右掌心向左，掌指向前，左掌心側向上，掌指向右；眼隨體轉向前平視（圖14）。

動作要領：(1)向後捋時，左肘應向左側後45度方向撒肘。(2)立身中正，沉肩、墜肘，鬆腰沉髖。(3)右肘與身體保持20公分左右距離為宜。

易犯錯誤：(1)身體後仰、左右歪髖，雙腋緊夾身體。(2)聳肩、仰肘，雙膝挺直，動作姿勢起伏。

動作方向：此勢動作身體向西南方。

技擊含義：「主宰於腰」，以腰的左轉帶動雙手，自面前向

圖14

下、向後畫弧而動。由於腰的轉動右手必然會微向前展伸；然後再向下、向左弧形下落。右肘落於右腹前側，掌心向左，掌指向前，虎口向上，五指在同一平面，右肘與右腹間相距 20公分左右。此時，右臂既有向下的沉勁，又有向左的帶勁。而左手以肘關節領先，向左下後方弧形下落，左掌落於左腹前側，掌心向上，掌指向前，左掌與左腹間相距 10 公分左右。此時，左臂既有向下的掤勁，又有向左後的引勁。由於雙手的動作，將對方向隅向牽引。運動過程中雙手的動作要同時而動，切不可先後而動，而失去了挒的動作含義。但同時必須注意的是步型、步法的變化。配合身體的轉動，隨身體重心的移動，髖關節沿水平位置向後平移，帶動身體立身位移，上下相隨，即由右弓步，轉換為左坐步。左膝關節與左腳的 45 度方向一致，六成勁坐於左腿。右腿膝關節不可挺直，要微屈，右腳前腳掌要有向後的搓勁，右腿要有四成勁，鬆腰沉髖，氣沉丹田，收腹斂臀，頂頭懸、立腰豎項，鬆肩垂肘、虛腋、雙臂撐圓，雙手的勁力方向是左後 45 度的合力。

　　挒的動作要體會到如拳諺所云：「挒勁意何解，引導使之前，順其來勢力，輕靈不丟頂，引之使延長，力盡自然空，重心自維持，莫被他人乘。」此句拳諺充分說明了挒的動作含義及技擊方法和勁力的方向。

第4式　右攬雀尾（擠勢）

　　動作1　接上勢，身體向右轉，重心於左腿，成坐步；同時右臂外旋屈肘提於腹前，右掌心向內，掌指向左；左臂內旋上提附於右腕內側，左掌心向前，掌指斜向右；眼隨體轉向前平視（圖15）。

動作要領：(1)腰的轉動帶動雙手相合。(2)立身中正，沉肩、墜肘，鬆腰沉體。

易犯錯誤：(1)身體前俯突臀、左右歪體，雙腋緊夾身體。(2)聳肩、右膝挺直，動作姿勢起伏。

動作方向：此勢動作身體向西方。

圖15

技擊含義：當捋到盡點時，即以腰髖的轉動，使身體向右轉正。此時，隨腰的轉動，右臂微外旋，屈臂提於腹前，轉動掌心向內，掌指向左，力貫右臂外側，為右平掤。左臂內旋，左掌以拇指意領，向右旋轉，同時向前推掌，力貫左掌心，附於右腕內側，掌指斜向上。頂頭懸，立腰豎項，身體不可前俯、突臀，左右歪體，鬆肩垂肘，虛腋，雙臂撐圓。雙掌相合，雙臂外形成下八字形，保持坐步步型。蓄勁於左腿，右腿要寓撐勁。要領會拳諺所云「上下一條線，全憑兩手轉」，「勁斷意不斷，意斷神可接」的意境。

動作2 重心前移，右腿屈膝慢慢向前弓出，成右弓步；同時雙掌向前擠出，腕與肩平，右掌心向內，掌指向左，左掌心向外，掌指斜向上；眼向前平視（圖16）。

動作要領：(1)立身中正，沉肩、雙肘應有下垂之意。(2)雙臂撐圓，動作要飽滿。

易犯錯誤：(1)身體前俯，雙臂僵直。(2)聳肩、左膝挺直，動作姿勢起伏。

動作方向：此勢動作身體向西方。

圖 16　　　　　　　　　　圖 17

　　技擊含義：立身、平靜，以腰腿之力，向前弓步，隨身體重心前移，身體向前平移。頂頭懸，身中正，尾閭收住。雙臂隨身體重心前移，向前展臂。腕與肩平，右掌心向內，掌指向左，左掌心向外，掌指斜向上，沉肩、垂肘、含胸，雙臂撐圓，雙臂外形成八字形，意貫右掌，力達手背。這裡所指的力達，並不是就在此動用力、使勁，而是仍要求運動時，動作緩慢、柔和。動作時要達到「先在心，後在身」，以意貫手背，意到、氣到、力到，意之所注處就有所感覺。左手輔助發擊，也就是用兩手合力發擊，正如拳諺所云：「擠勁義何解，用時有兩方，直接單純力，迎合一勁中，間接反應力，如球碰壁還，又如錢投鼓，躍躍聲鏘然。」

第4式　右攬雀尾（按勢）

　　動作1　接上勢，重心微向前移，成右弓步；同時雙掌向前平展，左掌從右掌上向前分開，腕與肩平，雙掌心相對，虎

口向上，雙掌指向前；眼向前平視（圖17）。

動作要領：(1)立身、沉肩、雙肘下垂。(2)雙掌前分要舒腕展指，雙臂保持弧形。

易犯錯誤：(1)身體前俯、雙臂僵直。(2)雙臂過於上舉，聳肩仰肘。

動作方向：此勢動作身體向西方。

技擊含義：鬆腰，沉髖，身體重心微微下沉，向右腿稍送勁，成右弓步，此時要注意右膝不可超過右腳尖。同時，雙臂向前平展，左掌自右掌上向前平抹分開，腕與肩平，雙掌心相對，虎口向上，雙掌指向前，雙掌相距不超過肩寬。在傳統楊式太極拳術中此勢動作稱之為開手、開掌或稱開式。動作時要舒腕展指，掌指向前，拇指與食指在同一平面，雙臂保持弧形。立身中正，鬆肩垂肘，雙臂要有沉長勁感，所謂長勁就是動作勁力、意氣的延伸。太極拳的勁力是根據動作不斷的變化而以不同的方式出現，此時動作要體現拳諺所云「綿綿不斷，運勁如抽絲」的勁力感覺。

動作2　重心後移於左腿，成左坐步，同時，雙臂屈肘挑掌收於胸前，兩掌心側相對，掌指斜向上；眼向前平視（圖18）。

動作要領：(1)重心後移與屈臂挑掌應同時協調完成。(2)兩臂放鬆，雙腋微虛，屈肘挑掌動作成弧形。

易犯錯誤：(1)雙肘平展，俯身突臀。(2)重心後移與收掌動作

圖18

脫節、不協調。

動作方向：此勢動作身體向西方。

技擊含義：身體重心後移時，動作外形不可有起伏，身體要保持平穩位移。左腿屈膝後坐，左膝關節與左腳的方向要一致。同時隨身體重心後移；先沉肩、再垂肘，以雙手拇指為力點，腕關節向內轉動，帶動雙掌指，立圓弧形向上挑起，收於胸前，雙腋要虛，不可緊夾身體。雙掌心側相對，雙臂呈八字形，此時，身形要立身中正，虛領頂勁，含胸拔背，鬆腰沉髖，呼吸要平緩，精神提起，用雙掌的動作將外力引化到自己的左腿（後腳）化解，萬不可用雙臂的直線回抽把雙掌收到體前，一定要用弧形動作過程破解外力的直線方向。而本身的力量要用意念貫注雙小臂外側。才能達到拳諺所云：「捨己從人，引進落空，四兩撥千斤也。」

動作3　重心前移，右腿屈膝慢慢向前弓出，成右弓步；雙掌微向下，再向前上按出，掌心向前，掌指向上與肩平；眼向前平視（圖19）。

動作要領：(1)雙掌前按動作要走弧形，雙臂撐圓，雙肘微屈。(2)雙掌前按，要順腕立掌，腕部要柔順。

易犯錯誤：(1)雙臂僵直，上體前俯、突臀。(2)聳肩、前按動作時雙掌過高。

動作方向：此勢動作身體向西方。

技擊含義：身體重心前移

圖19

時，動作外形不可有起伏，身體要保持立身位移。以左腿之力緩慢將身體重心移向右腿，成右弓步。同時隨身體重心前移；雙臂微內旋，向下旋腕，翻轉掌心側向下。雙手以人字形向兩側平分，掌心側相對，鬆肩垂肘、虛腋，此時力貫雙掌外側，以轉臂旋腕的動作繼續將外力化解。然後，雙掌再沿橢圓形路線向前展臂推出，雙掌前推時要保持在肩寬的範圍內。掌指向上，與鼻平，掌心側相對，順腕舒指，腕部不可向前坐腕用力，手指與肩要保持在圓活、自然的狀態。同時身體重心隨向前展臂前推動作，以「虛領頂勁」之意，腳生之力，將身體重心前移。含胸拔背、坐腰，掌心內含，意念貫注十指。才能達到拳諺所云：「按勁義何解，運用如水行，柔中已寓剛，急流勢難擋，逢高則膨滿，遇凹向下潛，波浪有起伏，有空必鑽入。」

第5式 單 鞭

動作 1 接上勢，身體向左轉，右腳尖內扣 135 度，重心移至左腿；雙掌隨腰轉動微向上，經面前向左畫弧至身體左前側，掌心向外，掌指向上；眼視左掌方向（圖20）。

動作要領：(1)右腳尖內扣幅度應盡量大。(2)轉體時動作姿勢平穩，雙臂撐圓，含有勁力上引之意，動作呈弧形。(3)雙掌至左前以達到 45 度為宜，角度過大，重

圖20

心易偏斜。

易犯錯誤：身體姿勢起伏，雙臂挺直。

動作方向：此動作身體向東南方向。

技擊含義：身體向左轉，重心的移動要平穩，動作外形不可有起伏。此時，隨體轉，右腳內扣的幅度要大，盡量達到135度，要做到右膝關節與右腳尖的方向一致，髖關節的轉動是相當關鍵的，所以要鬆腰、沉髖。同時雙掌微向上、向左畫弧，至身體左前45度，與身體轉動的方向一致。雙掌弧形移動時，左掌勁力為「引帶勁」，而右掌勁力為「掤勁」。雙掌雖然同時運動，但是勁力確不同。向上的弧形，雙掌指不可超過上眉。沉肩、垂肘，雙臂動作要飽滿，肩背要鬆。要體會拳諺所云「切記一動無有不動，一靜無有不靜。內固精神，外示安逸」之意。

動作2 身體向右轉，重心移於右腿，左腳提起向左前邁出，腳跟先著地；隨體轉，左掌向下畫弧至右腹前，掌心向上，掌指向右；右掌轉動掌心向上，向內畫弧經頷下握勾手向右前伸出，勾尖向下，勾背略高於肩；眼視勾手方向（圖21）。

動作要領：(1)向右轉體幅度要適中，不可超過右前45度。(2)勾手向右前伸出與左腳邁出、左掌下落動作要協調一致。(3)立身中正、鬆肩墜肘，鬆腰沉髖。

易犯錯誤：(1)左腳邁出時

圖21

身體重心起伏，凸臀，雙臂僵直。(2)動作不協調、脫節，向右轉體幅度大、重心向後傾倒。

動作方向：此動作身體向西南方向。

技擊含義：身體向右轉幅度要適中，重心要移於右腿，左腳邁出動作才能輕鬆自如。左膝關節要微屈，不可僵直挺硬。右掌翻轉掌心向上，向頷下屈臂回收時，要注意到鬆肩、含胸，力達肘關節，意在「肘勁」。右腋要撐開，肘關節的運動方向是右斜前 45 度。隨右前臂的展伸，右掌握勾手，以勾背為力點向前頂出。左掌弧形下落時，意在「掤按」勁，至右腹前時，翻轉掌心側向上，此時力貫左臂為「掤勁」。雙臂動作要飽滿撐圓。正如拳諺所云：「立身須中正安舒，支撐八面。」

動作 3　身體向左轉，重心前移，左腳全腳掌踏實，左腿屈膝慢慢向前弓出，成左弓步；同時左掌向上經面前，立圓（立掌）向前推出，掌心向前，掌指向上；右勾手向右後方拉開，勾尖向下，勾背略高於肩；眼向前平視（圖 22）。

動作要領：(1)向左轉體、弓步與雙手的動作要同時完成。(2)立身中正，鬆腰沉髖，含胸拔背。(3)鬆肩墜肘，雙臂保持弧形。

易犯錯誤：(1)向左轉體時身體重心起伏，動作不協調、脫節。(2)聳肩仰肘，雙臂僵直。

圖 22

動作方向：此動作身體向東方向。

技擊含義：身體左轉，要注意強調腰髖的轉動必須協調一致。轉體弓步時，鬆腰、沉髖，以腰的轉動帶動左臂向上、向前的大弧形運動。但運動時左掌指不可超過上眉，動作要一氣呵成。定勢時，左臂與右臂的夾角應在135度，也就是左掌向正前方，與左腿的弓步方向一致，右勾手向右後45度方向。肩要鬆沉，肘要下垂。左掌指與鼻相平齊，掌心側向前，虎口撐圓，力貫左臂外側。右勾背略高於肩，但右腕關節不可死折、力達勾背。雙臂的動作外形要圓活、飽滿，沉穩中要寓有輕靈之意。要體會到拳諺所云：「以心行氣，務沉著，乃能收斂入骨，所謂『命意源頭在腰隙也』。」

第6式　提　手

動作1　接上勢，身體向左轉，左腳尖內扣45度，重心於左腿，右腳跟提起；同時右勾手變掌，隨體轉，雙臂外旋，雙掌微向下、向後平展畫弧於體側，腕與肩平，雙掌心向上，掌指向左、右兩側；眼隨體轉視左手方向（圖23）。

動作要領：⑴身體轉動的幅度要小，左腳內扣與雙掌平展要協調。⑵鬆肩垂肘，立身中正，雙臂撐圓。⑶雙臂平展幅度要小，要符合「含胸拔背」的拳理要求。

易犯錯誤：⑴向左轉體時

圖23

身體重心起伏，轉體幅度大，重心偏於右腿。(2)聳肩仰肘，雙臂僵直。(3)雙臂平展幅度大，造成背肩挺胸現象。

動作方向：此勢動作身體向東南方。

技擊含義：身體向左轉，而左腳卻向內（右）扣45度，看起來這是一個上下肢體不協調的動作，但是這種不順向的轉動，卻是為下一動作的完成孕育極大的力量。正如太極圖中的陰陽魚頭尾相接相向而動的寓意一樣。這也是楊式太極拳動作的特點，此勢動作雙臂外旋，向下、向後平展時，動作幅度很小，立身要中正，要鬆肩、垂肘，力點意貫雙臂下側含有「沉勁」和雙臂後側含有「引化勁」。雙臂動作外形要強調呈一「弓型」，身形要保持「虛領頂勁」、「含胸拔背」的要求，右腳跟提起，是將身體重心完全移於左腿，身體沿縱軸旋轉的動作才能自如。只有這樣，雙臂才具有彈性和撐力，最後達到為破解對方的力量，起到引化的效果。正如拳諺所云：「身形腰頂豈可無？缺一何必費功夫！」

動作2　身體向右轉，重心於左腿，右腳提起向前邁出，腳跟落地，成右虛步；雙掌屈臂向上畫弧經耳側向前合手推出，右掌指向上與鼻平，掌心略向左前側；左掌心向下，掌指斜對右肘；眼視右掌方向（圖24）。

動作要領：(1)雙掌合掌推出時，做到右掌在前、左掌在後。(2)鬆腰胯，沉肩墜肘，斂臀，雙臂撐圓。

易犯錯誤：(1)定勢時動作起伏，聳肩。(2)身體前俯突臀，左右歪髖。

圖24

動作方向：此動作身體向南方向。

技擊含義：此勢動作完成時，要達到轉體、虛步，雙掌動作的協調一致。虛步步型要注意身體重心前三（右腿）後七（左腿）的合理分配，這樣才能保持即虛步的穩定性。尤其是要特別注意左支撐腿的膝關節與左腳尖在同一方向，同向左側前45度。這樣身形才能達到：尾閭中正，鬆腰沉髖，含胸拔背。雙掌合臂向前推出時，要按右前、左後的順序相合，臂膀要做到：沉肩墜肘，雙臂保持自然弧形。雙臂之間動作要飽滿撐圓。

動作外形看起來與手揮琵琶動作近似，只是左右相反，但是提手的動作勁力上著重強調了一個「提」字，所謂「提勁」就是向上提拔、沾黏之力。將對方的力提引起來，使其失去根基，失去重心。要用腰腿之勁，催動右手向斜上提拔，不可只用臂膀之力。正如拳諺所云：「自己懂勁，接及神明，為之文成。」

第7式　上　勢

動作1　接上勢，身體向左轉，重心於左腿，隨體轉，左掌轉動掌心向上、向下畫弧至左腹前，掌指向前；右掌隨體轉向前微展，掌心向前，掌指向上；眼隨身體轉動向前平視（圖25）。

動作要領：(1)保持立身中正，雙臂撐圓，左臂不可緊夾身體。(2)鬆腰沉髖，沉肩垂肘。

易犯錯誤：(1)身體前俯、凸臀，動

圖25

作姿勢起伏。(2)左右歪髖，雙臂僵直。

動作方向：此動作身體向東南方向。

技擊含義：做此勢動作時，左臂邊外旋、邊向下、向後畫弧落於左腹前。左臂的動作要含有向下的掤勁，意貫左臂下側。又要含有向後的撐頂勁，意貫左肘關節，這樣才能保證左臂的動作飽滿。肘關節的方向保持在左側後 45 度，要頂頭懸，鬆肩垂肘。以腰髖的轉動帶動雙臂的運轉，身體轉動時，右腳跟要含有向後的蹬勁，而左支撐腿要含有撐勁，雙膝關節要屈，才能做到圓襠、斂臀，鬆腰沉髖身體的轉動才能靈活自如。右掌隨身體的動作微向前平展，腕關節要和順。隨身體的轉動雙臂要含有對拔之勁，即意貫右臂外側，有立掤的感覺，左臂同時要有掤撐勁，要含胸拔背，以肩背的舒展、鬆沉，將兩臂的勁力連貫、疏通成為一體，雙臂、身形保持圓形。正如拳諺所云：「太極者圓也，無論內外、上下，不離此圓也。」

動作2　身體向右轉，重心於左腿，右腳提起向前邁出，右腳跟先落地；此時隨體轉，右掌向下畫弧平掤於胸前，掌心轉動向內，掌指向左；左掌向後而上畫弧按在右小臂內側，掌心向外，掌指斜向上；眼向前平視（圖26）。

動作要領：(1)轉體、邁步，雙掌相合的動作要協調。(2)立身中正、鬆腰沉髖、鬆肩垂肘，雙臂撐圓。

易犯錯誤：(1)身體前傾、突臀，左右歪髖。(2)動作姿勢起伏，雙腿僵直。

動作方向：此動作身體向南方向。

技擊含義：此勢動作時，雙掌的動作要

圖26

以腰髖的右轉而動。身體右轉時，左支撐腿要保持上勢動作力度不變，隨腰髖的轉動，帶動右腳提起向前邁出，右膝關節不可挺直。同時，右掌先向下再向上以弧形的動作過程，屈臂提捌於胸前，意貫右前臂外側。左掌自左腹前向後而上經面前按附於右前臂內側，意貫左掌心，動作強調外柔內剛。身形中正，含胸拔背、沉肩垂肘，鬆腰沉髖，雙臂撐圓。要體會拳諺所云「內要含蓄堅剛而不外施」之意。

圖 27

動作 3　重心移至右腿，右腳全腳掌踏實，右腿屈膝慢慢向前弓出，成右弓步；雙掌向前下方擠出，右掌心向內，掌指向左，左掌心向外掌指斜向上；眼視體前下方（圖 27）。

動作要領：(1)雙掌前擠時，雙臂保持圓形。(2)立身中正，鬆腰沉髖。

易犯錯誤：身體前傾、突臀、聳肩，抬肘。

動作方向：此動作身體向南方向。

技擊含義：此勢動作向前的弓步，要以左腿的力量，通過腰髖的向前平移，逐漸過度到右腿，成右弓步。同時，雙臂也隨同腰髖的平移向前下擠出，意貫右前臂外側，左掌輔助發力。此勢動作外形與右攬雀尾的擠式動作相仿，但卻體現出兩種不同的勁力方法和產生不同的效果。右攬雀尾的擠式動作是平擠，左掌附於右掌腕部，是破壞對方的重心後，將對方沿水平方向放出，產生使對方後退的效果。此勢動作左掌按附於右臂內側，力的方向是本人的前下方的勁力，是以「擠靠」勁為

主打，是將對方沿本人勁力前下方放出，使對方後退後跌到在地。動作時身形微微有些前俯，絕不可過於前傾，使自己失去重心。如拳諺所云：「偏輕偏重為病，偏者，偏無著落，所以為病。因無著落，必失方圓。」

第8式　白鶴亮翅

圖28

動作1　接上勢，身體向左轉，右腳尖內扣45度，重心於右腿，隨身體轉動右小臂內旋，微向前展；右掌心向左，虎口向上，掌指向前；左掌附在右小臂上，掌心向下，掌指向右；眼隨身體轉動向前平視（圖28）。

動作要領：(1)右小臂內旋、前展，含有下沉之意。(2)立身中正，鬆肩垂肘，雙臂撐圓。

易犯錯誤：(1)重心偏於右腿，上體右傾，左右歪髖。(2)轉體與右臂微前展動作不協調。

動作方向：此動作身體向東方向。

技擊含義：身體向左轉，右腳尖內扣45度的動作，要充分體現出楊式太極拳「碾腳」的動作特點，因此身體重心要基本保持在右腿。隨體轉，右臂內旋轉動動作時，要意貫右臂下側，要含有向下的「沉勁」。同時掌心轉動向左，虎口撐圓，掌指向前，意貫右掌，含有向前的「穿勁」。腰髖的轉動使身體沿縱軸方向而動，頂頭懸，立腰身，鬆肩垂肘，含胸拔背，以保持身形的中正和雙臂動作的飽滿。轉體時，右膝關節與右腳尖要同時而動，並保持膝關節與腳尖的上下相對。體會拳諺

圖 29　　　　　　　　　　　　圖 29 正面

所云：「腰脊為第一之主宰」，「一動無有不動，一靜無有不靜」的感覺。

　　動作 2　重心於右腿，左腳提起向前邁出，前腳掌踏地，成左虛步；雙掌分別向右上、左下分開，右掌上提於右額前，掌心向外，掌指向上；左掌落於左髖前外，掌心向下，掌指向前；眼向前平視（圖 29）。

　　動作要領：(1)身體正直，雙臂保持圓形。(2)雙掌分開，雙膝關節微上伸。(3)含胸、拔背，雙臂保持圓形。

　　易犯錯誤：(1)俯身突臀，身體重心起伏過大。(2)左右歪髖，右膝關節過分內扣。

　　動作方向：此動作身體向東方向。

　　技擊含義：左腳前邁，前腳踏地成左虛步時，身體重心要注意前三（左腳）後七（右腿）的合理分配，以保持身形的穩定。雙膝關節微伸，重心向上拔起的同時，右臂邊內旋，邊向上托舉。意貫虎口為力點，使右臂具有向上的「擎托勁」。同

時意貫左掌，使之具有向下的「採按」
勁。定勢時左掌虎口側向前。鬆腰沉
髖，尾閭中正、含胸拔背、收腹斂臀，
雙臂動作成圓形，雙腿要含有彈性，通
過身形的調整把右「擎托」左「採按」
的勁力合為一體。要體現出拳諺所云
「欲要得機得勢，先要周身一家；欲要
周身一家，先要周身無有缺陷」的動作
完整同一性。

圖 30

第9式　左摟膝拗步

動作1　接上勢，身體微向左轉，重心於右腿，隨身體轉
動；右掌轉動掌心向上，向左擺掌於體前，掌指斜向前上；眼
視右掌方向（圖30）。

動作要領：(1)擺掌與身體轉動應協調配合，右腿重心要
穩固。(2)身體平穩，動作輕靈、沉穩，鬆腰髖、垂肘、鬆
肩。

易犯錯誤：(1)重心前傾，身體前俯。(2)左右歪髖，雙臂
挺直。

動作方向：此勢動作身體向東北方。

技擊含義：拗步的「拗」字，在辭海中的釋疑是彎曲的含
義，在本勢動作定勢時，就可以理解為一腿膝關節彎曲成弓步
的意思。在太極拳術中的一種解釋為左右不順向的意思，也就
是講左手右腳、右手左腳不是同時順向的動作。

身體微向左轉，轉體的角度應不超過左側前45度。隨身
體的轉動，右臂外旋，翻轉掌心向上，向左擺掌，但不可超過

身體的中線，意貫右臂左側，動作要舒展，是承接對方之力的意思。也稱為接手、迎手。動作時雙腋不可緊夾身體，右臂成弧形，左掌隨體轉相向而動。此時的身形要保持上勢的動作要領不變。立腰、豎頂動作要和順，勁力要飽滿，要符合拳諺所云：「立身須中正不偏，方能八面支撐。靜如山岳，動若江河。」

圖 31

動作2　身體向右轉，重心於右腿，左腳提起向前邁出，腳跟先著地；同時右掌下落經腹前再向右後上方畫弧於右肩外，掌心向外，掌指向上；左掌由下向上經面前畫弧於右肩前，掌心向內，掌指向右；眼視右手方向（圖31）。

動作要領：(1)雙掌運轉與邁步動作協調一致。(2)雙臂呈弧形，右掌向體右後側畫弧應在體右後側45度為宜。(3)邁步時身體重心必須坐實，以保持身體平衡。

易犯錯誤：(1)雙臂運轉與邁步不協調。(2)凸臀，身斜，轉體角度過大，出現動作重心偏斜現象。

動作方向：此動作身體向南偏東方向。

技擊含義：身體轉動時，鬆腰沉髖，重心下沉，右腿要屈膝下坐，這樣才能保證左腳的邁出輕靈、穩健。避免了造成左腳邁出時，身體重心突然前移的弊病。腰髖的轉動帶動身體轉動，身體的轉動，協調了雙掌與左腳邁出的一致性。鬆腰沉髖的動作要領，保證了身體縱軸的自如旋轉，也避免了左右歪

髖，俯身突臀的不良習慣。右
臂下落後展時，意貫右肘關
節，以肘帶為主，同時又含有
向下的掤勁，動作外形才能飽
滿。後展時，意貫右臂外側，
是立掤勁。左掌畫弧於右肩前
時，動作外形要撐圓，意貫左
臂外側，是平掤勁。沉肩垂
肘，是保證雙手保持弧形的動
作基礎概念。身體轉動的幅度
要合理，右臂的方向要保持在

圖 32

右後側 45 度，轉體幅度太大極易造成身體重心向後傾倒。動
作時要體會太極拳理所云「靈通於背，神貫於頂。流行於氣，
運之於掌」的意念。

　　動作 3　身體向左轉，重心前移，左腳全腳掌踏實。左腿
屈膝慢慢向前弓出，成左弓步；同時隨體轉，左掌落於右腹
前，掌心翻轉向下，向前經左膝前摟過至左膝外側，虎口向前
，掌指側向前；右臂屈肘，右掌經耳旁立掌向前推出，掌心向
前，掌指向上，腕與肩高；眼向前平視（圖 32）。

　　動作要領：(1)弓步時，身體重心坐實，保持身體平衡。
(2)「主宰於腰」，以腰為軸，雙臂運轉必須協調一致，兩肩
平齊；弓步、摟掌、推掌應同時完成，做到「上下相隨」。(3)
定勢時，右掌應基本對準身體中線，沉肩，鬆腰。

　　易犯錯誤：(1)右掌動作過高、前伸，右肩過於前送。(2)
雙腳在同一直線上。

　　動作方向：此動作身體向東方向。

技擊含義：身體左轉，重心前移，髖關節的水平移動，帶動上體立身位移。右腿的腳腿之力，逐漸地移向左腿形成左弓步，左掌下落於右腹前時，掌心向內、掌指向右，然後翻轉掌心向下，向前經左膝前弧形摟過於左膝外側，虎口向前，掌指側向前，同時右臂屈收，右掌經右耳側立掌向前推出，掌心向前，掌指向上，與鼻同高。這些動作都要在同一時間段協調完成。身型的中正安舒，腰髖的鬆沉，鬆肩拔背，雙臂保持弧形、撐圓，是意貫雙臂、力達雙掌的必然條件。要體驗拳諺所云「其根在腳，發於腿，主宰於腰，形於手指。由腳而腿、而腰，總須完整一氣」的意境。

第10式　手揮琵琶

動作1　接上勢，身體微向左轉，重心移至左腿；右腳向前跟半步，右腳前腳掌踏地；隨身體轉動，右掌立掌向前推出，左掌保持上勢摟膝姿勢不變；眼視右掌方向（圖33）。

動作要領：(1)重心穩固在左腿，右腳跟步踏地時，身體才能平穩。(2)動作輕靈、沉穩，鬆腰胯、垂肘、鬆肩。

易犯錯誤：(1)跟步距前腳太近，身體重心前傾。(2)動作姿勢起伏，雙臂挺直。

動作方向：此動作身體向東偏北方向。

技擊含義：此勢動作時，身體重心要移於左腿，重心穩固，

圖33

身體才能左轉自如，帶動右腳向前跟步，跟步距離以不超過半步距離為好。微向前送肩，右掌向前展推，此勢動作極其重要的一點是，重心前移向前跟步，身體姿勢要保持平穩，萬不可起伏，沉肩、鬆腰髖，動作意識要注重身體重心下沉，沉穩中寓有輕靈之感。右腳向前跟步，前腳掌要踏實，也就是前七（左腿）後三（右腿）的勁力分配。右掌前推，意貫右掌指。左掌同時要有沉勁，相輔相成。動作才能飽滿圓活。要達到拳諺所云：「身為心之用，勁力為身之用。心、身有一定之主宰者，理也。」

動作2　身體向右轉，重心移至右腿，右腳全腳掌踏實；右掌屈臂立掌收於胸前，掌心微向左，掌指向上；左掌弧形上提於體前，掌心向右，掌指向上，與鼻平；眼隨體轉向前平視（圖34）。

動作要領：(1)向右轉體以右前側45度為宜，右腳踏實與前進方向成45度。(2)左掌上提，虎口含有上挑之意。(3)身體中正，鬆肩垂肘，以腰為軸帶動雙掌運行。

易犯錯誤：(1)轉體幅度過大，重心偏斜，身體向後傾倒。(2)雙臂過於夾緊身體。

動作方向：此動作身體向南方向。

技擊含義：向右轉體，同時，身體重心右移，右腳尖與前進方成45度，右腳全腳掌踏實。右掌屈收，意貫右掌背，含有向後的「引

圖34

帶勁」，左掌挑起，意貫左掌虎口，含有向上的「挑架」之力，雙臂的動作以腰髖的縱軸轉動為主，動作過程要成弧形，立腰豎項，鬆肩垂肘、雙掌虎口撐圓，以保持勁力的飽滿。動作時要特別注意前臂與上臂之間以及雙臂與身體之間不可夾緊，以免形成死角。要體會拳諺所云：「提頂吊襠心中懸，鬆肩沉肘氣丹田。」

動作3 身體向左轉，重心於右腿，同時左腳提起前移，腳跟著地成虛步；同時雙掌微向下、向前上方弧形推出，左掌與鼻平，掌心向右，掌指向上；右掌心向左，與左肘相對，掌指斜向前上；眼向前平視（圖35）。

動作要領：(1)定勢動作有下沉之氣勢，神態具有輕靈、挺拔之意。(2)左腳前移要保持上體中正，鬆腰鬆髖，定勢時身體稍向右側。(3)左腳與地面夾角應在45～60度之間，雙膝要微屈，不可挺直。

易犯錯誤：(1)聳肩、雙腋夾緊身體，雙臂僵直。(2)身體前俯突臀，左右歪髖。

動作方向：此動作身體向東方向。

技擊含義：向左轉體，左腳跟踏地，成左虛步；前三（左腳）後七（右腳）的身體重心的分配，使得左腳具有向後的蹬勁，左腳掌與地面的夾角以不超過60度為宜。雙膝要屈，右腳與右膝關節在同一45度方向，右腳具有向前的撐勁，使下盤根基更加穩固。隨身體的轉動，兩掌前

圖35

後交錯，雙臂下沉相合，向前推（揮）出。因而身體的轉動，要頂頭懸、立腰身，含胸拔背，鬆腰沉髖，以腰背之力，腿腳之功，以及鬆肩垂肘，使得雙臂鬆沉、勁力延伸，意貫雙掌心，使得動作沉穩中不乏輕靈，圓活中不含鬆散。正如拳諺所云：「順項貫頂兩膀鬆，束烈下氣把襠撐。忽隱忽現進則長，一羽不加至道藏。」

第11式 左摟膝拗步

動作1 接上勢，身體向右轉，重心於右腿，左腳提起向前邁出，腳跟先著地；隨身體轉動，左手翻轉掌心向內，經面前畫弧於右肩前，掌心向內，掌指向右；右手翻轉掌心向上，向下經腹前再向右上畫弧於右肩前，掌心向外，掌指向上；眼視右手方向（圖36）。

動作要領：(1)雙掌運轉與左腳邁出動作要協調一致。(2)雙臂呈弧形，右掌向體右後側畫弧應以體右側後45度為宜。(3)邁步時身體重心必須坐實，以保持身體平衡穩定。

易犯錯誤：(1)雙臂運轉與邁步動作不協調。(2)突臀，左右歪髖，轉體角度過大，出現動作重心偏斜現象。

動作方向：此動作身體向東南方向。

動作2 身體向左轉，重心前移，左腳全腳掌踏實。左腿屈膝慢慢向前弓出，成左弓步；同

圖36

時隨體轉，左掌落於右腹前，掌
心翻轉向下，向前經左膝前摟過
至左膝外側，虎口向前，掌指側
向前；右臂屈肘，右掌經耳旁立
掌向前推出，掌心向前，掌指向
上，腕與肩高；眼向前平視（圖
37）。

圖 37

動作要領：(1)弓步時，身
體重心坐實，保持身體平衡。(2)
「主宰於腰」，以腰為肘，雙臂
運轉必須協調一致，兩肩平齊；
弓步、摟掌、推掌應同時完成，做到上下相隨。(3)定勢時，
右掌應基本對準身體中線，沉肩，鬆腰。

易犯錯誤：(1)右掌過高、前伸，右肩過於前送。(2)雙腳
在同一直線上。

動作方向：此動作身體向東方向。

第12式　右摟膝拗步

動作 1　接上勢，身體向左轉，左腳尖外展45度，重心
於左腿，右腳提起向前邁步，腳跟先著地；隨身體轉動，右掌
心翻轉向內，向上經面前畫弧落於左肩前側，掌心向內，掌指
向左；同時左掌心翻轉向上、向下、向左後上畫弧於左肩外，
掌心向外，掌指向上；眼視左手方向（圖38）。

動作要領：(1)雙掌運轉與邁步動作協調一致。(2)雙臂呈
弧形，左掌向體左後側畫弧應在體左後側45度為宜。(3)邁步
時身體重心必須坐實，以保持身體平衡。

圖 38

圖 38 正面

易犯錯誤：(1)雙臂運轉與邁步不協調。(2)凸臀，身斜，轉體角度過大，出現動作重心偏斜現象。

動作方向：此動作身體向東北方向。

技擊含義：動作運動時，轉體、轉腳的度數同是左前 45 度。腰髖的轉動不僅帶動了左膝關節與左腳的同時而動，控制了左膝關節與左腳的同一方向，使得身體重心完全坐於左腿時，右腳提起向前邁出的動作才能輕鬆自如，達到「邁步如貓行」的要領。而且腰髖的轉動，同時帶動了雙臂的動作。右臂外旋，翻轉掌心向內時，由於身體的轉動右掌微向前展伸，此時意貫右臂外側，向上畫弧經面前的動作過程其勁力是挒勁，要保持右掌、臂與身體的合理距離。落於左肩前時，其勁力為掤勁，動作外形要撐圓，意貫右臂外側，是平掤。隨身體的轉動，左臂同時外旋，翻轉掌心向上。

此時，意貫左臂下側，為下掤勁，向後畫弧時，先要意貫右肘關節，以肘帶為主，同時又含有向下的掤勁，動作外形才

能飽滿。後展時，意貫左臂外側，是立掤勁。立身中正，鬆腰沉髖、沉肩垂肘，是雙臂保持弧行動作的基本概念，身體轉動的幅度要合理，左臂的方向要保持在左後 45 度，如果轉體角度太大極易造成身體重心向後傾倒。要領會拳諺所云：「靈通於背，神貫於頂。流行於氣，運之於掌。」

圖 39

動作 2　身體向右轉，重心前移，右腳全腳掌踏實。右腿屈膝慢慢向前弓出，成右弓步；同時隨體轉，右掌落於左腹前，掌心翻轉向下，向前經右膝前摟過至右膝外側，虎口向前，掌指側向前；左臂屈肘，左掌經耳旁立掌向前推出，掌心向前，掌指向上，腕與肩高；眼向前平視（圖 39）。

動作要領：(1)弓步時，身體重心要坐實，保持身體平衡。(2)定勢時，左掌應基本對準身體中線。(3)以腰轉動為軸，雙臂運轉與右腳邁出必須協調一致，兩肩平齊，要做到上下相隨。

易犯錯誤：(1)左掌過高、前伸，左肩過於前送。(2)雙腳在同一直線上。

動作方向：此動作身體向東方向。

技擊含義：身體右轉，重心前移，髖關節的水平移動，帶動上體立身位移。左腿的腳腿之力，逐漸地移向右腿形成右弓步。右掌落於左腹前時，掌心向內，掌指向左，意貫右臂下

側，是下截勁。然後翻轉掌心向下，意貫右臂外側，向前經右膝前弧形摟過於右膝外側時是橫勁。虎口向前，掌指側向前，加強了右掌的採、按勁力。同時左掌要完成屈肘、推掌的動作。尤其強調的是，左右腳的橫向距離要與肩同寬。定勢時，雙腳應做到「一條中心線」，是指身體的中線。「左右兩側分」，是講雙腳要在身體中線的兩側，如把前腳直接收回，雙腳間距離應與肩同寬為宜。身形的中正安舒，鬆肩拔背，雙臂保持弧形、撐圓，是意貫雙臂、力達雙掌的必然條件。要體會拳諺所云「其跟在腳，發於腿，主宰於腰，形於手指。由腳而腿、而腰，總須完整一氣」的理論。

第13式　左摟膝拗步

動作1　接上勢，身體向右轉，右腳尖外展45度，重心於右腿，左腿提起向前邁步，腳跟先著地；隨身體轉動，左掌心翻轉向內，向上經面前畫弧落於右肩前側，掌心向內，掌指向右；同時右掌心翻轉向上、向右後上畫弧於右肩外，掌心向外，掌指向上；眼視右手方向（圖40）。

動作要領：(1)雙掌運轉與邁出步動作協調一致。(2)雙臂呈弧形，右掌向體右後側畫弧應在體右後側45度為宜。(3)邁步時身體重心必須坐實，以保持身體平衡。(4)左腳邁出時，左膝關節微屈。

圖40

易犯錯誤：(1)雙臂運轉與邁步不協調。(2)凸臀，身斜，轉體角度過大，出現動作重心偏斜現象。

動作方向：此動作身體向東南方向。

動作2　身體向左轉，重心前移，左腳全腳掌踏實。左腿屈膝慢慢向前弓出，成左弓步；同時左掌落於右腹前，掌心翻轉向下，向前經左膝前摟

圖41

過至左膝外側，掌指向前；右臂屈肘，右掌經耳旁立掌向前推出，掌指向上略高於肩；眼向前平視（圖41）。

動作要領：(1)弓步時，身體重心要坐實，才能保持身體平衡。(2)「主宰於腰」，以腰為肘，雙臂運轉必須協調一致，兩肩平齊；弓步、摟掌、推掌應同時完成，做到「上下相隨」。(3)定勢時，右掌應基本對準身體中線，沉肩，鬆腰。

易犯錯誤：(1)右掌過高、前伸，右肩過於前送。(2)雙腳在同一直線上。

動作方向：此動作身體向東方向。

第14式　手揮琵琶

動作1　接上勢，身體微向左轉，重心移至左腿；右腳向前跟半步，右腳前腳掌踏地；隨身體轉動，右掌立掌向前推出，左掌保持上勢摟膝姿勢不變；眼視右掌方向（圖42）。

動作要領：(1)重心穩固在左腿，右腳跟步踏地時，身體

圖 42　　　　　　　　　　　　圖 43

才能平穩。⑵動作輕靈、沉穩，鬆腰胯、垂肘、鬆肩。

　　易犯錯誤：⑴跟步距前腳太近，身體重心前傾。⑵動作姿勢起伏，雙臂挺直。

　　動作方向：此動作身體向東偏北方向。

　　動作 2　身體向右轉，重心移至右腿，右腳全腳掌踏實；右掌屈臂立掌收於胸前，掌心微向左，掌指向上；左掌弧形上提於體前，掌心向右，掌指向上，與鼻平；眼隨體轉向前平視（圖 43）。

　　動作要領：⑴向右轉體以右前側 45 度為宜，右腳踏實與前進方向成 45 度。⑵左掌上提，虎口含有上挑之意。⑶身體中正，鬆肩垂肘，以腰為軸帶動雙掌運行。

　　易犯錯誤：⑴轉體幅度過大，重心偏斜，身體向後傾倒。⑵雙臂過於夾緊身體。

　　動作方向：此動作身體向南方向。

　　動作 3　身體向左轉，重心於右腿，同時左腳提起前移，

腳跟著地成虛步；同時雙掌微向下、
向前上方弧形推出，左掌與鼻平，掌
心向右，掌指向上；右掌心向左，與
左肘相對，掌指斜向前上；眼向前平
視（圖44）。

圖44

　　動作要領：(1)定勢動作有下沉
之氣勢，神態具有輕靈、挺拔之意。
(2)左腳前移要保持上體中正，鬆腰
鬆髖，定勢時身體稍向右側。(3)左
腳與地面夾角應在45～60度之間，
雙膝要微屈，不可挺直。

　　易犯錯誤：(1)聳肩、雙腋夾緊身體，雙臂僵直。(2)身體
前俯突臀，左右歪髖。

　　動作方向：此動作身體向東方向。

第15式　左摟膝拗步

　　動作1　接上勢，向右轉體，重心於右腿，左腳提起向前
邁出，腳跟先著地；隨身體轉動，左手翻轉掌心向內，經面前
畫弧於右肩前，掌心向內，掌指向右；右手翻轉掌心向上，向
下經腹前再向右上畫弧於右肩前，掌心向外，掌指向上；眼視
右手方向（圖45）。

　　動作要領：(1)雙掌運轉與左腳邁出動作要協調一致。(2)
雙臂呈弧形，右掌向體右後側畫弧應以體右側後45度為宜。
(3)邁步時身體重心必須坐實，以保持身體平衡穩定。

　　易犯錯誤：(1)雙臂運轉與邁步動作不協調。(2)突臀，左
右歪髖，轉體角度過大，出現動作重心偏斜現象。

圖 45

圖 46

動作方向：此動作身體向東南方向。

動作2　身體向左轉，重心前移，左腳全腳掌踏實。左腿屈膝慢慢向前弓出，成左弓步；同時左掌落於右腹前，掌心翻轉向下，向前經左膝前摟過至左膝外側，掌指向前；右臂屈肘，右掌經耳旁立掌向前推出，掌指向上略高於肩；眼向前平視（圖46）。

動作要領：(1)邁步時，身體重心坐實，保持身體平衡。(2)「主宰於腰」，以腰為肘，雙臂運轉必須協調一致，兩肩平齊；弓步、摟掌、推掌應同時完成，做到「上下相隨」。(3)定勢時，右掌應基本對準身體中線，沉肩，鬆腰。

易犯錯誤：(1)右掌過高、前伸，右肩過於前送。(2)雙腳在同一直線上。

動作方向：此動作身體向東方向。

圖 47　　　　　　　　　　圖 47 正面

第 16 式　進步搬攔捶

動作 1　接上勢，身體向左轉，左腳尖外展 45 度，重心於左腿；右腳提起向前邁出，腳跟先著地；隨身體轉動，左掌轉動向上，向左後而上畫弧至左肩外，掌心向外，掌指向上，腕與肩平；右掌變拳向左下畫弧至腹前，拳心向下，拳眼向內；眼視左掌方向（圖 47）。

動作要領：(1)雙掌動作應與邁步動作協調完成。(2)動作姿勢不可起伏，身體重心要穩固。

易犯錯誤：(1)動作不協調，身體前俯突臀，左右歪髖。(2)聳肩、雙臂僵直。

動作方向：此動作身體向東北方向。

技擊含義：腰髖的轉動，同時帶動了雙臂的動作，左臂外旋，翻轉掌心向上，此時，意貫左臂下側，是下掤勁。向左後畫弧時，先要意貫左肘關節，以肘帶為主，同時又含有向下的

掤勁，動作外形才能飽滿。後展時，意貫左臂外側，是立掤勁。而右掌的握拳，隨腰的轉動向左下畫弧時，此時意貫右臂內側，是引帶勁。落於腹前時，右拳與身體的距離以 20 公分為宜，雙臂要撐圓，鬆肩沉肘，要虛腋。鬆腰沉髖，圓襠斂臀，左膝關節與左腳的方向一致，使得身體重心更加穩固，同時也加強了立身中正的動作概念。要體現拳諺所

圖 48

云：「主宰在腰，上於兩膊相繫，下於胯、兩腿相隨。」

動作2 身體向右轉，重心前移，右腳全腳掌踏實，右腿屈膝慢慢向前弓出，成右弓步；隨腰轉；右拳向前翻打，拳心向上，拳面向前，拳與胸平；左掌同時經面前向前橫掌下壓於右掌前，掌心向下，掌指向右，腕與肩平；眼向前平視（圖48）。

動作要領：(1)雙手的動作與弓步要同時協調完成。(2)上體正直，雙肩鬆沉，雙臂撐圓。(3)左掌、右拳之間以一拳距離為宜。

易犯錯誤：(1)翻打、蓋掌，與弓步的動作不協調。(2)身體前俯，聳肩、揚肘。

動作方向：此動作身體向東方向。

技擊含義：此勢動作，隨身體的轉動，右拳上提，右前臂以右肘關節為圓心，向前翻打。此時，意貫右拳背及右臂外側，是搬勁。同時左掌向右拳前壓蓋。此時，意貫左臂下側，

左掌為採勁。要做到頂頭懸，立身
中正，鬆肩垂肘，含胸拔背，雙臂
撐圓，動作飽滿，勁力充實，使雙
臂含有向下的「沉勁」。正如拳諺
所云：「有上即有下，有前即有
後，有左即有右，如意要向上，即
寓下意；若將物掀起，而加以挫之
之力，斯其根自斷，乃壞之速而無
疑。」

圖 49

動作 3　身體向右轉，右腳尖
外展 45 度，重心於右腿，左腳提
起向前邁出，腳跟先著地；右拳收於右腰間，拳心向上；左掌
立掌向前、向左畫弧攔出，掌心側向右，掌指向上，腕與肩
平；眼向前平視（圖 49）。

動作要領：(1)立身中正，鬆腰沉髖，雙臂不可挺直。(2)
邁步、攔掌、收拳動作要協調完成。

易犯錯誤：(1)右臂緊夾身體，動作不協調。(2)突臀、左
右歪髖，上體前俯。

動作方向：此動作身體向東南方向。

技擊含義：隨身體的轉動，右拳的回收，眼先向右平視。
上體稍稍左轉，左腳提起向前邁出與左掌的攔掌動作要同時完
成。此時，眼視左掌方向，勁力不僅要意貫右臂下側，同時肘
關節要具有向後的撐勁，右臂不可緊夾身體。左臂具有自右向
左的攔勁，還要含有向前的立掤勁。雙臂之間要有對拔的撐
勁，鬆腰沉髖、尾閭中正的身形，使得動作具有虎虎生氣。如
拳諺所云：「含胸，拔背；裹襠，護臀；提頂，吊襠；鬆肩，

沉肘。」

動作4　身體向左轉，重心前移，左腳全腳掌踏實。左腿屈膝慢慢向前弓出，成左弓步；右臂內旋，右拳自腰間向前打出，拳眼向上，與胸平；左掌弧形收至右前臂內側，掌心側向右，掌指斜向上；眼視右拳方向（圖50）。

圖50

動作要領：(1)立身中正，兩臂微屈，沉肩垂肘，雙臂撐圓。(2)弓步的形成、左掌收回、右拳打出的動作要協調，速度均勻。(3)右拳、左掌之間距離以一橫拳為宜。

易犯錯誤：(1)上體前俯、突臀，聳肩右臂僵直。(2)動作不協調，上下不相隨。

動作方向：此動作身體向東方向。

技擊含義：此勢動作，右臂要邊內旋，右拳邊打出，意貫拳面。左掌的弧形回收，動作要圓活，意貫左臂外下側，是掤勁。立身中正，鬆肩沉肘，含胸拔背，雙臂撐圓，右腿之力要於腳、於腿、於腰達於拳面。要體會拳諺所云：「蓄勁如開弓，發勁如放箭。屈中求直，蓄而後發。」

第17式　如封似閉

動作1　接上勢，重心於左腿；左掌心轉動向上，掌指向右，由右肘下向前穿出；右拳變掌，雙掌心相對，掌指向前，

腕與肩平；眼向前平視
（圖51、52）。

動作要領：(1)動
作時身體重心要平穩，
動作要輕靈，雙肘要微
屈。(2)立身中正，鬆
肩垂肘。

易犯錯誤：(1)身
體重心起伏，聳肩。(2)
上體前俯，雙臂僵直。

動作方向：此動作
身體向東方向。

技擊含義：此動作
時特別要注意的是：保
持上勢左弓步的同時，
先以鬆腰沉髖的意識將
身體重心微微下沉，此
時，右拳稍前送，意貫
拳面。左臂外旋翻轉掌
心向上，由右肘下向前
穿出，意貫左掌指，同
時又具有向外的掤勁。

圖51

圖52

雙臂不可緊夾身體，肩肘鬆沉。尾閭中正，含胸拔背，肩背的
舒展保證了雙臂動作保持弧形，動作勁力的飽滿。雙臂的動作
不可用僵勁、拙力，要鬆沉自如。在輕靈之中，體會拳諺所云
「內要含蓄堅剛而不外施」。

動作2 重心移於右腿，右腿屈膝，成坐步；雙掌心相對，虎口向上，屈臂挑掌收於胸前，兩掌心側相對，掌指斜向上；眼向前平視（圖53）。

動作要領：(1)重心右移，雙膝要屈，重心的移動與屈臂挑掌同時協調完成。(2)兩臂放鬆，雙腋微虛，屈肘挑掌動作成弧形。

易犯錯誤：(1)雙肘平展，仰身挺腹。(2)重心右移與屈臂挑掌動作脫節、不協調。

動作方向：此動作身體向東方向。

圖53

動作3 重心前移，右腿屈膝慢慢向前弓出，成左弓步；雙掌微向下，再向前上按出，掌心側向前，掌指向上，腕與肩平；眼向前平視（圖54）。

動作要領：(1)雙掌前按動作應走弧線，雙臂撐圓，雙肘微屈。(2)上體正直，鬆腰沉胯，雙掌前按要順腕立掌，腕部要柔順。

圖54

易犯錯誤：(1)上體前俯、突臀，雙臂僵直。(2)雙掌前按動作幅度過大，聳肩平肘。

動作方向：此動作身體向東方向。

圖55   圖56

第18式 十字手

動作1 接上勢，身體向右轉，左腳尖內扣90度，重心於左腿；隨體轉，雙掌向上、向右畫弧於面前，掌指向上，雙掌心側向外，腕與肩平；眼向前平視（圖55）。

動作要領：(1)身體向右轉時，身體重心不可起伏。(2)兩臂呈弧形，鬆肩、垂肘。

易犯錯誤：(1)身體重心起伏，上體前俯突臀。(2)聳肩、揚肘，雙臂僵直。

動作方向：此動作身體向南方向。

技擊含義：此勢動作時，身體的轉動與左腳的內扣動作要協調進行。腰髖的轉動帶動雙掌的動作。演練時，雙臂不僅要保持弧形，而且雙掌要注意勁力的體現。右掌為「引化勁」，意貫右掌及右臂外側。左掌為「沾黏勁」，意貫左掌及左臂。腰髖要鬆沉，立身要中正、安舒，動作要輕靈中寓於穩重，如

拳諺所云：「身形腰頂皆可以，沾黏連隨意氣均。運動知覺來相應，神是君位骨肉臣。」

動作 2　身體向右轉，右腳尖外展 45 度，重心移於右腿；成右側弓步，隨體轉，雙掌微向上、再向左右平分下落撐開，掌與髖平，掌心向外，掌指向兩側；眼視右掌方向（圖56）。

動作要領：(1)鬆腰沉髖，身體重心下沉，雙掌平撐分開，雙臂保持弧形。(2)尾閭中正，沉肩垂肘。

易犯錯誤：(1)身體前俯、突臀，雙臂僵直。(2)雙掌平分撐開與右腳轉動動作脫節、不協調。

動作方向：此動作身體向西南方向。

技擊含義：此動作時，身體的右轉、右腳的外展，雙掌的平分下落，同樣要以腰髖的轉動同時協調完成。尤其是雙掌的分落，要以雙肘為圓心，兩前臂向兩側平撐分開下落，意貫雙臂下側。肩、肘、腕、指的關節，要相應達到鬆、垂、順、舒的要求。要體會拳諺所云：「手不向空起，手亦不向空落，精敏神巧全在活。」

動作 3　身體向左轉，重心移至左腿，右腳尖內扣 45 度；隨身體轉動，雙臂內旋，雙掌向下畫弧於腹前雙腕交叉合抱，右掌在外，左掌在內，雙掌心向內，掌指向左、右斜下方；眼視前下方（圖57）。

動作要領：(1)雙掌合抱時

圖57

要沉肩、鬆肘，虛腋。⑵身體重心左移、雙掌合抱動作應同時協調完成。⑶鬆腰沉髖，尾閭中正，安舒。

易犯錯誤：⑴雙掌合抱時聳肩、平肘，雙臂緊夾身體。⑵身體重心起伏，上下動作不協調。⑶身體前俯，突臀。

動作方向：此動作身體向南方向。

技擊含義：此動作身體重心左移時，髖關節要沿水平位置移動，帶動身體平穩位移。鬆腰沉髖的動作要領是身體移動的關鍵。身體左轉，右腳內扣與雙臂邊內旋邊向下畫弧；雙掌交叉合抱動作要協調進行。沉肩垂肘、含胸拔背是保證雙臂撐圓的要領，正如拳諺所云：「切記一動無有不動，一靜無有不靜。」

動作4 重心於左腿，右腳內收成開立步，雙腳平行與肩同寬。然後雙腿緩慢直立；雙掌交叉合抱上舉於面前，腕與肩平，左掌在內，右掌在外，雙掌心向內，掌指向左、右，成斜十字形；眼向前平視（圖58、59）。

動作要領：⑴收腳成開立步，雙掌合抱上舉，動作要協調。⑵立身中正、安舒，沉肩垂肘，雙臂撐圓。⑶雙膝關節不可僵直。

易犯錯誤：⑴動作脫節不協調。⑵身體前俯、聳肩、揚肘。

動作方向：此動作身體向南方向。

技擊含義：身體重心於左腿，右腳收回時，右腳跟先要提起，然後以右前腳掌微蹬地，順勢回收，前腳掌先踏地，再全腳掌踏實。隨身體重心提起，雙腿直立，雙掌自下而上弧形向前合捌，腕與肩平，與身體約三拳距離。此時，意貫雙臂外側。要虛領頂勁、尾閭中正、含胸拔背、鬆肩垂肘、雙臂撐

圖 58　　　　　　　圖 59　　　　　　　圖 60

圓，精神自然提起，要體會拳諺所云：「蹬之於足，行之於腿，縱之於膝，活潑於腰，靈通於背，神貫於頂。」

第 19 式　抱虎歸山

動作 1　接上勢，身體向右轉，重心於左腿，左腳內扣135 度，隨體轉，雙掌合掤向右平移，眼向前平視（圖 60）。

動作要領：(1)左腳內扣要與身體轉動協調進行。(2)尾閭中正，上下動作要相隨，身體重心微下沉。

易犯錯誤：(1)雙臂僵直，上體前俯、突臀。(2)動作不協調，雙腿僵直。

動作方向：此勢動作身體向西南方。

技擊含義：身體向右轉，左腳內扣135 度，也就是要求隨身體的轉動，左腳向內扣的度數要合適，並且為下一動作的進行打好基礎。隨身體的轉動，身體重心的下沉，左腳要實腿而內扣，這就是傳統楊式太極拳獨特的風格和特點。雙掌的合掤

動作，要保持上一動作的外形和要領。
身體要保持中正、安舒，轉體、扣腳動
作要輕靈、自如。如拳諺所云：「輕靈
活潑求懂勁，陰陽既濟無滯病。若得四
兩撥千斤，開合鼓蕩主宰定。」

圖61

動作2　身體繼續向右轉，重心於
左腿；隨體轉，右腳提起向右前方邁
出，腳跟先著地；同時右掌微向上畫弧
經面前落於左肩側前，掌心向內，掌指
向左；同時左掌翻轉掌心向上、向下、
向左後上畫弧於左肩外，掌心向外，掌
指向上；眼視左手方向（圖61）。

動作要領：(1)雙掌運轉與邁出步動作協調一致。(2)雙臂
呈弧形，左掌向體左後側畫弧應在體左後側45度為宜。(3)邁
步時身體重心必須坐實，以保持身體平衡。(4)右腳邁出時，
右膝關節微屈。

易犯錯誤：(1)雙臂運轉與邁步不協調。(2)凸臀，身斜，
轉體角度過大，出現動作重心偏斜現象。

動作方向：此動作身體向西南方向。

動作3　身體向右轉，重心前移，右腳全腳掌踏實，右腿
屈膝慢慢向前弓出，成右弓步。隨體轉，右掌落於左腹前，掌
心翻轉向下，向前經右膝前摟過至右膝外側，虎口向前，掌指
側向前；同時左臂屈肘，左掌經左耳旁立掌向前推出，掌心向
前，掌指向上，腕與肩高；眼向前平視（圖62）。

動作要領：(1)弓步時身體重心要坐實，以保持身體平
衡。(2)定勢時，左掌應基本對準身體中線。(3)以腰轉動為

軸，雙臂運轉與右腳邁出必須協調一致，兩肩平齊，要做到上下相隨。

易犯錯誤：(1)雙臂僵直，上體前俯、突臀。(2)左掌過高、前伸，左肩過於前送。(3)雙腳在同一直線，動作不協調。

動作方向：此勢動作身體向西北方。

圖 62

第 20 式　右攬雀尾（掤勢）

動作 1　身體向右轉，重心微前移，成右弓步。隨體轉，左掌向前展伸，左臂外旋，翻轉掌心向上，掌指向前，腕與肩高；同時，右臂外旋，右掌翻轉掌心向上，向右側後畫弧展開於右肩外，掌心向外，掌指向上，腕與肩平；眼視右掌方向（圖63）。

動作要領：(1)身體向右轉要鬆腰沉髖，以保持身體平衡。右臂展開的方向應是右後45度為宜。(2)以腰轉動為軸，帶動雙臂運轉必須協調一致，要做到上下相隨。(3)鬆肩垂肘，立身中正雙臂撐圓。

圖 63

易犯錯誤：(1)雙臂僵直，上體前俯、突臀。(1)動作不協調，上下不相隨。

動作方向：此勢動作身體向北方。

技擊含義：身體向右轉，是以腰髖的轉動，帶動雙臂的展伸。雖然轉體的動作幅度不是很大，但是雙掌的動作要做到要開俱開、要合俱合的意境。要意貫左臂下側，此時要鬆肩垂肘，順腕、展指。右臂要意貫右掌外緣及右臂外側，同樣要鬆肩垂肘，順腕立掌。立身要保持中正，雙臂保持在 135 度為好。腰髖的鬆沉是身體轉動的根本保證，同樣也是保持身體平穩的前提。要體會拳諺所云「一動無有不動，一靜無有不靜，心氣一發，四肢皆動」的感覺。

動作 2　身體向左轉，成右弓步。隨體轉，右臂屈肘，右掌經右耳側向前立掌推出，掌心側向前，掌指向上，與鼻平；同時，左臂屈肘回收於胸前，掌心側向上，掌指對右肘，右臂外旋；眼視右掌方向（圖 64）。

動作要領：(1)身體向左轉以腰轉動為軸，帶動雙臂運轉必須協調一致，要做到上下相隨。(2)鬆肩垂肘，立身中正，含胸拔背，雙臂撐圓。

易犯錯誤：(1)雙臂僵直，上體前俯、突臀，雙臂緊夾身體。(2)動作不協調，上下不相隨。(3)聳肩、揚肘，雙膝挺直，重心起伏。

動作方向：此勢動作身體向北方。

技擊含義：身體向左轉，是以腰髖的轉動，帶動雙臂同時而動。雖然轉體的動作幅度是在上一動的基礎上回轉，幅度不是很大，但是此時要有

圖 64

要合俱合的意境，要意貫左臂外側，是向下、向外的「掤勁」。此時要鬆肩垂肘，順腕、展指。右臂要意貫右掌外緣及右臂外側，同樣要鬆肩垂肘，順腕、立掌，是「立掤勁」。立身要保持中正，腰髖鬆沉，鬆肩垂肘，虛腋雙臂保持弧形。從雙臂的動作外形講，左臂、胸部、右大臂形似陰陽魚的頭部，而右小臂與左掌形似魚尾。

正如拳諺所云「一開連一合，開合遞相承」，「拔背含胸含太極，裹襠護臂踩五行」。

第20式　右攬雀尾（捋勢）

動作1　身體向左轉，重心移於左腿，成左坐步。雙掌隨身體轉動向左後捋至腹前，雙掌心側相對，右掌心向左，掌指向前，左掌心側向上，掌指向右；眼隨體轉向前平視（圖65）。

動作要領：(1)向後捋時，左肘應向左側後45度方向撤肘。(2)鬆肩、垂肘，立身中正，雙臂撐圓，鬆腰沉髖。(3)右肘與身體保持20公分左右距離為宜。

易犯錯誤：(1)雙臂僵直，左右歪髖，身體後仰，雙臂緊夾身體。(2)動作不協調，上下不相隨。(3)聳肩、揚肘，雙膝挺直，重心起伏。

動作方向：此勢動作身體向西南方。

技擊含義：「主宰於腰」，以腰的左轉帶動雙手，自面前向下、向後畫弧

圖65

而動。由於腰的轉動右手必然會微向前展伸；然後再向下、向左弧形下落。右肘落於右腹前側，掌心向左，掌指向前，虎口向上，五指在同一平面，右肘與右腹間相距20公分左右。此時，右臂既有向下的沉勁，又有向左的帶勁。而左手以肘關節領先，向左下後方弧形下落，左掌落於左腹前側，掌心向上，掌指向前，左掌與左腹間相距10公分左右。此時，左臂既有向下的掤勁，又有向左後的引勁。由於雙手的動作，將對方向隅向牽引。運動過程中雙手的動作要同時而動，切不可先後而動，而失去了挒的動作含義。但同時必須注意的是步型、步法的變化。配合身體的轉動，隨身體重心的移動，髖關節沿水平位置向後平移，帶動身體立身位移，上下相隨，即由右弓步轉換為左坐步。左膝關節與左腳的45度方向一致，六成勁坐於左腿。右腿膝關節不可挺直，要微屈，右腳前腳掌要有向後的搓勁，右腿要有四成勁，鬆腰沉髖，氣沉丹田，收腹斂臀，頂頭懸、立腰豎項、鬆肩垂肘、虛腋、雙臂撐圓，雙手的勁力方向是左後45度的合力。

挒的動作要體會到如拳諺所云：「挒勁意何解，引導使之前，順其來勢力，輕靈不丟頂，引之使延長，力盡自然空，重心自維持，莫被他人乘。」此句拳諺充分說明挒的動作含義及技擊方法和勁力的方向。

第20式　右攬雀尾（擠勢）

動作1　身體向右轉，重心於左腿，成坐步；同時右臂外旋屈肘提於腹前，右掌心向內，掌指向左；左臂內旋上提附於右腕內側，左掌心向前，掌指斜向上，掌指向右；眼隨體轉向前平視（圖66）。

動作要領：⑴腰的轉動帶動雙手相合。⑵立身中正，沉肩、墜肘，鬆腰沉髖。

易犯錯誤：⑴身體前俯突臀、左右歪髖，雙腋緊夾身體。⑵聳肩、右膝挺直，重心起伏。

動作方向：此勢動作身體向西北方。

技擊含義：當捋到盡點時，即以腰髖的轉動，使身體向右轉正。此時，隨腰的轉動，右臂微外旋，屈臂提於腹前，轉動掌心向內，掌指向左，力貫右臂外側，為右平掤。左臂內旋，左掌以拇指意領，向右旋轉，同時向前推掌，力貫左掌心，附於右腕內側，掌指斜向上。頂頭懸，立腰豎項，身體不可前俯、突臀，左右歪髖，鬆肩垂肘，虛腋，雙臂撐圓。雙掌相合，雙臂外形成下八字形，保持坐步步型。蓄勁於左腿，右腿要寓撐勁。要領會拳諺所云「上下一條線，全憑兩手轉」，「勁斷意不斷，意斷神可接」的意境。

圖66

圖67

動作2　重心前移，右腿屈膝慢慢向前弓出，成右弓步；同時雙掌向前擠出，腕與肩平，右掌心向內，掌指向左，左掌心向外，掌指斜向上；眼向前平視（圖67）。

動作要領：(1)立身中正，沉肩、雙肘應有下垂之意。(2)雙臂撐圓，動作要飽滿。

易犯錯誤：(1)身體前俯，雙臂僵直。(2)聳肩、左膝挺直，重心起伏。

動作方向：此勢動作身體向西北方。

技擊含義：立身、平髖，以腰腿之力，向前弓步，隨身體重心前移，身體向前平移。頂

圖 68

頭懸，身中正，尾閭收住。雙臂隨身體重心前移，向前展臂。腕與肩平，右掌心向內，掌指向左，左掌心向外，掌指斜向上，沉肩、垂肘、含胸，雙臂撐圓，雙臂外形成八字形，意貫右掌，力達手背。這裡所指的力達，並不是就在此動用力、使勁，而是仍要求運動時動作緩慢、柔和。動作時要達到「先在心，後在身」，以意貫手背，意到、氣到、力到，意之所注處就有所感覺。左手輔助發擊，也就是用兩手合力發擊。正如拳諺所云：「擠勁義何解，用時有兩方，直接單純力，迎合一勁中，間接反應力，如球碰壁還，又如錢投鼓，躍躍聲鏘然。」

第20式　右攬雀尾（按勢）

動作1　接上勢，重心微向前移，成右弓步；同時雙掌向前平展，左掌從右掌上向前分開，腕與肩平，雙掌心相對，虎口向上，雙掌指向前；眼向前平視（圖68）。

動作要領：(1)立身，沉肩、雙肘下垂。(2)雙掌前分要舒

腕展指，雙臂保持弧形。

易犯錯誤：(1)身體前俯、雙臂僵直。(2)雙臂過於上舉，聳肩仰肘。

動作方向：此勢動作身體向西北方。

圖69

動作2 重心後移於左腿，成左坐步；同時，雙臂屈肘挑掌收於胸前，兩掌心側相對，掌指斜向上；眼向前平視（圖69）。

動作要領：(1)重心後移與屈臂挑掌應同時協調完成。(2)兩臂放鬆，雙腋微虛，屈肘挑掌動作成弧。

易犯錯誤：(1)雙肘平展，俯身突臀。(2)重心後移與收掌動作脫節、不協調。

動作方向：此勢動作身體向西北方。

技擊含義：身體重心後移時，動作外形不可有起伏，身體要保持平穩位移。左腿屈膝後坐，左膝關節與左腳的方向要一致。同時隨身體重心後移；先沉肩、再垂肘，以雙手拇指為力點，腕關節向內轉動，帶動雙掌指立圓弧形向上挑起，收於胸前，雙腋要虛，不可緊夾身體。雙掌心側相對，雙臂呈八字形。此時，身形要立身中正，虛領頂勁，含胸拔背，鬆腰沉髖，呼吸要平緩，精神提起，用雙掌的動作將外力引化到自己的左腿（後腳）化解，萬不可用雙臂的直線回抽把雙掌收到體前，一定要用弧形動作過程破解外力的直線方向。而本身的力量要用意念貫注雙小臂外側。才能達到拳諺所云：「捨己從

人，引進落空，四兩撥千斤也。」

動作 3　重心前移，右腿屈膝慢慢向前弓出，成右弓步；雙掌微向下，再向前上按出，掌心向前，掌指向上與肩平；眼向前平視（圖70）。

圖 70

動作要領：(1) 雙掌前按動作要走弧形，雙臂撐圓，雙肘微屈。(2) 雙掌前按，要順腕立掌，腕部要柔順。

易犯錯誤：(1) 雙臂僵直，上體前俯、突臀。(2) 聳肩、前按動作時雙掌過高。

動作方向：此勢動作身體向西北方。

技擊含義：身體重心前移時，動作外形不可有起伏，身體要保持立身位移。以左腿之力緩慢將身體重心移向右腿，成右弓步。同時隨身體重心前移；雙臂微內旋，向下旋腕，翻轉掌心側向下。雙手以人字形向兩側平分，掌心側相對，鬆肩垂肘、虛腋，此時力貫雙掌外側，以轉臂旋腕的動作繼續將外力化解。然後，雙掌再沿橢圓形路線向前展臂推出，雙掌前推時要保持在肩寬的範圍內。掌指向上，與鼻平，掌心側相對，順腕舒指，腕部不可向前坐腕用力，手指與肩要保持在圓活、自然的狀態。同時身體重心隨向前展臂前推動作，以「虛領頂勁」之意，腳生之力，將身體重心前移。含胸拔背、坐腰，掌心內涵，意念貫注十指。才能達到拳諺所云：「按勁義何解，運用如水行，柔中已寓剛，急流勢難擋，逢高則膨滿，遇凹向下潛，波浪有起伏，有空必鑽入。」

第21式 斜捌勢

圖71

動作1 接上勢，身體向左轉，右腳內扣135度，重心移於左腿；隨體轉，雙掌向兩側平撐，雙掌心向外，腕與肩平；眼隨體轉視左掌方向（圖71）。

動作要領：(1)向左轉體，右腳內扣左腳保持原動作方向不變。(2)鬆腰沉髖，鬆肩垂肘，立身中正，雙臂撐圓。(3)重心左移身體保持平穩。

易犯錯誤：(1)聳肩、揚肘，雙膝挺直，重心起伏。(2)動作脫節，上下不相隨。

動作方向：此勢動作身體向西南方。

技擊含義：做此動作時，首先要注意的是身體向左轉，要鬆腰沉髖，以身體的轉動帶動雙臂向兩側平展。左掌的動作速度相對的要快一點，以達到扣腳、轉體、展臂，在腰的帶動下同時到位，以求動作的連貫，協調、和順。雙臂平展，要意貫雙掌外緣及雙臂外側，是同時向外開展，意貫左掌為掤帶勁，右掌為撐掤勁。立身要中正，含胸拔背，鬆肩垂肘，肩背舒展，雙臂要成弓形，極富有彈性。氣沉丹田，呼吸的深沉，更鞏固了身架的穩定性。要達到拳諺所云：「要息心體認，隨人所動，隨屈就伸，不丟不頂，勿自伸縮。」

動作2 向右微轉體，重心於右腿，左腳提起向左前邁步，腳跟先著地；隨體轉，右臂屈收於胸前，右掌心向下，掌指向右，腕與肩平；同時，左掌向下畫弧於右腹前，翻轉掌心

側向上，掌指向右；眼視右手方向（圖72）。

圖72

動作要領：(1)雙掌與左腳邁出的動作要上下相隨。(2)左腳邁出時，右支撐腿應微屈下蹲。(3)身體中正，身體重心平穩過度。

易犯錯誤：(1)身體前俯，歪髖、凸臀。(2)雙掌合抱與邁步動作速度不協調。(3)右膝關節與右腳尖上下錯位。

動作方向：此動作身體向西南方向。

技擊含義：在做此動時，只強調邁步時的感覺，身體重心穩固於右腿，再將左大腿輕提，帶動小腿、左腳提收於身體重心之下，再向前邁出。腳距離地面要有似擦非擦的感覺，所以不能抬腳過高，避免身體重心起伏。邁出時左腳後腳掌踏地，這也是現在經常提到的「腳跟著地」的動作，這只是在文章中的簡練提法。但有許多練習者卻簡單理解為後腳掌外沿著地，這其實是不全面或錯誤的。它的實質是，腳不是以邊緣輕放在地面上，而是要有力度、有力量，鬆腰沉髖身體重心必然要落到雙腳上。只有腳踏實地，才有根基。

邁出腿的膝關節要保持一定的弧度，角度過大身體重心前傾，膝關節挺直，身體重心完全在支撐腿，失去了雙腿同時支撐鬆腰沉髖的意義。所以邁出腿要有似放非放、似抬非抬的感覺，使之具有進則弓步，退則撤步的靈活性。「邁步如貓行」的拳諺就提醒練習者動作時要輕提慢放，使之在緩慢的過程中

控制腿部的力量。盡量避免快速邁出重心前傾產生「砸地」和「搶步」的現象。這也是在整套傳統楊式太極拳動作練習中的必要感覺。腳步邁出身體重心分配要合理才能達到拳諺所云：「半輕半重不為病，偏輕偏重為病。」

圖73

動作3　身體向左轉，重心移於左腿，左腳全腳掌踏實，左腿屈膝慢慢向前弓出，成左弓步；同時，左臂向前掤出，掌心向內，掌指向右，與胸平；右臂內旋翻轉，右掌向下落於右髖旁，掌心向下，虎口向前，掌指斜向前；眼向前平視（圖73）。

動作要領：(1)身體轉動帶動雙掌前後分開。(2)弓步與雙掌的動作速度應協調一致。(3)立身中正，鬆腰沉髖，沉肩垂肘雙臂撐圓。

易犯錯誤：(1)上體過於前傾，轉體角度過大，重心偏移。(2)聳肩揚肘，俯身、凸臀，雙臂僵直。

動作方向：此動作身體向東南方向。

技擊含義：主宰於腰，以腰的左轉，帶動髖關節將身體轉正。此時重心前移，鬆腰沉髖，左腿屈膝慢慢向前弓出，隨重心前移左腳逐漸全腳掌踏實地面。切不可先將左腳放平，再弓步或膝關節已經到位，而腳卻遲遲未放下。定勢時，前腿的膝關節要與腳尖在同一垂線，膝過腳尖，身體重心偏前，容易被對方牽動。膝不到位，身體重心偏後，動作不飽滿，失去攻擊

力，容易被對方控制住力量。當前腿動作到位時，特別要強調後腿的動作。後腿不可完全繃直，膝關節要自然舒鬆，後腿保持自然蹬直狀態，要富有彈性。膝關節要微向外撐，近於與後腳尖在同一方向。兩胯根要向內合、裹襠，斂臀。

雙臂動作，雙臂微內合，左臂微外旋，轉動掌心向內、向前掤出，與胸平。鬆肩垂肘，肘關節略低於腕關節，意貫前臂外側，右臂內旋，翻轉掌心向下，採按於右髖外側，虎口向前，掌指側向右斜前方，虛腋、右肘關節微向右後撐，意貫虎口和右臂外側，使之具有採按的威力。要含胸拔背，使左臂平圓與右臂立圓相互呼應，成弓形。左掤的動作要體會到拳諺所云：「蓄勁如開弓，發勁如放箭。曲中求直，蓄而後發。力由脊發，步隨身換。」

第22式　肘底捶

動作1　接上勢，身體向左轉，左腳尖外展45度，重心於左腿，右腳跟提起；隨體轉，兩臂隨腰而動，平展於體側，腕與肩平，左掌心側向上，右掌心側向下，雙掌指向前；眼視左手方向（圖74）。

動作要領：(1)雙臂平撐於體側時，沉肩墜肘，雙臂呈弧形。(2)立身中正，鬆腰沉髖。

易犯錯誤：(1)俯身突臀，聳肩揚肘，雙臂僵直。(2)重心偏左，身體向左傾倒。

圖74

動作方向：此動作身體向東方。

技擊含義：此動作演練時，腰髖的轉動，使得左腳的外展，雙掌的運轉同時而動。右腳跟的提起，不僅加強了身體轉動的靈活性，同時也保證了立身中正的動作要領的體現。雙臂體側平舉，並不是雙臂展開180度，而是在體兩側各45度方向。此時的立身中正，含胸拔背，使得雙臂在同一圓弧線上，沉肩垂肘，雙臂成一弓形。意貫左臂外側、下側，包含了向外的「掤勁」和向下的鬆沉的「掤勁」。同時意貫右臂外側、下側，包含了向外的撐勁、平「掤勁」和向下的「掤勁」。尾閭中正，虛領頂勁，避免了由於身體的轉動、重心的左移而產生的前俯、突臀，及左、右歪髖等不良動作習慣。要如拳諺所云：「頂如準，故云『頂頭懸也』。兩手即平，左右之盤也。腰即平直根株也。『立如平準』，所謂輕重浮沉、分厘絲毫，則偏顯然矣！」

動作2　身體微向左轉，重心於左腿，右腳提起向前跟步，前腳掌踏地；左掌向下畫弧於腹前，掌心側向上；掌指向右，右掌向上畫弧至面前，掌心側向下，掌指向左；眼隨體轉向前平視（圖75）。

動作要領：(1)跟步時，動作重心要平穩，跟步與雙掌動作協調一致。(2)跟步幅度適宜，右腳踏地要有力度。

易犯錯誤：(1)重心前傾，動作姿勢起伏。(2)聳肩、抬肘、歪髖。

動作方向：此動作身體向東方。

圖75

技擊含義：此勢動作首先要注意的是右腳的動作，由於身體的轉動，帶動了右腳提起跟步，為了保持動作的平穩，右腳的落地點並不是直接向前跟進，而是向偏右的地方，前腳掌踏地，並且要具有一定的力度。也就是說左腳、身體重心垂線、右腳成三角狀，雙腳之間的縱向距離視每人的步幅而定，一般講應掌握在近於半步較為合適，這樣也好確定身體的穩定性。雙掌的體前圈和的動作不僅要撐圓，還要注重左掌與身體的距離以本人兩拳為宜，而右掌與身體的距離以本人四拳為宜。如果距身體近，則聳肩揚肘，雙臂緊夾身體，身體重心也易偏後，身體向後仰。如果距身體太遠，則拔背團胸，雙臂僵直，動作不飽滿，身體重心易偏前，身體向前傾倒。立身中正的要領，就避免了身體俯、仰的錯誤動作的出現。鬆腰沉髖的意識穩固了動作的底盤，含胸拔背使得雙臂具有一定的勁力。要意貫左臂下側含有「掤勁」，同時意貫掌指含有「抄裏勁」。右臂要意貫右臂外側含有撐勁，同時意貫右掌虎口含有「圈合勁」。要達到拳諺所云：「先要兩股前節有力，兩肩鬆開，其向下沉。勁起於腳跟，變換在腿，含蓄在胸，運動在兩肩，主宰於腰。上於兩膊相繫，下於兩胯、兩腿相隨。」

動作 3　身體向右轉，重心移至右腿，右腳全腳踏實，左腳提起前移，腳跟著地，成左虛步；隨即身體微向左轉，左掌由右腹前向上經右前臂內側向前上方立掌穿出，掌心側向前，掌指向上，與鼻平；同時右掌握拳，沿左臂外側落於左肘下，拳眼向上，正對左肘；眼向前平視（圖76）。

動作要領：(1)右腳踏實，與前進方成 45 度。(2)鬆腰鬆胯，動作要有下沉氣勢。(3)向右轉體以不超過 45 度為宜，向回轉以身體轉正為準。

圖76　　　　　　　　　　圖76正面

易犯錯誤：(1)右腳順向，膝關節與腳方向錯位。(2)俯身突臀，聳肩、抬肘，或雙臂緊夾身體。(3)左右體幅度太大，身體向一側傾倒。

動作方向：此動作身體向東方向。

技擊含義：此動作時，首先要注意的是身體的左右轉動幅度，向右轉體是右側前45度，向回轉時以身體轉向正前方為準。如果轉體動作幅度太大，則重心極易偏斜身體傾倒。其次要注意右腳的動作，右腳向前跟步前腳掌踏地，轉體重心右移，此時右腳跟先要向內擰轉，然後全腳掌踏實，腳尖斜向右前45度。右膝關節與腳尖同一方向，重心坐實，左腳變成虛步。雙掌隨身體轉動，協調重心移動而動。要意貫左臂及左掌緣外側，向前的立掤勁。右臂平圈於胸前，意貫拳外緣及前臂，是向外的擰翻勁。自然，立身中正，含胸拔背、鬆肩沉肘的要領保持了身形及勁力的完正、飽滿。要做到拳諺所云：「太極原生無極中，渾圓一氣感斯通。先天逆轉隨機變，萬象

包羅易理中。」

第 23 式　左右倒攆猴（右倒卷肱 1）

動作 1　接上勢，身體微向右轉，重心於右腿，左腳跟著地，成左虛步；隨體轉，右拳變掌，向下落於右髖旁，掌心向上，掌指向前；同時左掌微向前展伸，掌心向前，掌指向上，腕與肩高；眼隨體轉向前平視（圖 77）。

動作要領：(1)立身中正，鬆腰沉髖，以腰為軸帶動雙掌動作。(2)轉體幅度要適宜，右肘方向為右側後 45 度。(3)雙臂撐圓，肩肘鬆沉。

易犯錯誤：(1)轉體幅度大，重心偏斜，身體向左後傾倒。(2)右臂緊夾身體，雙臂僵直。

動作方向：此動作身體向東南方。

技擊含義：身體向右轉動時，腰髖首先要微鬆沉，帶動雙臂的前後展伸。左臂向前的動作幅度不是很大，只是隨腰而動，意貫左掌外緣及左臂，是上一動作意識的延伸，屬於太極拳術中的「長勁」。右拳變掌，右臂外旋下落於右髖側，此時，意貫右臂下側，同時含有向下的「沉勁」和「掤勁」，而右肘關節則具有向後的「撐頂勁」。立身要中正，雙肩要鬆沉，腰髖與肩上下相對，右腋要虛，不可緊夾身體。左腳跟要含有向後的蹬勁，正如拳諺所云：「正隅收放任君走，動靜變化何須愁。」

圖 77

動作 2　身體繼續向右轉，左腳提

起向後撤步，先以腳前掌踏
地；同時，右掌從右髖旁向右
後上方畫弧展伸，腕與肩平，
掌指向上，掌心向外；左掌隨
身體轉動向前微展，掌心向
前，掌指向上，腕與肩平；眼
隨體轉動向前平視（圖78）。

圖 78

動作要領：(1)重心穩固
右腿，左腳提起，應向偏左後
45度方向退步，以避免雙腳
在同一直線上。(2)左腳前腳
掌踏地、右手後撤動作要同時完成。(3)保持上體中正，雙肩
鬆沉，雙臂保持弧形。

易犯錯誤：(1)雙腳在同一直線上，重心不穩。(2)上下動
作不相隨，動作脫節。(3)俯身、突臀，左右歪髖，雙臂僵
直。

動作方向：此動作身體向南方。

技擊含義：此動作時，左腳提起向後的退步，落點是相當
重要的，因為它是身體重心穩固的基本保證。落點偏右，則雙
腳在同一直線上，極易產生身體左右搖晃的現象。過於偏左，
則雙腳的橫向距離太寬，動作重心不易掌握，產生重心偏後的
現象。因此，雙腳的橫向距離以本人的一腳寬為好（即20～
30公分），退腳的方向以近於身體左側後45度為宜。這樣前
腳、後腳、身體重心的垂線，此三點就確定了身體重心的穩固
性。左腳落地要有蹬踏的力度，雙臂的展伸，動作要圓活，肩
肘的鬆沉，雙臂保持弧形，尾閭中正的要領是動作姿勢正確與

否的保證。要如拳諺所云：「動作
出於無心，鼓舞出於不覺。身欲
動，而步以為周旋；手將動，而步
亦早為之催迫。」

動作 3　身體向左轉，左腳跟
內扣 45 度，左腳全腳掌踏實，重
心移於左腿，成左坐步；同時右臂
屈肘卷收，右掌經右耳側，立掌向
前推出，掌心側向前，掌指向上，
與鼻平；左臂外旋，翻轉掌心向
上，經右臂下收至腹前，掌指向右
斜前方，同時右腳以腳跟為軸隨之
轉正；眼視右掌方向（圖 79）。

圖 79

動作要領：(1)以腰為軸帶動
手腳動作同時進行，左腳跟內扣與
右掌前推、左掌回收的動作速度協
調配合。(2)當雙掌交錯時，右腳
要適時「轉正」方向，以保證右掌
前推的力度。

易犯錯誤：(1)上下不相隨，
動作不協調。(2)右腳「轉正」時
間不適時，腰髖不順。

圖 79 正面

動作方向：此動作身體向東北方。

技擊含義：腰髖的轉動是此動作的關鍵，左腳跟向內的擰
轉，保證了左腳向左側前 45 度的方位，膝關節與左腳的上下
相對，使得身體重心的移動更加靈活。雙掌交錯的右推左收，

圖 80　　　　　　　　　　　圖 80 正面

要與右腳的轉正，同時協調進行。立身中正，鬆腰沉髖，沉肩垂肘，是動作圓活的因素，也是肩、髖上下相對、順向的保證。右掌的前推，意貫右臂外側，是「立掤勁」，左掌的回收意貫左臂內側和下側，是向內的引帶和向下的掤勁。整體動作感覺要如拳諺所云：「切記一動無有不動，一靜無有不靜。牽動往來氣貼背，斂入脊骨。」

第 23 式　左右倒攆猴（左倒卷肱 1）

動作 1　接上勢，身體微向左轉，重心於左腿，右腳踏地，成左坐步；左掌自腹前向下畫弧至左髖旁，掌心向上，掌指向前；同時右掌微微向前展伸，掌心向前，掌指向上，腕與肩平；眼隨體轉向前平視（圖 80）。

動作要領：(1)立身中正，鬆腰沉髖，以腰為軸帶動雙掌動作。(2)轉體幅度要適宜，左肘方向為左後側 45 度。(3)雙臂撐圓，肩肘鬆沉。

易犯錯誤：(1)轉體幅度大，重心偏斜，身體向右後傾倒。(2)左臂緊夾身體，雙臂僵直。

動作方向：此動作身體向東方。

技擊含義：身體向左轉時，腰髖首先要鬆沉，帶動雙臂的前後展伸。右臂向前的動作幅度不是很大，只是隨腰而動，動作時要意貫右掌外緣及右臂，勁力是上一動作意識的延伸，屬於太極拳術中的「長勁」。左臂微外旋下落於左髖側，動作意識是意貫左臂下側同時含有向下的「沉勁」和「掤勁」，而左肘關節則具有向後的「撐頂勁」，左肘的方向應是左側後45度。立身要中正，雙肩要鬆沉，腰髖與肩上下相對，左腋要虛，不可緊夾身體。右腳全腳踏地，成左坐步，要如拳諺所云：「每一動，惟手先著力，隨即鬆開。尤須貫串一氣，不外起、承、轉、合。始而意動，既而勁動，轉接要一線串成。」

動作 2　身體繼續向左轉，右腳提起向後撤步，先以腳前掌踏地；同時，左掌從髖旁向左後上方畫弧，腕與肩平，掌指向上，掌心向外；右掌隨身體轉動向前微展，掌心向前，掌指向上；眼隨身體轉動向前平視（圖81）。

動作要領：(1)重心穩固於左腿，右腳提起，應向偏左後45度方向退步，以避免雙腳在同一直線上。(2)右腳前腳掌踏地，左手後撤動作要同時完成。(3)保持上體中正，雙肩鬆沉，雙臂保持弧形。

圖 81

易犯錯誤：(1)雙腳在同一直線上，重心不穩，身體向後傾倒。(2)下動作不相隨，動作脫節。(3)俯身、突臀，左右歪髖，雙臂僵直。

動作方向：此動作身體向東北方向。

技擊含義：此動作時，右腳提起向後的退步，落點是相當重要的，因為它是身體重心穩固的基本保證。落點偏右，則雙腳在同一直線上，極易產生身體左右搖晃的現象。過於偏左，則雙腳的橫向距離太寬，動作重心不易掌握，產生重心偏後的現象。因此，雙腳的橫向距離以本人的一腳寬為好（即20～30公分），退腳的方向以近於身體左側後45度為宜。這樣前腳、後腳、身體重心的垂線，此三點就確定了身體重心的穩固性。右腳落地要有蹬踏的力度，雙臂的展伸，動作要圓活，肩肘的鬆沉，雙臂保持弧形，尾閭中正的要領是動作姿勢正確與否的保證。要如拳諺所云：「動作出於無心，鼓舞出於不覺。身欲動，而步以為周旋；手將動，而步亦早為之催迫。」

動作3 身體向右轉，右腳跟內扣45度，右腳全腳掌踏實，重心移於右腿，成坐步；同時左臂屈肘卷收，左掌經左耳側，立掌向前推出，掌心側向前，掌指向上，與鼻平；右臂外旋，翻轉掌心向上，經左臂下收至腹前，掌指向左斜前方，同時左腳以腳跟為軸隨之轉正；眼視左掌方向（圖82）。

動作要領：(1)以腰為軸帶動手腳動作同時進行，右腳跟內扣與

圖82

左掌前推、右掌回收的動作速度協調配合。(2)當雙掌交錯時，左腳要適時「轉正」方向，以保證左掌前推時的力量。

易犯錯誤：(1)上下不相隨，動作不協調。(2)左腳「轉正」時間不適時，動作脫節，腰髖不順。

動作方向：此動作身體向東方。

技擊含義：腰髖的轉動是此動作的關鍵，右腳跟向內的擰轉，保證了右腳向左側前 45 度的方位，膝關節與右腳的上下相對，使得身體重心的移動更加靈活。雙掌交錯的右推左收，要與左腳的轉正同時協調進行。立身中正，鬆腰沉髖，沉肩垂肘，是動作圓活的因素，也是肩、髖上下相對、順向的保證。左掌的前推，意貫左臂外側，是「立掤勁」，右掌的回收意貫右臂內側和下側，是向內的引帶和向下的掤勁。整體動作感覺要如拳諺所云：「切記一動無有不動，一靜無有不靜。牽動往來氣貼背，斂入脊骨。」

第 23 式　左右倒攆猴（右倒卷肱 2）

動作 1　接上勢，身體微向右轉，重心於右腿，右腳踏實，成右坐步；右掌自腹前向下畫弧至右髖側，掌心向上，掌指向前；同時，左掌微微向前展伸，掌心向前，掌指向上，腕與肩平；眼隨身體轉動向前平視（圖 83）。

動作要領：(1)立身中正，鬆腰沉髖，以腰為軸帶動雙掌動作。(2)轉體幅度要適宜，右肘方向為後側 45 度。(3)雙臂撐圓，肩肘鬆沉。

圖 83

易犯錯誤：(1)轉體幅度大，重心偏斜，身體向右後傾倒。(2)右臂緊夾身體，雙臂僵直。

動作方向：此動作身體向東南方向。

圖84

動作2 身體繼續向右轉，左腳提起向後撤步，先以前腳掌踏地；同時，右掌從右髖旁向右後上方畫弧展伸，腕與肩平，掌指向上，掌心向外；左掌隨身體轉動向前微展，掌心向前，掌指向上，腕與肩平；眼隨體轉動向前平視（圖84）。

動作要領：(1)重心穩固於右腿，左腳提起，應向偏左後45度方向退步，以避免雙腳在同一直線上。(2)左腳前腳掌踏地、右手後撤動作要同時完成。(3)保持上體中正，雙肩鬆沉，雙臂保持弧形。

易犯錯誤：(1)雙腳在同一直線上，重心不穩。(2)上下動作不相隨，動作脫節。(3)俯身、突臀，左右歪髖，雙臂僵直。

動作方向：此動作身體向東南方。

技擊含義：此動作時，左腳提起向後的退步，落點是相當重要的，因為它是身體重心穩固的基本保證。落點偏右，則雙腳在同一直線上，極易產生身體左右搖晃的現象。過於偏左，則雙腳的橫向距離太寬，動作重心不易掌握，產生重心偏後的現象。因此，雙腳的橫向距離以本人的一腳寬為好（即20～30公分），退腳的方向以近於身體左側後45度為宜。這樣前

腳、後腳、身體重心的垂線，此三點
就確定了身體重心的穩固性。左腳落
地要有蹬踏的力度，雙臂的展伸，動
作要圓活，肩肘的鬆沉，雙臂保持弧
形，尾閭中正的要領是動作姿勢正確
與否的保證。要如拳諺所云：「動作
出於無心，鼓舞出於不覺。身欲動，
而步以為周旋；手將動，而步亦早為
之催迫。」

圖 85

動作 3　身體向左轉，左腳跟內
扣 45 度，左腳全腳掌踏實，重心移
於左腿，成左坐步；同時右臂屈肘卷
收，右掌經耳側，立掌向前推出，掌
心側向前，掌指向上，與鼻平；左臂
外旋，翻轉掌心向上，經右臂下收至
腹前，掌指向右斜前方，同時右腳以
腳跟為軸隨之轉正；眼視右掌方向
（圖 85）。

動作要領：(1)以腰為軸帶動手
腳動作同時進行，左腳跟內扣與右掌
前推、左掌回收的動作速度協調配
合。(2)當雙掌交錯時，右腳要適時

圖 85 正面

「轉正」方向，以保證右掌前推的力度。

易犯錯誤：(1)上下不相隨，動作不協調。(2)右腳「轉
正」時間不適時，腰髖不順。

動作方向：此動作身體向東北方。

圖 86　　　　　　　　　　圖 86 正面

技擊含義：腰髖的轉動是此動作的關鍵，左腳跟向內的撐轉，保證了左腳向左側前 45 度的方位，膝關節與左腳的上下相對，使得身體重心的移動更加靈活。雙掌交錯的右推左收，要與右腳的轉正，同時協調進行。立身中正，鬆腰沉髖，沉肩垂肘，是動作圓活的因素，也是肩、髖上下相對、順向的保證。右掌的前推，意貫右臂外側，是「立掤勁」，左掌的回收意貫左臂內側和下側，是向內的引帶和向下的掤勁。整體動作感覺要如拳諺所云：「切記一動無有不動，一靜無有不靜。牽動往來氣貼背，斂入脊骨。」

第 23 式　左右倒攆猴（左倒卷肱 2）

動作 1　接上勢，身體微向左轉，重心於左腿，右腳踏地，成左坐步；左掌自腹前向下畫弧至左髖側，掌心向上，掌指向前；同時右掌微微向前展伸，掌心向前，掌指向上，腕與肩平；眼隨身轉向前平視（圖 86）。

動作要領：⑴立身中正，鬆腰沉髖，以腰為軸帶動雙掌動作。⑵轉體幅度要適宜，左肘方向為左後側 45 度。⑶雙臂撐圓，肩肘鬆沉。

易犯錯誤：⑴轉體幅度大，重心偏斜，身體向右後傾倒。⑵左臂緊夾身體，雙臂僵直。

動作方向：此動作身體向東北方。

圖 87

動作 2 身體繼續向左轉，右腳提起向後撤步，先以前腳掌踏地；同時，左掌從髖側向左後上方畫弧展伸，腕與肩平，掌指向上，掌心向外；右掌隨身體轉動向前微展，掌心向前，掌指向上；眼隨身體轉動向前平視（圖 87）。

動作要領：⑴重心穩固左腿，右腳提起，應向偏左後 45 度方向退步，以避免雙腳在同一直線上。⑵右腳前腳掌踏地、左手後撤動作要同時完成。⑶保持上體中正，雙肩鬆沉，雙臂保持弧形。

易犯錯誤：⑴雙腳在同一直線上，重心不穩，身體向後傾倒。⑵上下動作不相隨，動作脫節。⑶俯身、突臀，左右歪髖，雙臂僵直。

動作方向：此動作身體向北方向。

動作 3 身體向右轉，右腳跟內扣 45 度，右腳全腳掌踏實；重心移於左腿，成左坐步；同時左臂屈肘卷收，左掌經耳側，立掌向前推出，掌心側向前，掌指向上，與鼻平；右臂外

旋，翻轉掌心向上，經左臂下收至腹前，掌指向左斜前方，同時左腳以腳跟為軸隨之轉正；眼視左掌方向（圖88）。

圖88

動作要領： (1)以腰為軸帶動手腳動作同時進行，右腳跟內扣與左掌前推、右掌回收的動作速度協調配合。(2)當雙掌交錯時，左腳要適時「轉正」方向，以保證左掌前推時的力量。

易犯錯誤： (1)上下不相隨，動作不協調。(2)左腳「轉正」時間不適時，動作脫節，腰髖不順。

動作方向： 此動作身體向北方。

第23式　左右倒攆猴（右倒卷肱3）

動作1　接上勢，身體微向右轉，重心於右腿；左腳踏實，成右坐步；右掌自腹前向下畫弧至右髖側，掌心向上，掌指向前；同時，左掌微微向前展伸，掌心向前，掌指向上，腕與肩平，左腳跟著地；眼隨體轉向前平視（圖89）。

動作要領： (1)立身中正，鬆腰沉髖，以腰為軸帶動雙掌動作。(2)轉體幅度要適宜，右肘方向為

圖89

後側 45 度。(3)雙臂撐圓，肩肘鬆沉。

易犯錯誤：(1)轉體幅度大，重心偏斜，身體向右後傾倒。(2)右臂緊夾身體，雙臂僵直。

動作方向：此動作身體向東南方向。

圖 90

動作 2 身體繼續向右轉，左腳提起向後撤步，先以前腳掌踏地；同時，右掌從右髖側向右後上方畫弧展伸，腕與肩平，掌指向上，掌心向外；左掌隨身體轉動向前微展，掌心向前，掌指向上；眼隨體轉向前平視（圖 90）。

動作要領：(1)重心穩固右腿，左腳提起，應向偏左後 45 度方向退步，以避免雙腳在同一直線上。(2)左腳前腳掌踏地、右手後撤動作要同時完成。(3)保持上體中正，雙肩鬆沉，雙臂保持弧形。

易犯錯誤：(1)雙腳在同一直線上，重心不穩。(2)上下動作不相隨，動作脫節。(3)俯身、突臀，左右歪髖，雙臂僵直。

動作方向：此動作身體向南方。

動作 3 身體向左轉，左腳跟內扣 45 度，左腳全腳掌踏實；重心移於左腿，成左坐步；同時右臂屈肘卷收，右掌經耳側，立掌向前推出，掌心側向前，掌指向上，與鼻平；左臂外旋，翻轉掌心向上，經右臂下收至腹前，掌指向右斜前方，同時右腳以腳跟為軸隨之轉正；眼視右掌方向（圖 91）。

圖91　　　　　圖91 正面　　　　　圖92

動作要領：(1)以腰為軸帶動手腳動作同時進行，左腳跟內扣與右掌前推、左掌回收的動作速度協調配合。(2)當雙掌交錯時，右腳要適時「轉正」方向，以保證右掌前推的力度。

易犯錯誤：(1)上下不相隨，動作不協調。(2)右腳「轉正」時間不適時，腰髖不順。

動作方向：此動作身體向東北方。

第24式　斜飛勢

動作1　接上勢，重心於左腿，右腳回收到左腳內側，腳前掌踏地；右臂微前展，右掌心向前，掌指向上，腕與肩平，同時左掌向下收至左髖旁，掌心向上，掌指向前；眼向前平視（圖92）。

動作要領：(1)右腳提起回收，應在距左腳跟右側一橫腳（20～30公分）處落地。(2)立身中正，鬆肩沉肘，雙臂保持弧形。

易犯錯誤：(1)右腳落地點與左腳距離太近或右腳落地偏後，重心不穩身體傾倒。(2)突臀，歪髖，雙臂僵直。

動作方向：此動作身體向東方。

技擊含義：此動作相對講比較簡單，但是右腳提起回收落地卻是關鍵。右腳的落地點要注意應落在左腳跟右側一橫腳遠的地方，同時要保持與左腳跟盡量在同一橫線上。因為右腳的落地點與左腳距離太近，必然影響下一動作的轉體、扣腳動作的進行。如果右腳的落地點橫向距離太寬，或落地點偏於身體後側，就極易產生身體重心向右和向後偏斜，從而產生身體向右或向後傾倒。所以，右腳的落點要保持在合理的距離內即20～30公分為宜。自然身體重心的穩固，立身的中正，雙肩的鬆沉，都是此動作練演的要領保證。要達到拳諺所云：「向前、退後，乃能得機得勢，有不得機得勢處，身便散亂，必至偏倚，其病必於腰腿求之。上下、前後、左右皆然。」

動作 2 身體向右轉，左腳尖內扣 135 度，重心移於右腿，隨身體轉動；雙掌向左右兩側平分於體側，腕與肩高；左掌心向上，掌指向前，右掌心向外，掌指向上；眼隨體轉向前平視（圖 93）。

動作要領：(1)身體姿勢保持中正，重心移動才能平穩。(2)鬆肩垂肘，雙臂保持弧形。

易犯錯誤：(1)重心移動不平穩，動作姿勢起伏。(2)雙臂僵直，動作脫節。

圖 93

動作方向：此動作身體向南方。

技擊含義：轉體、扣腳時，身體重心要平穩過度到右腿，動作姿態要保持上一動作姿勢的高低。腰髖的轉動帶動左腳的內扣，同時也帶動雙掌向左右兩側的平分擺動。尤其是右臂的分擺，要意貫右臂外側，借腰的轉動之勢，向右側掤帶，臂膀要撐圓。左掌自腹前向左而上畫弧，意貫左臂內側，是右臂的輔助力量。尾閭中正，雙肩鬆沉，雙臂撐圓，含胸拔背，雙臂保持同一弧形，上下動作要相隨。正如拳諺所云：「提起精神，虛領頂勁。含胸拔背，鬆肩墜肘。氣沉丹田，手與肩平。」

動作3 身體繼續向右轉，重心於左腿，右腳提起向右前側方邁步，腳跟先著地；左掌經面前橫掌屈收於胸前，掌心向下，掌指向右；右掌向下畫弧於腹前，掌心向上，掌指向左；眼隨體轉向前平視（圖94）。

動作要領：(1)身體右轉帶動雙掌合抱、右腳邁出同時完成。(2)右腳邁步，左支撐腿重心微下坐。(3)在本動作中，右腳邁出方向以右前側45度為宜。

易犯錯誤：(1)右腳邁出方向角度過大，重心不穩，手腳動作不協調。(2)聳肩、突臀，左右歪髖。(3)左腿重心尚未坐穩，右腳邁出，產生「搶步」現象。

動作方向：此動作身體向西南方向。

技擊含義：身體向右的轉動，

圖94

重心要穩固在左腿，左腿要屈膝下坐，同時右腳提起邁出，動作才能輕靈圓活，也就避免了由於左腿的重心不穩固，產生「搶步」和「砸地」的現象。雙臂的上下圈合，要鬆肩垂肘，要做到左掌與右肩相對，掌指與肩平，順腕舒指，肘關節低於腕關節。左掌與肩的距離一般要達到 4 拳距離。右掌與腹左側相對，肘關節要撐圓，左掌與腹部的一般要保持在 1～2 拳的距離。身形要做到鬆腰沉髖，含胸拔背，雙臂撐圓，這樣才能力貫雙臂，動作飽滿。要體會拳諺所云「含胸，拔背；裹襠，護臀；提頂，吊襠；鬆肩，沉肘」的要領含義。

動作 4 身體微向右轉，重心前移，右腳全腳掌踏實，右腿屈膝慢慢向前弓出，成右弓步；雙掌同時向右上、左下分開，右掌心側向上，掌指向前，腕與眼平；左掌於左髖旁，掌心向下，虎口向前，掌指斜向前；眼視右手方向（圖 95）。

動作要領： (1)身體的轉動帶動雙掌分開與弓步動作協調完成。(2)立身中正，鬆腰沉髖，沉肩墜肘，雙臂撐圓。

易犯錯誤： (1)雙掌分開與弓步動作脫節，不協調。(2)聳肩，雙臂僵直。

動作方向： 此動作身體向西南方向。

技擊含義： 主宰於腰，以腰的右轉，帶動髖關節將身體轉正，使得身體與弓步保持方向的一致。此時重心前移，鬆腰沉髖，隨重心前移右腳逐漸全腳掌踏實地面，右腿屈膝慢慢向前弓

圖 95

出。切不可先將右腳放平再弓步，或膝關節已經到位，而右腳
卻遲遲未放下。定勢時，前腿的膝關節要與腳尖在同一垂線，
膝過腳尖，身體重心偏前，容易被對方牽動。膝不到位，身體
重心偏後，動作不飽滿，失去攻擊力，容易被對方控制住力
量。當右腿動作到位時，特別要強調左腿的動作。左腿不可完
全繃直，膝關節要自然舒鬆，左腿保持自然蹬直狀態，要富有
彈性。膝關節要微向外撐，近於與左腳尖在同一方向。兩胯根
要向內合、裹襠，斂臀。

　　雙臂動作時，雙臂微內合，右臂微外旋，右掌由腹前向體
右前上方掤出，腕與肩平。鬆肩垂肘，肘關節略低於腕關節，
意貫前臂外側，左掌向下掤按於左髖外側，虎口向前，掌指側
向左斜前方，虛腋、左肘關節微向左後撐，意貫虎口和左臂外
側，使之具有掤按的勁力。要含胸拔背，使左臂與右臂相互呼
應，成弓形。右掤的動作要體會到拳諺所云：「蓄勁如開弓，
發勁如放箭。曲中求直，蓄而後發。力由脊發，步隨身換。」

第25式　提　手

　　動作1　接上勢，重心移至
右腿，右腿屈膝前弓，左腳提起
向前跟步，前腳掌踏地，隨重心
前移；右掌向前展伸，掌心向
上，腕與肩平，左掌同時向下撐
按，掌心向下，掌指斜向前；眼
視右掌方向（圖96）。

　　動作要領：(1)身體保持中
正，重心移動要適度，跟步距離

圖96

要適中。(2)身體不可起伏，鬆腰沉髖，雙臂撐圓。

易犯錯誤：(1)身體前俯，跟步太近，重心前傾，身體前倒。(2)動作起伏，聳肩直臂。

動作方向：此動作身體向西南方向。

技擊含義：此動作時，身體重心的前送，右腿屈膝前弓，動作姿勢不可起伏。隨身體重心的前移，左腳提起向前跟步，跟步要達到半步距離，前腳掌踏地，要有力度。如果超過半步距離，加之右掌向前展伸，身體的重心極易不穩，產生身體向右前側傾倒。跟步不到半步距離時，身體重心偏後，左腳跟步踏地的力度欠缺，影響到右掌展伸的勁力。鬆腰沉髖，是要把身體的重心穩固下來，同時也是把左腳的踏地之力量，貫通到雙臂，鬆肩垂肘，含胸拔背，使得雙臂具有彈性。要體會拳諺所云：「動則生陽靜生陰，一動一靜互為根。果然識得環中趣，碾轉隨意見天真。」

動作 2　身體向左轉，左腳全腳掌踏實，重心移至左腿；右腳跟提起，雙掌翻轉掌心向上，隨身體轉動微向下、向後畫弧平展於體側，腕與肩平，雙掌心向上，掌指向左、右兩側；眼隨體轉視左手方向（圖 97）。

動作要領：(1)左腳跟內扣45 度，與雙掌平展動作要協調。(2)鬆肩垂肘，立身中正，雙臂撐圓。(3)雙臂平展幅度要小，要符合「含胸拔背」的拳理要求。

圖 97

易犯錯誤：(1)向左轉體時身體重心起伏，轉體幅度大，重心偏於右腿。(2)聳肩仰肘，雙臂僵直。(3)雙臂平展幅度大，造成背肩挺胸現象。

動作方向：此勢動作身體向東南方。

技擊含義：身體向左轉，而左腳跟卻向內（右）扣 45 度，看起來這是一個上下肢體不協調的動作，但是這種不順向的轉動，卻是為下一動作的完成孕育極大的力量。正如太極圖中的陰陽魚頭尾相接相向而動的寓意一樣。這也是楊式太極拳動作的特點，此勢動作雙臂外旋，向下、向後平展時，動作幅度很小，立身要中正，要鬆肩、垂肘，力點意貫雙臂下側含有「沉勁」，和雙臂後側含有「引化勁」。雙臂動作外形要強調呈一「弓型」，身形要保持「虛領頂勁」，「含胸拔背」的要求，右腳跟提起，是將身體重心完全移於左腿，身體沿縱軸旋轉的動作才能自如。只有這樣，雙臂才具有彈性和撐力，最後達到為破解對方的力量起到引化的效果。正如拳諺所云：「身形腰頂豈可無？缺一何必費功夫！」

動作 3 身體向右轉，重心於左腿，右腳提起向前邁出，腳跟落地，成右虛步；雙掌屈臂向上畫弧經耳側向前合手推出，右掌指向上，與鼻平；掌心略向左前側，左掌心向下，掌指斜對右肘；眼視右掌方向（圖98）。

動作要領：(1)雙臂合掌推出時，做到右掌在前、左掌在後。(2)鬆腰胯，沉肩墜肘，斂臀，雙臂撐圓。

易犯錯誤：(1)定勢姿勢起伏，聳

圖98

肩。(2)身體前俯突臀，左右歪髖。

動作方向：此動作身體向南方向。

第 26 式 上 勢

動作1 接上勢，身體向左轉，重心在左腿，隨體轉，左掌轉動掌心向上、向下畫弧至左腹前，掌指向前；右掌隨體轉動向前微展，掌心向前，掌指向上，腕與肩平；眼隨體轉向前平視（圖99）。

圖 99

動作要領：(1)保持立身中正，雙臂撐圓，左腋要留有空隙。(2)鬆腰沉髖，沉肩垂肘。

易犯錯誤：(1)身體前俯、突臀，動作重心起伏。(2)左右歪髖，雙臂僵直。

動作方向：此動作身體向東南向。

動作2 身體向右轉，重心於左腿，右腳提起向前邁出，腳跟先落地；此時隨體轉，右掌向下畫弧平搬於胸前，掌心轉動向內，掌指向左；左掌向後而上畫弧按在右小臂上，掌心向外，掌指斜向上；眼向前平視（圖100）。

圖 100

動作要領：(1)轉體，邁步、雙掌相合的動作要協調。(2)立身中正，鬆腰沉髖、聳肩垂肘，雙臂撐圓。

易犯錯誤：(1)身體前俯、突臀，左右歪髖。(2)動作重心

起伏，雙腿僵直。

動作方向：此動作身體向南方。

動作 3　重心移於右腿，右腳全
腳掌踏實，右腿慢慢向前弓出，成右
弓步；雙掌向前下方擠出；右掌心向
內，掌指向左，左掌心向外，掌指斜
向上；眼視前下方（圖101）。

動作要領：(1)雙掌前擠時，雙
臂微屈，上下相隨。(2)立身中正，
鬆腰胯。

圖101

易犯錯誤：身體前傾，聳肩，抬
肘。

動作方向：此動作身體向南方。

第27式　白鶴亮翅

動作 1　接上勢，身體向左轉，
右腳尖內扣45度，重心於右腿；隨
身體轉動，右小臂內旋，微向前展；
右掌心向左，虎口向上，掌指向前；
左掌附在右小臂上，掌心向下，掌指
向右；眼隨體轉向前平視（圖
102）。

圖102

動作要領：(1)右小臂內旋、前展，含有下沉之意。(2)立
身中正，鬆肩垂肘，雙臂撐圓。

易犯錯誤：(1)重心偏於右腿，上體右傾，左右歪髖。(2)
轉體與右臂微前展動作不協調。

圖103　　　　　　圖103正面　　　　　　圖104

動作方向：此勢動作身體向東方。

動作2　重心於右腿，左腳提起向前邁出，前腳掌踏地，成虛步；雙掌分別向右上、左下分開，右掌上提於右額前，掌心向外，掌指向上，左掌落於左髖前外，掌心向下，虎口向前，掌指向左斜前；眼向前平視（圖103）。

動作要領：(1)身體正直，雙臂保持圓形。(2)雙掌分開，雙膝關節微上伸。(3)含胸、拔背，雙臂保持弧形。

易犯錯誤：(1)俯身突臀，身體重心起伏太大。(2)左右歪髖，右膝關節過於內扣。重心不穩。

動作方向：此動作身體向東方。

第28式　左摟膝拗步

動作1　接上勢，上體微向左轉，重心於右腿，隨身體轉動，右掌轉掌動掌心向上，向左擺掌於體前，腕與肩平，掌指斜向前上；眼視右掌方向（圖104）。

動作要領：(1)擺掌與身體轉動應協調配合，右腿重心要穩固。(2)身體平穩，動作輕靈、沉穩，鬆腰髖、垂肘鬆肩。

易犯錯誤：(1)身體前俯，重心前傾。(2)左右歪髖，雙臂挺直。

動作方向：此動作身體向東北方。

圖 105

動作 2 身體向右轉，重心於右腿，左腳提起向前邁出，腳跟先著地；同時右掌下落經腹前再向右後上方畫弧於右肩外，掌心向外，掌指向上，左掌由下向上經面前畫弧於右肩前，掌心向內，掌指向右；眼視右手方向（圖 105）。

動作要領：(1)雙掌運轉與邁步動作協調一致。(2)雙臂呈弧形，右掌向體右後側畫弧應在體右後側 45 度為宜。(3)邁步時身體重心必須坐實，以保持身體平衡。

易犯錯誤：(1)雙臂運轉與邁步不協調。(2)凸臀，身斜，轉體角度過大，出現動作重心偏斜現象。

動作方向：此動作身體向東南方。

動作 3 身體向左轉，重心前移，左腳全腳掌踏實。左腿屈膝慢慢向前弓出，成左弓步；同時隨體轉，左掌落於右腹前，掌心翻轉向下，向前經左膝前摟過至左膝外側，掌指向前；掌指側向前，右臂屈肘捲收，右掌經耳旁立掌向前推出，掌心向前，掌指向上，腕與肩高；眼向前平視（圖 106）。

圖106　　　　　　　　　圖107

　　動作要領：(1)邁步時，身體重心坐實，保持身體平衡。
(2)「主宰於腰」，以腰為軸，雙臂運轉必須協調一致，兩肩平
齊；弓步、摟掌、推掌應同時完成，作到「上下相隨」。(3)
定勢時，右掌應基本對準身體中線，沉肩，鬆腰。
　　易犯錯誤：(1)右掌過高、前伸，右肩過於前送。(2)雙腳
在同一直線上。
　　動作方向：此動作身體向東方。

第29式　海底針

　　動作1　接上勢，身體微向左轉，重心移至左腿；右腳向
前跟半步，右腳前腳掌踏地；隨身體轉動，右掌立掌向前展
伸，左掌保持上勢摟膝姿勢不變；眼視右掌方向（圖107）。
　　動作要領：(1)重心穩固在左腿，右腳跟步踏地時身體才
能平穩。(2)立身中正，鬆腰胯、垂肘、鬆肩動作，要輕靈、
沉穩。

易犯錯誤：⑴跟步距前腳太近，身體重心前傾。⑵動作姿勢起伏，左右歪髖，雙臂挺直。

動作方向：此動作身體向東北方。

技擊含義：此勢動作時，身體重心要移於左腿，重心穩固，身體才能左轉自如，帶動右腳向前跟步，跟步距離以不超過半步距離為好。微向前送肩，右掌向前展推，此勢動作極其重要的一點是，重心前移向前跟步，身體姿勢要保持平穩，萬不可起伏，沉肩、鬆

圖 108

腰髖，動作意識要注重身體重心下沉，沉穩中寓有輕靈之感。右腳向前跟步，前腳掌要踏實，也就是前七（左腿）後三（右腿）的勁力分配。右掌前推，意貫右掌指。左掌同時要有沉勁，相輔相成。動作才能飽滿圓活。要達到拳諺所云：「身為心之用，勁力為身之用。心、身有一定之主宰者，理也。」

動作2 身體向右轉，重心移於右腿；右腳全腳掌踏實，右掌屈臂立掌收於胸前，掌心微向左，掌指向上；左掌弧形上提於體前，掌心向右，掌指向上，與鼻平；眼隨體轉向前平視（圖108）。

動作要領：⑴向右轉體以右前側45度為宜，右腳踏實與前進方向成45度。⑵左掌上提，虎口含有上挑之意。⑶身體中正，鬆肩垂肘，以腰為軸帶動雙掌運行。

易犯錯誤：⑴轉體幅度過大，重心偏斜，身體向後傾倒。⑵雙臂過於夾緊身體。

動作方向：此動作身體向南方向。

技擊含義：向右轉體，同時，身體重心右移，右腳尖與前進方成 45 度，右腳全腳掌踏實。右掌屈收，意貫右掌背，含有向後的「引帶勁」，左掌挑起，意貫左掌虎口，含有向上的「挑架」之力，雙臂的動作以腰髖的縱軸轉動為主，動作過程要成弧形，立腰豎項，鬆肩垂肘、雙掌虎口撐圓，以保持勁力的飽滿。動作時要特別注意前臂與上臂之間以及雙臂與身體之間不可夾緊，以免形成死角。要體會拳諺所云：「提頂吊襠心中懸，鬆肩沉肘氣丹田。」

圖 109

動作 3　身體向左轉，重心於右腿；左腳提起前移，左腳前腳掌踏地，成左虛步；隨體轉，右掌弧形向前下方插掌，掌心向左，掌指斜向前下，腕與腹平；左掌弧形下落於左膝旁，掌心向下，虎口向前，掌指斜向前；眼視前下方（圖 109）。

動作要領：(1)身體左轉，右掌下插、左掌下落，與虛步動作同時完成。(2)鬆腰沉髖，肩背舒鬆，雙臂撐圓。

圖 109 正面

易犯錯誤：(1)身體過於前俯，重心偏斜，身體向前傾倒。(2)左右歪髖，雙臂僵直。

動作方向：此動作身體向東方。

技擊含義：此動作時，身體向左的轉動，帶動雙掌與左虛步動作同時協調進行，也就是講手腳的動作要在同一時間段內完成。尤其是折體下坐、插掌是相當重要的。

左腳踏地成左虛步，要有力度，身體重心的分配應是前四後六。即右腿屈膝下坐，重心六成穩固於右腿，左腳要支撐身體前俯的重量，含有四成重心。右掌的動作要成弧形，向前下插出，意貫右掌指。左掌的動作要向前下弧形下落於左膝側，意貫左掌是採按勁。要如拳諺所云：「夫發手擊敵，全賴身法之助，身法為何？縱、橫、高、低、進、退、反、側而已！……低，則抑其身，而身有攢促之行。」

第30式　閃通臂

動作1　接上勢，身體向右轉，重心於右腿，上體直起，左腳提起向前邁出，腳跟先著地；隨體轉，左掌搭在右腕部，雙掌向上提至右額前，左掌心向外，掌指向上；右臂內旋，右掌轉動掌心向外，掌指向左；眼視右前方（圖110）。

動作要領：(1)腰的轉動帶動雙掌上提、邁步協調完成。(2)立身中正，身體重心不可起伏。(3)鬆腰沉髖，鬆肩沉肘，雙臂撐圓。

易犯錯誤：(1)動作不協調，凸臀。(2)身體重心起伏，聳肩揚肘。

動作方向：此動作身體向東南方。

技擊含義：動作時身體向右的轉

圖110

動，與上體恢復正直同時進行
的。隨體轉，重心要移於右腿，
右腿的屈膝支撐，重心的穩固，
左腳才能輕鬆提起向前邁出。此
時，要鬆腰沉髖，圓襠闊步，做
到身體重心的鬆沉，穩定。同時
要注意的是，左掌先要搭附於右
腕部，隨身體的轉動，右臂的內
旋，翻轉掌心上提於右前額外
側，帶動左臂同時而動。身型要
尾閭中正，鬆肩沉肘，含胸拔

圖 111

背，雙臂撐圓。意貫雙臂外側，是「掤勁」。要達到拳諺所
云：「掤手兩臂要圓撐，動靜虛實任意攻。」

動作2 身體向左轉，重心移於左腿，左腳全腳掌踏實，
左腿屈膝，向前慢慢弓出，成左弓步。隨體轉，左掌微向下經
胸前向前立掌推出，掌指向上，腕與肩平；同時，右掌向右前
上方推撐，掌指向前，掌心向外；眼向前平視（圖111）。

動作要領：(1)弓步時要鬆腰沉髖，立身中正，雙臂撐
圓。(2)沉肩、墜肘、順腕、舒指。

易犯錯誤：(1)弓步時，身體重心起伏。(2)身體前俯，突
臀聳肩，雙臂僵直。

動作方向：此動作身體側向東方向。

技擊含義：此動作時，隨身體的轉動，重心的左移，左腿
逐漸成側弓步。同時，左掌微向下經胸前立掌向體前推出。掌
心側向前，掌指向上，與鼻平；左腿、左臂上下相對，意貫左
掌外緣及左臂，是側立掌的推勁。右掌同時向右額前外側推

撑，掌心向外，掌指側向前上方，腕與
右額平，意貫右掌及右臂，是向前外的
撑架勁。身體要保持中正，鬆腰沉髖，
上體側向前，右掌撑架於頭右側方，沉
肩垂肘，舒背展臂。如拳諺所云：「兩
肩垂下，兩肘沉下。秀若處女見人，肆
若猛虎下山。手即權衡稱物，而知其輕
重。」

圖112

第31式　轉身撇身捶

動作1　接上勢，身體向右轉，左
腳尖內扣，重心於左腿；隨體轉，右掌變拳，經面前下落至腹
前，拳心向下，拳眼向內；左掌向上畫弧至額前上方，掌心向
外，掌指向右；眼隨體轉向前平視（圖112）。

動作要領：(1)身體的轉動帶動雙掌與扣腳動作協調進
行。(2)立身中正，鬆腰沉髖，肩肘鬆沉，肩髖相對，雙臂撑
圓。(3)左腳內扣幅度盡量達到大。

易犯錯誤：(1)動作不協調，脫節，上下不相隨。(2)動作
重心起伏，俯身突臀，雙臂、雙腿挺直。

動作方向：此動作身體向南方。

技擊含義：身體重心要坐於左腿，左腳內扣要達到135度
的幅度。重心穩固，身體才能右轉。此勢動作極其重要的一點
是，右膝關節與右腳的方向一致，是身體轉動的基礎。同時也
是動作姿勢保持平穩，重心不起伏，沉肩肘、鬆腰髖，立身中
正的保證。動作意識要注重身體重心下沉，沉穩中寓有輕靈之
感。意貫右臂，要有沉勁，左掌意貫虎口，要有撑帶的感覺。

左右掌的動作相輔相成。動作才能飽滿圓活。要達到拳諺所云：「身為心之用，勁力為身之用。心、身有一定之主宰者，理也。」

動作 2 身體繼續向右轉，重心於左腿，右腳提起向前邁出，右腳跟先著地；隨體轉，左掌向左下畫弧於左髖側，掌心向下，掌指向前；右拳隨腰轉向前翻打，拳心向上與胸平；眼隨體轉向前平視（圖113）。

圖 113

動作要領：(1)隨體轉，雙手動作與右腳邁出的動作要協調一致。(2)尾閭中正，沉肩垂肘，雙臂撐圓，動作飽滿。

易犯錯誤：(1)上下動作不協調，動作脫節。(2)身體前俯突臀，左右歪髖，雙臂僵直。

動作方向：此勢動作身體向西方。

技擊含義：此勢動作時，腰髖的向右轉動，帶動右腳提起邁出，右腳跟著地，要注意右腳的落地點與左腳不要成一條直線，要偏右，雙腳的距離與肩同寬，避免了身體重心的不穩定因素。同時，右拳的翻打，左掌的下按與右腳的動作協調進行。身體要中正，頂頭懸，沉髖，立腰，肩背要舒展，意貫右臂下側，含有搬壓的勁力感。左掌要含有向下的按勁。雙臂要保持弧形。要達到拳諺所云：「自得屈伸動靜之妙，有屈伸動靜之妙，開合升降又有由矣！由屈伸動靜，見人則開，遇出則合；看來則降，就去則升。」

動作 3 身體微向右轉，重心前移，右腳全腳掌踏實，右

圖114

圖114 正面

腿屈膝慢慢向前弓出，成右弓步；同時，左掌上提經右臂上橫掌向前推出，腕與肩平，掌心向下，掌指向右；右拳收於右腰間，拳心向上；眼向前平視（圖114）。

動作要領：(1)橫掌、收拳與右弓步動作協調一致。(2)立身中正，鬆肩肘，雙臂保持弧形。

易犯錯誤：(1)轉體幅度過大，身體向右傾倒。(2)身體前俯，聳肩，左臂僵直。

動作方向：此動作身體向西方向。

技擊含義：此勢動作時，雙臂的動作與身體的轉動，右腿的弓步協調進行。腰髖的轉動帶動左掌上提向前的橫掌推出，此時意貫左掌外緣及左臂，是撐推的感覺。同時右拳的回收，意貫右臂下側，是引帶勁，右肘關節含有向後的頂勁。雖然身體轉動的幅度不是很大，但腰髖的轉動，身體沿縱軸運轉，使得左腳的蹬踏之勁，貫穿到左掌、右拳。鬆肩拔背是蓄勁的體現，正如拳諺所云：「發勁須沉著鬆淨，專主一方。立身須中

正安舒，支撐八面。行氣如
九曲珠，無微不到。運勁如
百煉鋼，何堅不摧。」

動作4 身體微向左
轉，重心於右腿，成右弓
步；同時，右拳從右腰側向
前打出，拳心向上，拳面向
前，腕與胸平；左臂屈肘回
收，從右臂上收於右肘上
方，掌心向下，掌指向右；
眼向前平視（圖115）。

圖115

動作要領：(1)主宰於腰，以腰髖的轉動帶動雙臂的運
轉。(2)立身中正，鬆腰胯、垂肘、鬆肩動作輕靈、沉穩。(3)
雙臂保持弧形。

易犯錯誤：(1)動作左右不相隨。不協調。(2)動作姿勢起
伏，左右歪髖，雙臂挺直。

動作方向：此動作身體向西方。

技擊含義：此勢動作時，重心要穩固於左腿，身體才能左
轉自如，帶動雙臂的運轉，右拳向前的打出，微向前送肩，意
貫右拳面，是順步沖拳。左臂的屈收，左掌向後的動作要飽
滿，左肘不要成死角。動作意識上要注重身體重心下沉，身體
姿勢要保持平穩，萬不可起伏，沉肩、鬆腰髖，沉穩中寓有輕
靈之感。右拳打出，左掌的同時回收，連貫自如。動作才能飽
滿圓活。要達到拳諺所云：「有準頂頭懸，腰之根下株。上下
一條線，全憑兩手轉。變換取分毫，尺寸自己辯。」

第32式　進步搬攔捶

動作1　接上勢，身體向左轉，左腳尖外展45度，重心於左腿，右腳提起向前邁出，腳跟先著地；隨身體轉動左臂外旋，左掌轉動向上、向左後而上畫弧至左肩外，掌心向外，掌指向上，腕與肩平；右臂內旋，右拳向左下畫弧至腹前，拳心向下，拳眼向內；眼視左掌方向（圖116）。

圖 116

動作要領：(1)雙臂動作應與邁步協調完成。(2)重心左移，動作姿勢不可起伏，要平穩過度。

易犯錯誤：(1)動作不協調，身體前俯突臀。(2)聳肩，雙臂僵直。

動作方向：此動作身體向東北方向。

圖 117

動作2　身體向右轉，重心前移，右腳全腳掌踏實。右腿屈膝慢慢向前弓出，成右弓步；隨腰轉；右拳向前翻打，拳心向上，拳面向前，拳與胸平；左掌同時經面前向前橫掌下壓於右拳前，掌心向下，掌指向右，腕與肩平；眼向前平視（圖117）。

動作要領：⑴雙掌的動作與弓步要同時協調完成。⑵身體正直，雙肩鬆沉，雙臂撐圓。⑶左掌、右拳之間以一拳距離為宜。

易犯錯誤：⑴右拳翻打、左掌蓋壓與弓步動作不協調。⑵身體前俯，聳肩、揚肘。

動作方向：此動作身體向東向。

圖118

動作3 身體向右轉，右腳尖外展45度，重心於右腿，左腳提起向前邁出，腳跟先著地；右拳收於右腰間，拳心向上；左掌立掌向前、向左畫弧攔出，掌心側向前，掌指向上，腕與肩平；眼向前平視（圖118）。

動作要領：⑴雙臂不可挺直，立身中正，鬆腰沉胯。⑵邁步、攔掌、收拳動作協調完成。

易犯錯誤：⑴右臂緊夾身體，動作不協調。⑵突臀左右歪髖。

動作方向：此動作身體向東南方。

動作4 身體向左轉，重心前移，左腳全腳掌踏實。左腿屈膝慢慢向前弓出，成左弓步；右臂內旋，右拳自腰間向前打出，拳眼向上，與胸平；左掌弧形收至右前臂內側，掌心側向右，掌指斜向上，眼向前平視（圖119）。

動作要領：⑴立身中正，兩臂微屈，沉肩垂肘，雙臂撐圓。⑵弓步形成、左掌收回、右拳打出動作要協調，速度均勻。⑶右拳、左掌之間距離以一橫拳為宜。

易犯錯誤：⑴上體前俯、突臀，聳肩、右臂僵直。⑵動

圖 119

圖 119 正面

作不協調，上下不相隨。

動作方向：此動作身體向東方向。

第 33 式　上步右攬雀尾（掤勢）

動作 1　接上勢，身體向左轉，左腳尖外展 45 度，重心移於左腿，隨體轉右腳跟提起，同時，左臂外旋，翻轉左掌心向上，向左下畫弧撤至左腹前，掌心向上，掌指向右；右拳隨體轉向前展伸，腕與肩平，拳眼向上，拳面向前；眼隨體轉向前平視（圖 120）。

動作要領：(1)立身中正，肩肘鬆沉，雙臂呈弧形。(2)右拳向前展伸的動作幅度要適宜。

圖 120

易犯錯誤：(1)雙掌動作與轉體動作不協調。(2)俯身、聳肩、吊肘，左右歪臀。

動作方向：此勢動作身體向西南方。

技擊含義：此動作時，隨身體的左轉，左掌與右拳同時而動。右拳向前順肩展伸，拳與肩平，拳面向前，意貫拳面。左臂外旋，左掌翻轉向上，向左下回撤。此時，意貫左肘關節，是向後的撐勁同時左臂還含有引帶之意。要含有前送（右拳），後撐（左肘）的對拔之勁力感覺。頂頭懸，身中正，鬆腰臀，順肩胯。右腳跟提起，右前腳掌要具有蹬踏的力度感覺，要支撐身體的穩定。要體會拳諺所云：「功夫先練開展，後練緊湊。開展成而地之，才講緊湊；緊湊得成，才講尺、寸、分、毫。」

動作2　身體繼續微向左轉，重心於左腿；右腳提起向右前邁出，腳跟先著地，同時左掌向後而上畫弧屈臂於右胸前，掌心向下，掌指向右；右拳變掌向左下畫弧於左腹前，轉動掌心側向上，掌指向左，眼隨體轉向前平視（圖121）。

動作要領：(1)立身中正，沉肩垂肘，雙臂保持弧形。(2)鬆腰沉臀，右腿屈膝，雙腳間橫向距離30公分為宜。

易犯錯誤：(1)身體歪斜、突臀，左右歪臀。(2)聳肩、仰肘，雙膝挺直，重心起伏。

動作方向：此勢動作身體向西南方。

動作3　身體向右轉，重心移於右

圖121

圖 122

圖 123

腿；右腳全腳掌踏實，右腿屈膝慢慢向前弓出，成右弓步；隨
體轉，右臂向上經面前立掌向前掤出，掌心側向前，掌指向
上，與鼻平；左掌隨體轉落於右肘內側，掌心側向上，掌指對
右肘；眼隨體轉向前平視（圖 122）。

　　動作要領：(1)以腰轉動帶動上下動作協調完成。(2)沉
肩、墜肘，含胸拔背。(3)右臂立掌向前掤出要成立圓弧形。

　　易犯錯誤：(1)身體前俯、突臀，雙腋緊夾身體。(2)聳
肩、仰肘，雙膝挺直，重心起伏。

　　動作方向：此勢動作身體向西方。

第 33 式　上步右攬雀尾（捋勢）

　　動作1　接上勢，身體向左轉，重心移於左腿，成坐步；
雙掌隨身體轉動向左後捋至腹前，雙掌心側相對，右掌心向
左，掌指向前，左掌心側向上，掌指向右；隨體轉，眼隨體轉
向前平視（圖 123）。

動作要領：(1)向後将時，左肘應向左側後 45 度方向撤肘。(2) 立身中正，沉肩、墜肘，鬆腰沉髖。(3)右肘與身體保持 20 公分左右距離為宜。

易犯錯誤：(1)身體後仰、左右歪髖，雙腋緊夾身體。(2) 聳肩、仰肘，雙膝挺直，動作姿勢起伏。

動作方向：此勢動作身體向西南方。

第33式　上步右攬雀尾（擠勢）

動作1　接上勢，身體向右轉，重心於左腿，成坐步；同時右臂外旋屈肘提於腹前，右掌心向內，掌指向左；左臂內旋上提附於右腕內側，左掌心向前，掌指斜向上，掌指向右；眼隨體轉向前平視（圖 124）。

動作要領：(1)腰的轉動帶動雙手相合。(1)立身中正，沉肩、墜肘，鬆腰沉髖。

易犯錯誤：(1) 身體前俯突臀、左右歪髖，雙腋緊夾身體。(2) 聳肩、右膝挺直，動作姿勢起伏。

動作方向：此勢動作身體向西方。

動作2　重心前移，右腿屈膝慢慢向前弓出，成右弓步；同時雙掌向前擠出，腕與肩平，右掌心向內，掌指向左，左掌心向外，掌指斜向上，眼向前平視（圖 125）。

動作要領：(1)立身中正，沉肩、雙肘應有下垂之意。(2)雙臂

圖 124

圖 125   圖 126

撐圓，動作要飽滿。

易犯錯誤：(1)身體前俯，雙臂僵直。(2)聳肩、左膝挺直，動作姿勢起伏。

動作方向：此勢動作身體向西方。

第33式　上步右攬雀尾（按勢）

動作1　接上勢，重心微向前移，成右弓步；同時雙掌向前平展，左掌從右掌上向前分開，腕與肩平，雙掌心相對，虎口向上，雙掌指向前；眼向前平視（圖126）。

動作要領：(1)立身，沉肩、雙肘下垂。(2)雙掌前分要舒腕展指，雙臂保持弧形。

易犯錯誤：(1)身體前俯、雙臂僵直。(2)雙臂過於上舉，聳肩仰肘。

動作方向：此勢動作身體向西方。

動作2　重心後移於左腿，成左坐步，同時，雙臂屈肘挑

掌收於胸前，兩掌心側相對，掌指
斜向上；眼向前平視（圖127）。

　　動作要領：(1)重心後移與屈
臂挑掌應同時協調完成。(2)兩臂
放鬆，雙腋微虛，屈肘挑掌動作成
弧。

　　易犯錯誤：(1)雙肘平展，俯
身突臀。(2)重心後移與收掌動作
脫節、不協調。

　　動作方向：此勢動作身體向西
方。

圖127

　　動作3　重心前移，右腿屈膝慢慢向前弓出，成右弓步；
雙掌微向下，再向前上按出，掌心向前，掌指向上與肩平，眼
向前平視（圖128）。

　　動作要領：(1)雙掌前按動作要走弧形，雙臂撐圓，雙肘
微屈。(2)雙掌前按，要順腕立
掌，腕部要柔順。

　　易犯錯誤：(1)雙臂僵直，上
體前俯、突臀。(2)聳肩、前按動
作時雙掌過高。

　　動作方向：此勢動作身體向西
方。

第34式　單　鞭

　　動作1　接上勢，身體向左
轉，右腳尖內扣135度，重心移至

圖128

左腿；雙掌隨腰轉動微向上，經面前向左畫弧至身體左前側，掌心向外，掌指向上；眼視左掌方向（圖129）。

動作要領：(1)右腳尖內扣幅度應盡量大。(2)轉體時動作姿勢平穩，雙臂撐圓，含有勁力上引之意，動作呈弧形。(3)雙掌至體左前以達到45度為宜，角度過大，重心易偏斜。

圖129

易犯錯誤：(1)身體姿勢起伏，雙臂挺直。(2)雙掌至體左前角度過大。

動作方向：此動作身體向南方向。

動作2 身體向右轉，重心移於右腿，左腳提起向左前邁出，腳跟先著地；隨體轉，左掌向下畫弧至右腹前，掌心向上，掌指向右；右掌轉動掌心向上，向內畫弧經頜下握勾手向右前，勾尖向下，勾背略高於肩；眼視勾手方向（圖130）。

圖130

動作要領：(1)向右轉體幅度要適中，不可超過右前45度。(2)勾手向右前伸出與左腳邁出、左掌下落動作要協調一致。(3)立身中正、鬆肩墜肘，鬆腰沉髖。

易犯錯誤：(1)左腳邁出時身體重心起伏，凸臀，雙臂僵直。(2)動作不協調、脫節，向右轉體幅度大、重心向後傾倒。

動作方向：此動作身體向西南方向。

動作3 身體向左轉，重心前移，左腳全腳掌踏實，左腿屈膝慢慢向前弓出，成左弓步；同時左掌向上經面前，立圓（立掌）向前推出，掌心向前，掌指向上，右勾手向右後方拉開，勾尖向下，勾背略高於肩；眼向前平視（圖131）。

動作要領：(1)向左轉體、弓步與雙手的動作要同時完成。(2)立身中正，鬆腰沉髖，含胸拔背。(3)鬆肩墜肘，雙臂保持弧形。

易犯錯誤：(1)向左轉體時身體重心起伏，動作不協調、脫節。(2)聳肩仰肘，雙臂僵直。

動作方向：此動作身體向東方向。

第35式　左右雲手（左雲手1）

動作1 接上勢，身體向右轉，左腳尖內扣90度，重心於左腿，隨體轉，左掌（立掌）向右平擺至體前；腕與肩平，掌心向外，掌指向上，右勾手保持上勢不動；眼隨體轉向前平視（圖132）。

動作要領：(1)身體轉動重心要平穩，保持身體平衡。(2)「主宰於腰」，以腰為軸，帶動手、腳動作協調進行。(3)身體中正，沉肩垂肘，鬆腰髖，左掌應基本對準身體中線。

易犯錯誤：(1)動作重心起伏，雙臂僵直。(2)上體前俯，凸臀。

動作方向：此動作身體向南方。

圖131　　　　　　　　　　　圖132

技擊含義：此動作是銜接式。做此動作時，首先要注意的
是身體的右轉，身體重心要保持穩定，重心保持穩定的關鍵就
是鬆腰沉髖。腰髖的轉動使得身體沿縱軸旋轉時，必須做到虛
領頂勁，才能立身中正。立身中正，就避免了身體的前俯後
仰。左腳隨身體的轉動內扣碾腳，不僅加強了身體轉動時的靈
活性，而且有利於主宰於腰以腰為軸，帶動手腳動作的協調進
行。同時左掌隨身體的轉動向右平擺於體前，鬆肩垂肘，順腕
舒指。左掌基本對準身體中線，意貫左臂內側及虎口，含有引
帶，化解的勁力意念。右勾手隨體轉而動。要如拳諺所云：
「主宰於腰，一動無有不動。」

動作2　身體向左轉，左掌隨身體轉動立掌畫弧至體左前
側，逐漸翻轉掌心向外，掌指向上與眼平；右勾手變掌向下抄
至左肋前，掌心向上，掌指向左；右腳提起向左移靠，前腳掌
踏地；眼視左手方向（圖133）。

動作要領：(1)右腳移靠時，雙腳間距離與肩同寬。(2)保

持身體正直，雙臂撐圓，防止聳肩、抬肘。
(3)雲手以腰轉動帶動雙臂運轉，要做到上
手齊眉，下手齊腹。

易犯錯誤：(1)動作起伏大，雙臂未撐
圓。(2)以肩動為先，動作勁力不充實。

動作方向：此動作身體向南方向。

技擊含義：此動作時，身體轉動的方向
應為左前45度。腰髖的轉動帶動左掌向左
擺動，擺動的方向與身體同向。腕與肩平，
掌心向外，掌指向上。意貫左臂外側，為掤
勁。同時右勾手變掌，向下畫弧落於左肋
前，掌心向上，掌指向左。意貫左臂下側為
下掤勁。立身中正，鬆腰沉髖，沉肩墜肘，
雙臂撐圓。右腳向左腳移靠，前腳掌踏地，
要支撐體重，有力度。雙腳的距離與肩同
寬，雙腳尖同向前。身體重心的分配為左
七、右三。左臂的的橫擺為橫掤勁。要理解
拳諺所云「掤勁義何解，旋轉如飛輪，投物
於其上，脫然擲尋丈，急流成旋渦，卷浪若
螺紋內，落葉墜其上，收爾便沉淪」的意
境。

圖133

圖133 背面

第35式　左右雲手（右雲手1）

動作1　接上勢，身體向右轉，右腳全腳掌踏實，重心移
至右腿；左腳向左橫步邁出，前腳掌踏地；隨體轉，右掌向上
經面前向右前側畫弧，逐漸翻轉掌心向外，掌指向上，腕與肩

圖 134　　　　　　圖 135　　　　　圖 135 背面

平；左掌向下畫弧至右肋前，掌心逐漸轉動向上，掌指向右；
眼視右手方向（圖 134、135）。

　　動作要領：(1)左腳橫步邁出與雙掌動作完成應以腰為
軸，協調完成。(2)雙臂運轉時要注意勁力變化，左掌是先按
再掤，勁力飽滿；右掌為掤勁。(3)身體轉動幅度要保持在左
前或右前 45 度為宜。

　　易犯錯誤：(1)動作不協調，脫節。(2)身體轉動幅度大，
重心不穩，向後傾倒。

　　動作方向：此動作身體向西南方。

　　技擊含義：此動作時，左腳的橫向邁出，要以左腳的前腳
掌踏地，在傳統楊式太極拳套路中這種步法也叫「橫開步」或
「側行步。」髖關節的鬆沉，是橫開步動作的關鍵。開步的距
離要依每人所定。身體重心的穩固，奠定了腰髖的右轉和左腳
橫向邁出的協調配合。右臂的外旋，意貫右臂外側，是橫掤
勁。左掌先是向下的按掌，然後經腹前向右畫弧於右肋前，是

掤勁。雙掌的上下反向的攪動，要隨腰的轉動，左腳的邁出同時協調進行。立身中正，虛領頂勁，雙臂撐圓，動作要圓活自如，眼隨上手的動作移動。要如拳諺所云：「運動知覺來相應，神是君位骨肉臣。分明火候七十二，天然乃武併乃文。」

第35式 左右雲手（左雲手2）

動作1 接上勢，身體向左轉，左腳全腳掌踏實，重心移於左腿；隨體轉，左掌向上經面前向左前側畫弧，逐漸翻轉掌心向外，掌指向上，腕與肩平；右掌向下畫弧至左肋前，掌心逐漸轉動向上，掌指向左；同時右腳提起向左移靠，前腳掌踏地；眼視左手方向（圖136、137）。

圖136

動作要領：(1)身體重心的移動要平緩，動作姿勢不可起伏。(2)腰的轉動帶動雙臂的協調運轉。(3)身體轉動幅度和左掌要保持在左前45度為宜。

易犯錯誤：(1)重心移動時動作姿勢起伏。(2)左肩先動，動作不協調，上下動作脫節。(3)身體轉動幅度過大重心偏左身體向左後傾倒。

動作方向：此動作身體向東南方。

技擊含義：此動作時，隨身體的左轉，身體重心左移，左腳全腳掌踏實。髖關節沿水平位置平緩位移，身體重心也隨

圖137

圖 138　　　　　　　圖 139　　　　　　圖 139 背面

之緩慢過渡到左腿。右腳提起向左腳移靠，前腳掌先踏地支撐，雙腳間距離與肩同寬。同時，左臂的外旋，意貫左臂外側，是橫掤勁。右掌先是向下的按掌，然後經腹前向左畫弧於左肋前是掤勁。雙掌的上下反向的絞動，要隨腰的動轉，左腳全腳掌的踏實同時協調進行。立身中正。虛領頂勁，雙臂撐圓，鬆肩垂肘，動作要圓活自如，體會拳諺所云：「太極者圓也，無論內外、上下、左右，不離此圓也。方為開展，圓為緊湊，方圓規矩之至，其孰能出此以外哉。」

第 35 式　左右雲手（右雲手 2）

動作 1　接上勢，身體向右轉，右腳全腳掌踏實，重心移至右腿；左腳向左橫步邁出，前腳掌踏地；隨體轉，右掌向上經面前向右前側畫弧，逐漸翻轉掌心向外，掌指向上，腕與肩平；左掌向下畫弧至右肋前，掌心逐漸轉動向上，掌指向右；眼視右手方向（圖 138、139）。

圖 140　　　　　　　　　　　　圖 141

動作要領：(1)左腳橫步邁出與雙掌動作完成應以腰為軸，協調完成。(2)雙臂運轉時要注意勁力變化，左掌是先按再掤，勁力飽滿；右掌為掤勁。(3)身體轉動幅度要保持在左前或右前 45 度為宜。

易犯錯誤：(1)動作不協調，脫節。(2)身體轉動幅度大，重心不穩，向後傾倒。

動作方向：此動作身體向西南方。

第35式　左右雲手（左雲手3）

動作1　接上勢，身體向左轉，左腳全腳掌踏實，重心移於左腿；隨體轉，左掌向上經面前向左前側畫弧，逐漸翻轉掌心向外，掌指向上，腕與肩平；右掌向下畫弧至左肋前，掌心逐漸轉動向上，掌指向左；同時右腳提起向左移靠，前腳掌踏地；眼視左手方向（圖 140、141）。

動作要領：(1)身體重心的移動要平緩，動作姿勢不可起

圖142　　　　　　圖143　　　　　　圖143背面

伏。(2)腰的轉動帶動雙臂的協調運轉。(3)身體轉動幅度和左掌要保持在左前45度為宜。

易犯錯誤：(1)重心移動時動作姿勢起伏。(2)左肩先動，動作不協調，上下動作脫節。(3)身體轉動幅度過大，重心偏左，身體向左後傾倒。

動作方向：此動作身體向東南方。

第35式　左右雲手（右雲手3）

動作1　接上勢，身體向右轉，右腳全腳掌踏實，重心移至右腿；左腳向左橫步邁出，前腳掌踏地；隨體轉，右掌向上經面前向右前側畫弧，逐漸翻轉掌心向外，掌指向上，腕與肩平；左掌向下畫弧至右肋前，掌心逐漸轉動向上，掌指向右；眼視右手方向（圖142、143）。

動作要領：(1)左腳橫步邁出與雙掌動作完成應以腰為軸，協調完成。(2)雙臂運轉時要注意勁力變化，左掌是先按

圖 144

圖 145

再掤，勁力飽滿；右掌為掤勁。(3)身體轉動幅度要保持在左前或右前 45 度為宜。

易犯錯誤：(1)動作不協調，脫節。(2)身體轉動幅度大，重心不穩，向後傾倒。

動作方向：此動作身體向西南方。

第 35 式　左右雲手（左雲手 4）

動作 1　接上勢，身體向左轉，左腳全腳掌踏實，重心移於左腿；隨體轉，左掌向上經面前向左前側畫弧，逐漸翻轉掌心向外，掌指向上，腕與肩平；右掌向下畫弧至左肋前，掌心逐漸轉動向上，掌指向左，同時右腳提起向左移靠，前腳掌踏地；眼視左手方向（圖 144、145）。

動作要領：(1)身體重心的移動要平緩，動作姿勢不可起伏。(2)腰的轉動帶動雙臂的協調運轉。(3)身體轉動幅度和左掌要保持在左前 45 度為宜。

圖 146　　　　　　圖 147　　　　　　圖 147 背面

易犯錯誤：(1)重心移動時動作姿勢起伏。(2)左肩先動，動作不協調，上下動作脫節。(3)身體轉動幅度過大重心偏左身體向左後傾倒。

動作方向：此動作身體向東南方。

第 35 式　左右雲手（右雲手 4）

動作 1　接上勢，身體向右轉，右腳全腳掌踏實，重心移至右腿；左腳向左橫步邁出，前腳掌踏地；隨體轉，右掌向上經面前向右前側畫弧，逐漸翻轉掌心向外，掌指向上，腕與肩平；左掌向下畫弧至右肋前，掌心逐漸轉動向上，掌指向右；眼視右手方向（圖 146、147）。

動作要領：(1)左腳橫步邁出與雙掌動作完成應以腰為軸，協調完成。(2)雙臂運轉時要注意勁力變化，左掌是先按再掤，勁力飽滿；右掌為掤勁。(3)身體轉動幅度要保持在左前或右前 45 度為宜。

圖 148 圖 149

易犯錯誤：⑴動作不協調，脫節。⑵身體轉動幅度大，重心不穩，向後傾倒。

動作方向：此動作身體向西南方。

第35式　左右雲手（左雲手5）

動作1　接上勢，身體向左轉，左腳全腳掌踏實，重心移於左腿，隨體轉，左掌向上經面前向左前側畫弧，逐漸翻轉掌心向外，掌指向上，腕與肩平；右掌向下畫弧至左肋前，掌心逐漸轉動向上，掌指向左，同時右腳提起向左移靠，前腳掌踏地；眼視左手方向（圖148、149）。

動作要領：⑴身體重心的移動要平緩，動作姿勢不可起伏。⑵腰的轉動帶動雙臂的協調運轉。⑶身體轉動幅度和左掌要保持在左前45度為宜。

易犯錯誤：⑴重心移動時動作姿勢起伏。⑵左肩先動，動作不協調，上下動作脫節。⑶身體轉動幅度過大重心偏左

圖150　　　　　　圖151　　　　　圖151背面

身體向左後傾倒。

　　動作方向：此動作身體向東南方。

第35式　左右雲手（右雲手5）

　　動作1　接上勢，身體向右轉，右腳全腳掌踏實，重心移至右腿；左腳向左橫步邁出，前腳掌踏地；隨體轉，右掌向上經面前向右前側畫弧，逐漸翻轉掌心向外，掌指向上，腕與肩平；左掌向下畫弧至右肋前，掌心逐漸轉動向上，掌指向右；眼視右手方向（圖150、151）。

　　動作要領：(1)左腳橫步邁出與雙掌動作完成應以腰為軸，協調完成。(2)雙臂運轉時要注意勁力變化，左掌是先按再掤，勁力飽滿，右掌為掤勁。(3)身體轉動幅度要保持在左前或右前45度為宜。

　　易犯錯誤：(1)動作不協調，脫節。(2)身體轉動幅度大，重心不穩，向後傾倒。

圖 152

圖 153

動作方向：此動作身體向西南方。

第 35 式　左右雲手（左雲手 6）

動作1　接上勢，身體向左轉，左腳全腳掌踏實，重心移於左腿，隨體轉，左掌向上經面前向左前側畫弧，逐漸翻轉掌心向外，掌指向上，腕與肩平；右掌向下畫弧至左肋前，掌心逐漸轉動向上，掌指向左，同時右腳提起向左移靠，前腳掌踏地；眼視左手方向（圖 152、153）。

動作要領：(1)身體重心的移動要平緩，動作姿勢不可起伏。(2)腰的轉動帶動雙臂的協調運轉。(3)身體轉動幅度和左掌要保持在左前 45 度為宜。

易犯錯誤：(1)重心移動時動作姿勢起伏。(2)左肩先動，動作不協調，上下動作脫節。(3)身體轉動幅度過大重心偏左身體向左後傾倒。

動作方向：此動作身體向東南方。

圖 154　　　　　　圖 155　　　　　　圖 155 背面

第 35 式　左右雲手（右雲手 6）

動作 1　接上勢，身體向右轉，右腳全腳掌踏實，重心移至右腿；左腳向左橫步邁出，前腳掌踏地；隨體轉，右掌向上經面前向右前側畫弧，逐漸翻轉掌心向外，掌指向上，腕與肩平；左掌向下畫弧至右肋前，掌心逐漸轉動向上，掌指向右；眼視右手方向（圖 154、155）。

動作要領：(1)左腳橫步邁出與雙掌動作完成應以腰為軸，協調完成。(2)雙臂運轉時要注意勁力變化，左掌是先按再掤，勁力飽滿；右掌為掤勁。(3)身體轉動幅度要保持在左前或右前 45 度為宜。

易犯錯誤：(1)動作不協調，脫節。(2)身體轉動幅度大，重心不穩，向後傾倒。

動作方向：此動作身體向西南方。

第35式　左右雲手（左雲手7）

動作1　接上勢，身體向左轉，左腳全腳掌踏實，重心移於左腿；隨體轉，左掌向上經面前向左前側畫弧，逐漸翻轉掌心向外，掌指向上，腕與肩平；右掌向下畫弧至左肋前，掌心逐漸轉動向上，掌指向左，同時右腳提起向左移靠，前腳掌踏地；眼視左手方向（圖156、157）。

圖156

動作要領：(1)身體重心的移動要平緩，動作姿勢不可起伏。(2)腰的轉動帶動雙臂的協調運轉。(3)身體轉動幅度和左掌要保持在左前45度為宜。

易犯錯誤：(1)重心移動時動作姿勢起伏。(2)左肩先動，動作不協調，上下動作脫節。(3)身體轉動幅度過大重心偏左身體向左後傾倒。

動作方向：此動作身體向東南方。

圖157

第36式　單　鞭

動作1　接上勢，身體微向右轉，右腳尖內扣45度，重心移於右腿，左腳提起向左前邁出，腳跟先著地；隨體轉，左掌向下畫弧經腹前再向右上畫弧於右肩前，掌心向內，掌指向

右；右掌稍向上向內畫弧經頷下握
勾手向右前伸出，勾尖向下，勾背
略高於肩；眼視勾手方向（圖
158）。

圖 158

動作要領：(1)向右轉體幅度
要適中，不可超過右前 45 度。(2)
勾手向右前伸出與左腳邁出、左掌
下落動作要協調一致。(3)立身中
正、鬆肩墜肘，鬆腰沉髖。

易犯錯誤：(1)左腳邁出時身
體重心起伏，凸臀，雙臂僵直。(2)
動作不協調、脫節，向右轉體幅度大、重心向後傾倒。

動作方向：此動作身體向西南方向。

技擊含義：身體向右轉，幅度要適中。不可超過右斜前
45 度，否則重心極易偏後，產生身體向後傾倒。右腳內扣，
重心移於右腿，髖關節的動轉，使得左腳邁出的動作才能輕鬆
自如。左膝關節要微屈，不可僵直挺硬。同時要注意左腳的落
點應稍偏左，避免雙腳在同一直線的現象出現。右掌向上，向
頷下屈臂回收時，要注意到鬆肩、含胸，力達肘關節，意在
「肘勁」。右腋不可緊夾身體，肘關節的運動方向是右斜前
45 度，隨右前臂的展伸，右掌握勾手，以勾背為力點向前頂
出。左掌弧形下落時，意在「掤按」勁，然後屈臂經腹前繼續
向右上畫弧於右肩前，逐漸翻轉掌心向內，掌指向右，此時力
貫左臂為平「掤勁」，雙臂動作要肩肘鬆沉，飽滿撐圓。立身
中正，收腹斂臀，鬆腰沉髖，肩髖相合。正如拳諺所云：「立
身須中正安舒，支撐八面。」

動作2 身體向左轉，重心移於左腿，左腳全腳掌踏實，左腿屈膝慢慢向前弓出，成左弓步；同時左掌向上經面前，立圓弧形立掌向前推出，掌心側向前，掌指向上，腕與肩平；右勾手同時向右側後方展伸，勾尖向下，勾背略高於肩；眼向前平視（圖159）。

圖159

動作要領：(1)向左轉體、弓步與雙手的動作要同時完成。(2)立身中正，鬆腰沉髖，含胸拔背。(3)鬆肩墜肘，雙臂保持弧形。

易犯錯誤：(1)向左轉體時身體重心起伏，動作不協調、脫節。(2)聳肩仰肘，雙臂僵直。

動作方向：此動作身體向東方向。

圖160

第37式　高探馬

動作1　接上勢，身體重心前移，右腳向前跟半步，前腳掌踏地；同時，左掌隨身體重心前移微向前展伸，掌心向前，掌指向上，腕與肩平；右勾手保持上勢動作不變；眼視左掌方向（圖160）。

動作要領：(1)重心前移要保持身體穩定。(2)立身中正，鬆肩、垂肘，雙臂呈弧形。(3)跟步時右腳要有支撐的力度。

易犯錯誤：(1)左支撐腿直立，動作重心起伏。(2)身體前俯、突臀，左右歪髖。

動作方向：此動作身體向東方。

技擊含義：此動作很重要的一點就是，身體重心的前移，並不意味著身體重心上下位置的移動，也不是單純的上體向前的位移，而是在左弓步的基礎上，身體重心向前送，左膝關節微向前弓，髖關節沿水平位置平移，同時帶動右腳向前跟步，右腳右膝要保持原動作方向45度不變。所以左腿不僅要保持身體重心的穩定性，而且要承受由於身體重心前移所加大的重量。虛領頂勁，保持了身體的中正。鬆腰沉髖，避免了身體姿態的上下起伏。右腳前腳掌踏地，緩解了左腿的承重感，加強了動作的穩固性。要理解拳諺所云：「勁斷意不斷，意斷神可接。勁、意、神俱斷，則俯仰矣！手足無著落耳！」

動作2 身體向右轉，重心移於右腿，右腳全掌踏實。隨體轉，右勾手變掌平舉於身體右肩前外側，掌心向外，掌指向上；左臂外旋，掌心翻轉向上，掌指向前，雙腕與肩平；眼視右掌方向（圖161）。

動作要領：(1)身體右轉與雙掌的動作同時協調進行。(2)立身中正，鬆肩、垂肘，雙臂呈弧形。

易犯錯誤：(1)右支撐腿直立，動作起伏。(2)身體後仰，左右歪

圖161

髖。

動作方向：此動作身體向南方向。

技擊含義：此勢動作時，右腳全腳掌踏實，身體重心的右移要平穩、和緩。動作外形不可上下起伏。右勾手變掌平展與左臂外旋，翻轉掌心向上時，身形要達到頂頭懸，鬆肩垂肘，使左臂含有向下的「沉勁」和右掌向後的「撐勁」。所以雙臂的動作外形要強調呈弓形，雙臂的夾角應以135度為宜，達到「含胸拔背」的要求。只有這樣雙臂才具有彈性和撐力，才能起到支撐八面的效果。拳諺所云：「腰頂窮研生不已，身形順我自伸舒。捨此真理終何極？十年數載亦糊塗！」

圖 162

動作 3 身體向左轉，重心於右腿，左腳提起稍向前移，前腳掌踏地，成左虛步；右臂屈肘經耳側橫掌向前推出，掌心側向前，掌指斜向左前，略高於肩；左掌經右臂下屈臂收至上腹，掌心向上，掌指向右前方，右腕與肩平；眼向前平視（圖 162）。

動作要領：(1)向左轉體，右膝微上伸身體重心上拔。(2)立身中正，鬆腰鬆垮，沉肩肘，雙臂呈弧形。

易犯錯誤：(1)上體前傾、凸臀、左右歪髖。(2)雙腿直立，雙臂過於挺

圖 162 正面

直。

動作方向：此動作身體向東方向。

技擊含義：此勢動作時，身體向左轉，要以腰髖的擰轉帶動右掌的橫掌前伸，左掌的回帶，使得雙掌於胸前交錯。右掌的屈臂卷收，經耳側向前的橫掌，此時要意貫右掌外緣及右臂外側是「截勁」也稱為「剛勁」。左掌的回帶，左臂不僅含有鬆沉之意，而且還含有向內的「帶勁」。隨腰髖的轉動，身體的重心要具有向上的提拔之意，使得雙膝關節隨之向上展伸。腰身的伸拔體現了立身中正，虛領頂勁的含義。鬆肩垂肘，含胸拔背，使得雙臂的勁力有機的貫穿，成為一體。雙臂勁力的輕與重，虛與實，要合理的分配要符合拳諺所云：「雙重為病，干於填實，與沉不同也；雙浮為病，地如飄渺，與輕不例也。」

圖 163

第38式　右分腳

動作1　接上勢，身體向右轉，重心於右腿；雙膝微屈蹲，雙掌向兩側分開，右掌心向外，掌指向上，腕與肩平；左掌心向上，掌指向右，與腹平；眼隨體轉向前平視（圖163）。

動作要領：(1)身體向右轉動時，轉體方向在右前45度方向，眼視右手

圖 163 正面

方向。⑵立身中正，雙臂隨腰而動，鬆肩、垂肘、雙臂撐圓。

易犯錯誤：⑴轉體幅度左右過大，重心不穩，向後傾倒。⑵俯身突臀，左右歪髖，雙臂僵直。

動作方向：此動作身體向東南方。

技擊含義：此動作身體向右轉體時，重心要邊下沉，邊轉動。重心於右腿，左前腳掌踏動要具有支撐感，「右七左三」身體重心分配要合理。身體沿縱軸屈膝下沉，尾閭中正，右掌向右外畫弧，意貫右掌，是向右的「引帶勁」左掌向下向內畫弧，意貫左臂是下「掤勁」，雙臂相合。含胸拔背，鬆腰沉髖，雙臂撐圓，上下相隨，肩髖相合。如拳諺所云：「其周身規矩：頂勁上領，襠勁下去，兩肩鬆下，兩肘沉下，兩手相合，胸向前合，目勿傍視，以手在前者為的；頂不可倒塌，胸中沉心靜氣。」

動作2　接上勢，身體向左轉，重心於右腿，左腳提起向左前（45度）邁步，腳跟先著地；左手向左再向前上畫弧至體前，左臂外旋，翻轉掌心向上，掌指向前，腕與肩平；右手向右再向下畫弧至右髖側，掌心向下，掌指向左前方；眼視左手方向（圖164）。

動作要領：⑴身體向左轉動時，轉體方向在左前45度方向，眼視左手方向。⑵立身中正，雙臂隨腰而動，鬆肩，垂肘，雙臂撐圓。

易犯錯誤：⑴轉體幅度左右過

圖164

大，重心不穩，身體向後傾倒。(2)左腳邁出時左膝挺直，雙臂僵直。

動作方向：此動作身體向東北方。

技擊含義：此動作與上一動作的銜接要協調和順。重心穩固於右腿，左腳才能輕鬆邁出，左掌的弧形前舉與左腳的落地要同時完成。意貫左臂內側，是掤勁。而右掌的弧形下落，與左腳左掌的動作要相輔相成協調而動。意貫右掌是採按勁。身形要虛領頂勁，鬆腰沉髖，鬆肩沉肘含胸拔背，如拳諺所云：「腰勁下去，兩足常用勾勁，須前後合住勁。外面之形，秀若處女，不可帶張狂氣；一片悠閑之神，盡是大雅風規。」

動作3 身體向右轉，重心移於左腿，左腳全腳掌踏實，左腿屈膝慢慢向前弓出，成左弓步；左手隨身體轉，向右、向內屈臂畫弧收於胸前，掌心側向上，掌指斜向右；右手經胸前從左前臂上向右斜前方畫弧抹出，掌心側向下，掌指斜向上，腕與肩平；眼視右手方向（圖165）。

動作要領：(1)左弓步為左前45度方向，右掌推出為右前45度方向，左弓步與抹掌動作應同時完成。(2)尾閭中正，鬆肩、雙掌呈弧形，雙肘微屈。

易犯錯誤：(1)弓步、抹掌動作不協調。(2)聳肩、吊肘、上體前俯。

動作方向：此動作身體向東南方。

技擊含義：此勢動作，弓步

圖165

的方向是左前45度，身體的轉動方向為右前45度。雙臂在胸前的交錯相合，以弓步與腰髖的轉動方向不相向，加強了右掌抹掌的力度。左掌向胸前的動作要意貫左臂內側，是引帶化解之意。右掌意貫右掌外緣及右臂，含有掤帶的勁力。身形上要頂頭懸，鬆肩垂肘，使雙臂含有「沉勁」和「引化勁」。所以雙臂的動作外形要強調呈弓形，達到「含胸拔背」的要求。只有這樣雙臂才具有彈性和撐力。要如拳諺所云：「兩肩綞（音朵）下，兩肘沉下，秀若處女見人，肆若猛虎下山。手即權衡稱物，而知其輕重。」

動作4 身體向左轉，重心於左腿，左腿支撐站穩，右腿屈膝提起，腳尖自然下垂，成左獨立步；右手向左畫弧與左手腕相交，右手在外，成斜十字形，雙掌心向內，雙掌指斜向左右斜上方，腕與胸平；眼隨體轉向前平視（圖166）。

動作要領：(1)虛領頂勁，左腿重心要穩固，避免身體搖晃。(2)鬆肩垂肘，雙臂呈弧形。

易犯錯誤：(1)身體前俯，重心前傾。(2)聳肩、吊肘，重心不穩。

動作方向：此動作身體向東北方向。

技擊含義：此勢動作時，首先要虛領頂勁，立腰提髖，身體沿縱軸向上提拔。同時右腿屈膝提起，右掌隨體轉向左相合。鬆肩垂肘，雙臂撐圓。意貫雙臂外側，是雙掤勁，同時含有向上的架托之力。氣沉丹田，呼吸自然。要體會拳諺所云：「每著之

圖166

中，五官百骸順其自然之勢。而陰陽
五形之氣運乎其中，所謂動則生陽，
靜則生陰一動一靜互為其根。」

動作5 身體向右轉，重心於左
腿，左腿支撐，成左獨立步，隨體
轉，雙手向兩側撐開，翻轉掌心側向
外，腕與肩平，掌指向上；右腳用腳
面向右斜方分出；眼視右手方向（圖
167）。

圖167

動作要領：(1)上體正直，雙臂
平撐，雙肘微屈。(2)右腳分出時，
右腳面微內扣，腳與腰平。(3)右分腳動作定勢時，右手、右
腿應上下相對。

易犯錯誤：(1)重心不穩，雙臂挺直。(2)右手右腿成十字
形。

動作方向：此動作身體向東南方。

技擊含義：此動作雙掌的向兩側平撐時，雙臂要先微向
上，然後再雙臂內旋，翻轉雙掌心側向外平撐，腕與肩平，要
頂頭懸，鬆肩沉肘，雙臂撐圓，含胸拔背。意貫雙臂外側，是
掤勁。右腳的動作時，右腳面要微內扣，自左向右弧形分出，
腳與腰平。右掌右腿上下相對，要達到拳諺所云：「頂如準，
故云『頂頭懸』也。兩手即平，左右之盤也。腰即平直根株
也。上下一條線，全憑兩手轉。」

第39式 左分腳

動作1 接上勢，重心於左腿；左腿支撐，右小腿屈膝回

圖168　　　　　　圖169　　　　　　圖169 正面

收，腳尖自然下垂；雙掌平舉於體兩側，腕與肩平，掌指向上，掌心側向外；眼視右掌方向（圖168）。

動作要領：(1)身體正直，雙臂自然撐圓平舉。(2)鬆肩垂肘，立腰豎項。

易犯錯誤：(1)重心不穩，產生身體傾倒現象。(2)雙臂僵直，聳肩駝背。

動作方向：此動作身體向東南向。

技擊含義：此勢動作要注重：虛領頂勁，立腰提髖，身體有沿縱軸向上提拔的意識。雙肩鬆沉，雙肘自然下垂，氣沉丹田。右膝屈收，腳尖自然下垂。意貫雙臂外側。要體會拳諺所云：「每著之中，五官百骸順其自然之勢。」

動作2　重心於左腿；左腿支撐屈蹲，右腳向右前（偏右）邁步，腳跟先著地；左掌向下畫弧至左髖側，掌心向下，掌指向右前方，右臂外旋，翻轉掌心向上，落於體前，掌指向前，腕與肩平；眼視右手方向（圖169）。

動作要領：(1)右腳邁出時左膝先微屈，重心穩固後再邁步，動作才能協調。(2)立身中正，雙臂撐圓，右腳邁出方向應在右前45度。

易犯錯誤：(1)重心不穩，產生「搶步」現象。(2)俯身突臀，左右歪髖，雙臂僵直。

動作方向：此動作身體向東南方。

圖170

技擊含義：此動作時，身體的微右轉與左支撐腿的屈蹲、右腳跟的著地同時協調進行。尤其要注意的是左支撐腿的屈蹲要和緩、要有控制力，右腳的邁出才能柔和、輕鬆。不可直接邁出，以免產生「搶步、砸地」的現象。

動作3 身體向左轉，重心移於右腿，右腳全腳掌踏實，右腿屈膝慢慢向前弓出，成右弓步；右手隨身體轉動向左、向內畫弧屈臂收於胸前，掌心側向上，掌指斜向左；左手經胸前從右前臂上向左斜前方畫弧推出，掌心側向下，掌指斜向上，腕與肩平；眼視左手方向（圖170）。

動作要領：(1)右弓步為右前45度方向，左掌推出為左前45度方向，左弓步與推掌動作應協調一致。(2)鬆肩、雙掌呈弧形，雙肘微屈。

易犯錯誤：(1)弓步、推掌動作不協調。(2)聳肩、吊肘、上體前俯。

動作方向：此動作身體向北方向。

動作4 身體向右轉，重心於右腿，右腿支撐立穩，左腿

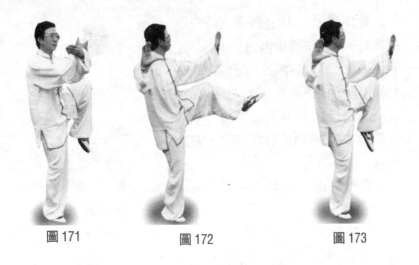

圖171　　　　　圖172　　　　　圖173

屈膝提起，腳尖自然下垂，成右獨立步；左手向右畫弧與右手腕相交，右掌在外，成斜十字形，雙掌心向內，雙掌指向左右斜上方，腕與肩平；眼隨體轉向前平視（圖171）。

　　動作要領：(1)虛領頂勁，右腿重心要穩固，避免上體搖晃。(2)鬆肩垂肘，雙掌呈弧形。

　　易犯錯誤：(1)身體前俯，重心前傾。(2)聳肩、吊肘，重心不穩。

　　動作方向：此動作身體向東北方向。

　　動作5　身體向左轉，重心於右腿；右腿支撐，成右獨立步，隨體轉，雙掌向兩側平撐開，翻轉掌心側向外，腕與肩平，掌指向上；左腳用腳面向左斜方分出；眼視左手方向（圖172）。

　　動作要領：(1)上體正直，雙臂平撐，雙肘微屈。(2)左腳分出時，左腳面微內扣，腳與腰平。(3)左分腳動作定勢時，左手、左腿應上下相對。

易犯錯誤：(1)重心不穩，雙臂挺直。(2)左手、左腿成十字形。

動作方向：此動作身體向東北方向。

第40式　回身左蹬腳

動作1　接上勢，右腿支撐，重心於右腿，左腿屈膝回收，腳尖自然下垂；雙掌平舉於體兩側，掌心側向外，腕與肩平，掌指向上；眼視左掌方向（圖173）。

動作要領：(1)保持立身中正，雙臂撐圓。(2)立腰豎頂，左膝上提與腰平。

易犯錯誤：(1)重心不穩，身體俯仰、傾斜。(2)聳肩，雙臂挺直。

動作方向：此動作身體向北方向。

動作2　向左後方轉體（以右腳跟為軸，轉體約135度左右）；重心於右腿；右腿支撐，左腿屈膝提收，腳尖自然下垂；雙掌平舉於體兩側，掌心側向外，腕與肩平，掌指向上；眼視左掌方向（圖174）。

動作要領：(1)左後轉體時，重心於右支撐腿；以右腳跟為軸，雙掌保持平撐，以保持身體立身中正。(2)左腿提膝平舉與腰平，左膝、左臂相對。

易犯錯誤：(1)雙臂後展，造成重心不穩，身體向後傾斜。(2)

圖174

左膝、左臂不相對，上下不相隨。

動作方向：此動作身體向西北方。

技擊含義：此動作時，身體的左後轉動是重點。因為轉體幅度大，近於 135 度。所以首先要保持身體的尾閭中正，頂頭懸。轉動時要以右腳跟為軸，含有沿身體縱軸向上提拔的意識。雙臂要鬆肩垂肘，平舉撐圓，左腿的提膝平舉要有力度，與腰髖的轉動同時而動。關鍵是轉動時左腿與左臂要達到上下相對、相隨，協調而動。右腳要控制身體轉動的方向。拳諺所云：「身雖動，心貴靜；氣須斂，心為令。一動無有不動。」

圖 175

動作 3　重心於右腿；右腿屈膝支撐，左腳以前腳掌在左側方落地，成左虛步；雙掌自體兩側向下畫弧於腹前，手腕交叉，掌心側向上，左掌在外，雙掌指向左、右；眼隨身體轉動向前平視（圖 175）。

動作要領：(1)左後轉體時，左膝提膝平舉。重心於右支撐腿；隨轉體動作，雙掌保持左右平撐，以保持身體立身中正。(2)虛步合掌，右支撐腿重心微沉，以保持虛步穩固。

圖 175 背面

易犯錯誤：(1)左膝過早下落，造成重心不穩，身體俯仰、傾斜。(2)虛步時，右支撐腿重心未下沉，形成左腳落地「搶步」現象。

動作方向：此動作身體向北方。

技擊含義：此動作時，身體的左後轉動是重點。因為轉體幅度大，近於 135 度。所以首先要保持身體的尾閭中正，頂頭懸。轉動時要以右腳跟為軸，含有沿身體縱軸向上提拔的意識。雙臂要鬆肩垂肘，平舉撐圓，左腿的提膝平舉要有力度，與腰髖的轉動同時而動。關鍵是轉動時左腿與左臂要達到上下相對、相隨，協調而動。右腳要控制身體轉動的方向。左腳落地成虛步時，右支撐腿一定要重心下沉、屈膝下坐，重心穩固，左腳的落地才能輕靈、自如。左腳的落點要適度，雙腳的距離為半步即可。同時與雙臂弧形向下的動作配合協調進行。要做到上下相隨，動作相合。此時身形要達到：立身中正，鬆腰沉髖，含胸拔背，雙臂撐圓。拳諺所云：「太極陰陽少人修，吞吐開合問剛柔。正隅收放任君走，動靜變化何須愁？」

動作 4　身體微向右轉，右腿支撐，重心於右腿，右腿直起，左腿屈膝提起，腳尖自然下垂；雙掌自腹前合掌上舉，左掌在外，雙掌心向內，腕與肩平，掌指側向左、右；眼視雙掌方向（圖 176）。

動作要領：(1)保持立身中正，雙臂撐圓。(2)立腰豎頂，左膝上提與腰平。

易犯錯誤：(1)重心不穩，身體俯仰、傾斜。(2)聳肩，雙臂挺直。

圖 176

動作方向：此動作身體向北方向。

動作5　身體微向左轉，重心於右腿；右腿支撐，成右獨立步，左腳向左前方慢慢蹬出，腳尖回勾，力在腳跟；同時雙掌掌心向內，上提至面前，然後，雙臂內旋，向左右畫弧平撐，腕與肩平，掌心側向外，掌指向上；眼視左手方向（圖177）。

圖 177

動作要領：(1)轉體幅度適中，左膝上提與雙掌上提動作應同時完成。(2)蹬腳時，雙掌同時向左右弧形平撐，上體保持自然正直。(3)平撐雙臂時，肘部微屈，腕與肩平，左臂、左腿上下相對。(4)此動作與上動作應協調連貫，蹬出腳跟與腰平。

易犯錯誤：(1)動作不協調，平撐雙掌時，雙臂直推、動作僵硬。(2)雙臂與左腳呈十字型。

動作方向：此動作身體向西北方。

技擊含義：此動作要注重虛領頂勁，立腰提臏，身體要有沿縱軸向上提拔的意識。氣沉丹田，雙肩鬆沉，雙肘自然下垂，雙臂撐圓。意貫雙臂外側是撐勁，左腳尖回勾，力達腳跟。拳諺所云：「柔中寓剛，人所難防。運用在心，不矜不張。中有所主，無人猖狂。隨機應變，終不驚慌！」

第41式　左摟膝拗步

動作1　接上勢，右腿支撐，重心於右腿，左腿屈膝回

收，腳尖自然下垂；雙掌平舉於體兩側，掌心側向外，腕與肩平，掌指向上；眼視左掌方向（圖178）。

動作要領：(1)保持立身中正，雙臂撐圓。(2)立腰豎頂，左膝上提與腰平。

易犯錯誤：(1)重心不穩，身體俯仰、傾斜。(2)聳肩，雙臂挺直。

動作方向：此動作身體向北方向。

圖178

動作2　身體向右轉，重心於右腿，右腿屈蹲，左腳向左側前邁出腳跟著地；隨體轉，左臂屈臂內旋經面前落畫弧落於右肩前，掌心向內，掌指向右；右掌同時微向右畫弧平舉於右肩前側，掌指向上，掌心向外，腕與肩平；眼視右掌方向（圖179）。

動作要領：(1)主宰於腰，以腰髖的轉動帶動雙臂、邁步的動作同時進行。(2)立身中正，鬆腰胯、垂肘、鬆肩動作輕靈、沉穩。(3)右掌應保持在體右後側45度方向，雙臂撐圓。

圖179

易犯錯誤：(1)雙臂運轉與邁步動作不協調、脫節。(2)突臀、俯身，左右歪髖，雙臂挺直。

動作方向：此動作身體向東北方。

動作3 身體向左轉，重心前移，左腳全腳掌踏實。左腿屈膝慢慢向前弓出，成左弓步；同時隨體轉，左掌落於右腹前，掌心翻轉向下，向前經左膝前摟過至左膝外側，虎口向前，掌指側向前；右臂屈肘卷收，右掌經耳旁立掌向前推出，掌心向前，掌指向上，腕與肩平；眼向前平視（圖180）。

圖180

動作要領：(1)弓步時，身體重心坐實，保持身體平衡。(2)「主宰於腰」，以腰為肘，雙臂運轉必須協調一致，兩肩平齊；弓步、摟掌、推掌應同時完成，做到「上下相隨」。(3)定勢時，右掌應基本對準身體中線，沉肩，鬆腰。

易犯錯誤：(1)右掌過高、前伸，右肩過於前送。(2)雙腳在同一直線上，身體重心不穩。

動作方向：此動作身體向北方。

第42式 右摟膝拗步

動作1 接上勢，身體向左轉，左腳尖外展45度，重心於左腿，右腿提起向前邁步，腳跟先著地；隨身體轉動，右掌心翻轉向內，向上經面前落於左肩側前，掌心向內，掌指向左；同時左掌心翻轉向上，向下、向左後上畫弧於左肩外，掌心向外，掌指向上，腕與肩平；眼視左手方向（圖181）。

圖181　　　　　　　　　圖182

動作要領：(1)雙掌運轉與邁出步動作協調一致。(2)雙臂呈弧形，左掌向體左後側畫弧應在體左後側45度為宜。(3)邁步時身體重心必須坐實，以保持身體平衡。

易犯錯誤：(1)雙臂運轉與邁步不協調。(2)凸臀，身斜，轉體角度過大，出現動作重心偏斜現象。

動作方向：此動作身體向西方。

動作2　身體向右轉，重心前移，右腳全腳掌踏實。右腿屈膝慢慢向前弓出，成右弓步；同時隨體轉，右掌落於左腹前，掌心翻轉向下，向前經右膝前摟過至右膝外側，虎口向前，掌指側向前；左臂屈肘卷收，左掌經耳旁立掌向前推出，掌指向上，腕與肩平；眼向前平視（圖182）。

動作要領：(1)弓步時，身體重心要坐實，保持身體平衡。(2)定勢時，左掌應基本對準身體中線。(3)以腰轉動為軸，雙臂運轉與右腳邁出須協調一致，兩肩平齊，要做到上下相隨。

圖 183

圖 183 背面

　　易犯錯誤：(1)左掌過高、前伸，左肩過於前送。(2)雙腳在同一直線上，身體重心不穩。

　　動作方向：此動作身體向西北方。

第43式　進步栽捶

　　動作1　接上勢，身體向右轉，右腳尖外展45度，重心於右腿，左腿提起向前邁步，腳跟先著地；隨身體轉動，左臂內旋，左掌心翻轉向內，經面前畫弧落於右肩側前，掌心向內，掌指斜向右；右掌握拳提收至腰際右側，拳心向上；眼隨體轉動向前平視（圖183）。

　　動作要領：(1)立身中正，鬆肩墜肘，鬆腰沉髖，雙臂撐圓。(2)雙掌運轉與邁出步動作協調一致。(3)邁步時身體重心必須坐實，以保持身體平衡。

　　易犯錯誤：(1)右臂緊夾身體，雙臂動作不飽滿。(2)俯身、突臀，左右歪髖，雙腳在同一直線重心不穩。

動作方向：此動作身體向西北方向。

技擊含義：此動的動作過程與右摟膝拗步動作1過程一樣，唯一不同的地方就是右掌握拳提收於腰際右側，提收時，意貫右臂及右肘為撐勁，右肘的方向為右後45度。右腋不可緊夾身體。

圖184

動作2 身體向左轉，重心前移，左腳全腳掌踏實，左腿屈膝慢慢向前弓出，成左弓步；左掌落於右腹前，掌心翻轉向下，向前經左膝前摟至左膝外側，掌心向下，掌指向前；右臂內旋，右拳自腰際向前下方弧形栽打，轉動拳面斜朝前下，拳心向左；眼視前下方（圖184）。

動作要領：(1)上體保持正直，雙肘微屈。(2)右肩放鬆、右拳向前栽打時，右前臂微內旋，含有向前下之意。

易犯錯誤：(1)身體前傾，弓背低頭。(2)聳肩，雙肘挺直。右肩向前送出。

動作方向：此動作身體向西方。

技擊含義：此勢動作時，身體左轉，重心前移，髖關節的水平移動，帶動上體立身位移。右腿的腳腿之力，逐漸地移向左腿形成左弓步。左掌落於右腹前時，掌心向內，掌指向右，意貫左臂下側，是下截勁。然後翻轉掌心向下，意貫左臂外側，向前經左膝前弧形摟過於左膝外側時是橫勁，虎口向前，掌指側向前，加強了左掌的掤、按勁力。同時右臂隨身體的轉

圖 185   圖 185 正面

動邊內旋邊向前下弧形栽打，此時，要鬆肩沉肘，順腕栽打，
拳面朝前下方。尤其強調的是，左右腳的橫向距離要與肩同
寬。定勢時，雙腳應做到「一條中心線」，是指身體的中線；
「左右兩側分」，是講雙腳要在身體中線的兩側，如把前腳直
接收回，雙腳間距離應與肩同寬為宜。身形的中正安舒，鬆肩
拔背，雙臂保持弧形、撐圓，是意貫雙臂、力達雙掌的必然條
件。要體會拳諺所云：「其跟在腳，發於腿，主宰於腰，形於
手指，由腳而腿、而腰，總須完整一氣。」

第44式　翻身撇身捶

動作1　接上勢，左腳尖內扣135度，身體向右轉，重心
於左腿；隨體轉，右臂內旋，右拳收至腹前，拳眼向內；同時
左掌向上畫弧至額前上方，掌心向外，掌指向右；眼隨體轉向
前平視（圖185）。

動作要領：(1)腰髖的轉動帶動雙掌與扣腳的動作協調進

行。(2)尾閭中正，雙臂撐圓，鬆肩墜肘，鬆腰沉胯，雙臂撐圓。

易犯錯誤：(1)上體俯仰，左右歪髖。(2)聳肩、抬肘，雙臂僵直。

動作方向：此動作身體向北方。

技擊含義：此勢動作時，傳統楊式太極拳的動作特點之一是，身體重心要坐於左腿，左腳內扣要達到135度的幅度。重心穩固，身體才能右轉，此勢動作極其重要的一點是，右膝關節與右腳的方向一致，是身體轉動的基礎。同時也是動作姿勢保持平穩，重心不起伏，沉肩肘、鬆腰髖，立身中正的保證。動作意識要注重身體重心下沉，沉穩中寓有輕靈之感。意貫右臂，要有沉勁，左掌意貫虎口，要有撐帶的感覺。左右掌的動作相輔相成。動作才能飽滿圓活。要達到拳諺所云：「身為心之用，勁力為身之用。心、身有一定之主宰者，理也。」

動作2 身體先微向左轉，然後再繼續向右轉，重心於左腿，右腳提起向前邁出，腳跟先著地；左掌向左下畫弧於左髖側，掌心向下，掌指向前；右拳隨腰轉向前翻打，拳心向上，拳與胸平；眼隨體轉向前平視（圖186）。

動作要領：(1)雙手動作與右腳邁出的動作要上下相隨，協調一致。(2)雙臂撐圓，動作飽滿、圓活。(3)立身中正，含胸拔背，腰髖鬆沉。

易犯錯誤：(1)重心起伏，動

圖186

作不協調、脫節。(2)俯身突臀，左右歪髖，雙臂僵直。

動作方向：此勢動作身體向東方。

動作 3 身體微微向右轉，重心前移，右腳全腳掌踏實，右腿屈膝慢慢向前弓出，成右弓步；左掌上提由腹前經右臂上橫掌推出，腕與肩平，掌心向下，掌指向右；右掌收於右腰間，拳心向上；眼向前平視（圖187）。

圖 187

動作要領：(1)身體轉動幅度很小，橫掌、收拳與弓步動作要協調一致。(2)頂頭懸，身中正，雙臂保持弧形動，動作要飽滿撐圓。

易犯錯誤：(1)轉體幅度過大，身體產生向右傾倒。(2)身體前俯突臀，右臂緊夾身體。

圖 188

動作方向：此動作身體向東方。

動作 4 身體微向左轉，重心於右腿，成右弓步；同時，右拳從右腰側向前打出，拳心向上，拳面向前，腕與胸平；左臂屈肘回收，從右臂上收於右肘上方，掌心向下，掌指向右；眼向前平視（圖188）。

動作要領：⑴主宰於腰，以腰髖的轉動帶動雙臂的運轉。⑵立身中正，鬆腰胯、垂肘、鬆肩動作輕靈、沉穩。⑶雙臂保持弧形。

易犯錯誤：⑴動作左右不相隨，不協調。⑵動作姿勢起伏，左右歪髖，雙臂挺直。

動作方向：此動作身體向西方。

第 45 式　進步搬攔捶

動作1　接上勢，身體向左轉，重心於左腿，右腳提起向前邁出，腳跟先著地；隨身體轉動左臂外旋，左掌轉動掌心向上、向左後而上畫弧至左肩外，掌心向外，掌指向上，腕與肩平；右臂內旋，右拳向左下畫弧至腹前，拳心向下，拳眼向內；眼視左掌方向（圖189）。

動作要領：⑴雙臂動作應與邁步協調完成。⑵重心左移，動作姿勢不可起伏，要平穩過度。

易犯錯誤：⑴動作不協調，身體前俯突臀。⑵聳肩，雙臂挺直。

動作方向：此動作身體向東南方向。

動作2　身體向右轉，重心前移，右腳全腳掌踏實，右腿屈膝慢慢向前弓出，成右弓步；隨腰轉；右拳向前翻打，拳心向上，拳面向前，拳與胸平；左掌同時經面前向前橫掌下壓於右拳前，掌心向下，

圖189

圖190

圖191

掌指向右，腕與肩平；眼向前平視（圖190）。

　　動作要領：(1)要雙掌的動作與弓步要同時協調完成。(2)身體正直，雙肩鬆沉，雙臂撐圓。(3)左掌、右拳之間以一拳距離為宜。

　　易犯錯誤：(1)右拳翻打、左掌蓋壓與弓步動作不協調。(2)身體前俯，聳肩，揚肘。

　　動作方向：此動作身體向西方向。

　　動作3　身體向右轉，右腳尖外展45度，重心於右腿，左腳提起向前邁出，腳跟先著地；右拳收於右腰間，拳心向上；左掌立掌向前、向左畫弧攔出，掌心側向前，掌指向上，腕與肩平；眼向前平視（圖191）。

　　動作要領：(1)雙臂不可挺直，立身中正，鬆腰沉胯。(2)邁步、攔掌、收拳動作協調完成。

　　易犯錯誤：(1)右臂緊夾身體，動作不協調。(2)突臀，左右歪髖。

動作方向：此動作身體向東南方向。

動作4 身體向左轉，重心前移，左腳全腳掌踏實，左腿屈膝慢慢向前弓出，成左弓步；右臂內旋，右拳自腰間向前打出，拳眼向上，與胸平；左掌弧形收至右前臂內側，掌心側向右，掌指斜向上；眼向前平視（圖192）。

圖 192

動作要領：(1)立身中正，兩臂微屈，沉肩垂肘，雙臂撐圓。(2)弓步形成、左掌收回、右拳打出動作協調，速度均勻。(3)右拳、左掌之間以一拳為宜。

易犯錯誤：(1)上體前俯、突臀，聳肩、右臂僵直。(2)動作不協調，上下不相隨。

動作方向：此動作身體向東方向。

第46式　右蹬腳

動作1 接上勢，身體向左轉45度，左腳外展45度，重心於左腿；隨體轉，右腳跟提起；同時左臂屈臂上舉，左掌轉動掌心側向上，腕與胸平，掌指向右，落於腹前；右拳變掌向左畫弧與左手腕交叉，右掌在外，掌心側向上，雙掌指斜向左、右；眼隨體轉向前平視（圖193）。

動作要領：(1)身體左轉帶動雙掌動作同時進行。(2)轉體幅度不超過左側前45度為宜適中。(3)立身中正，鬆肩墜肘，

圖 193

圖 194

雙臂撐圓。

　　易犯錯誤：(1)轉體幅度過大，身體向左傾倒。(2)聳肩揚肘，雙臂動作僵硬。

　　動作方向：此動作身體向東北方。

　　技擊含義：此動作身體向左轉時，首先要注意的一點是保持身體的中正，虛領頂勁，身體沿縱軸旋轉。以腰髖的轉動，帶動左臂向上提舉，意貫左臂外側及上側含有提帶之勁。右掌畫弧相合，意貫左臂是橫挪之意，雙掌的動作同時協調進行。鬆肩垂肘，雙臂撐圓。要達到拳諺所云：「一動無有不動，一靜無有不靜。」

　　動作2　重心於左腿，左腿獨立支撐，右腿屈膝提起，腳尖自然下垂，成左獨立步；同時，雙臂合抱上舉，腕與肩平，雙掌心向內，掌指斜向左、右；眼向前平視（圖194）。

　　動作要領：(1)虛領頂勁，左腿重心要穩固，避免身體搖晃。(2)鬆肩垂肘，雙臂呈弧形。

易犯錯誤：⑴身體前俯，重心前傾。⑵聳肩、吊肘，重心不穩。

動作方向：此動作身體向東北方向。

技擊含義：此勢動作時，首先要虛領頂勁，立腰提髖，身體沿縱軸向上提拔。同時右腿屈膝提起，右膝方向為右側前方。雙臂上舉鬆肩垂肘，雙臂撐圓。意貫雙臂外側，是雙掤勁，同時含有向上的架托之力。氣沉丹田，呼吸自然。要體會拳諺所云：「每著之中，五官百骸順其自然之勢。而陰陽五形之氣運乎其中，所謂動則生陽，靜則生陰，一動一靜，互為其根。」

動作3 身體向右轉，重心於左腿；左腿支撐，成左獨立步；右腳向右側前方慢慢蹬出，腳尖回勾，力在腳跟；同時雙掌掌心向內，雙臂內旋，向左右畫弧平撐，腕與肩平，掌心側向外，掌指向上；眼視右手方向（圖195）。

動作要領：⑴蹬腳時，雙掌同時向左右弧形平撐，上體保持自然正直。⑵平撐雙臂時，肘部微屈，腕與肩平，右臂、右腿上下相對。⑶此動作與上動作應協調連貫，蹬出腳跟與腰平。

易犯錯誤：動作不協調，平撐雙掌時，雙臂直推、動作僵硬。

動作方向：動作身體向東南方。

技擊含義：此動作要注重虛領頂勁，立腰提髖，身體不僅要有沿縱軸向上提拔的意識。同時還要做到氣沉丹田、雙肩鬆沉，雙肘自然下垂的沉

圖195

穩的感覺。雙臂撐圓,意貫雙臂外側是撐勁。但雙臂不可在同一直線,易產生挺胸背肩的現象,同時也極易造成重心後仰的毛病。所以雙臂、肩背要成一弓形,具有撐力和彈性。右腳蹬出,右腳尖回勾,力達腳跟。右臂與右腿上下相對,正如拳諺所云:「柔中寓剛,人所難防。運用在心,不矜不張。中有所主,無人猖狂。隨機應變,終不驚慌!」

第47式 左打虎勢

動作1 重心於左腿,左腿獨立支撐,右腿屈膝提起,腳尖自然下垂,成左獨立步;同時雙臂平舉於體兩側,腕與肩平,掌心側向外,掌指向上;眼視右手方向(圖196)。

動作要領:(1)虛領頂勁,左腿重心要穩固,避免身體搖晃。(2)鬆肩垂肘,雙臂呈弧形。

易犯錯誤:(1)身體前俯,重心前傾。(2)聳肩、吊肘,重心不穩。

動作方向:此動作身體向東北方向。

技擊含義:此勢動作時,首先要虛領頂勁,立腰提髖,身體沿縱軸向上提拔。同時右腿屈膝提起,右膝方向為右側前方。雙臂上舉,鬆肩垂肘,意貫雙臂外側,是雙掤勁,同時含有向上的架托之力。氣沉丹田,呼吸自然。要體會拳諺所云:「每著之中,五官百骸順其自然之勢。」

動作2 身體向左轉,重心於左腿,左腿屈蹲,右腳落於左腳內側,腳跟先著地,隨即右腳尖內扣,重心移至右腿;左掌經面前向右畫弧握拳至右肩前,拳心向下,拳與肩平;同時右掌握拳保持上勢不動;眼隨體轉視右掌方向(圖197)。

動作要領:(1)右腳跟落地與肩同寬,右腳尖內扣與左掌

圖 196　　　　　圖 197　　　　　圖 197 正面

畫弧動作要以轉腰帶動手、腳動作協調完成。(2)立身中正，屈肘、鬆肩，雙臂呈弧形。

　　易犯錯誤：(1)右膝過早下落，造成重心不穩，身體俯仰、傾斜。(2)右腳內扣與左掌動作脫節，右腳尖內扣度數小，影響下一動作完成。

　　動作方向：此動作身體向東北方向。

　　技擊含義：此動作時，右腳的落點很重要。右腳跟先著地時，雙腳之間的距離應以一腳寬為宜，隨之右腳尖的內扣動作才能自如靈活。雙腳之間的距離小，一則影響右腳內扣動作的完成，二則身體重心不宜把握，極易產生傾倒現象。雙腳之間的距離太大，身體重心偏斜，動作的繼續完成受到極大影響。身體重心的左右移動時，要平穩，不可起伏。右掌握拳與左掌握拳的動作要同時完成。身體轉動的幅度不可太大。身體中正，鬆腰沉髖、雙肩鬆沉，雙臂撐圓。要如拳諺所云：「太極者圓也，無論內外、上下、左右，不離此圓也。」

動作3　身體向左轉,重心於右腿,左腿提起向左前方邁出,腳跟先著地;左拳隨身體轉動向下、向左畫弧平舉於身體左側,拳心向下,拳眼向前;右拳平舉於身體右側,拳心向下,拳眼向前,雙拳與肩平;眼隨體轉向前平視(圖198)。

圖198

動作要領:(1)左腳邁出時,左膝關節不可挺直。(2)身體中正,沉肩垂肘,雙臂自然撐圓。

易犯錯誤:(1)雙拳過於後背,挺胸,向後凸臀。(2)身體前俯,雙臂僵直。

動作方向:此動作身體向西北方。

技擊含義:此動作時,腰髖的左轉,帶動雙拳動作同時進行。尤其是左拳向左下的畫弧,要由左膝前經過,再平舉。要意貫左臂外側,是掛帶勁。右拳隨身體轉動而動。雙拳左右相互呼應,拳心向下,拳眼側向前。尾閭中正,鬆腰沉髖,肩肘鬆沉,含胸拔背,雙臂撐圓。拳諺所云:「太極之武事,外操柔軟,內含堅剛。而求柔軟之於外,久而久之,自得哪之堅剛。」

動作4　重心前移,左腳全腳掌踏實,左腿屈膝慢慢向前弓出,成左弓步;同時,左拳向上畫弧至額前上方,拳心向外,拳眼向下;右臂屈肘,右拳向下畫弧於腹前,拳心向下,拳眼向內;眼向前平視(圖199)。

動作要領:(1)弓步、雙拳運動動作應協調一致。(2)身體

圖 199

圖 199 正面

中正，沉肩墜肘，雙臂要撐圓，勁力要飽滿。

易犯錯誤：⑴上體前俯，雙臂挺直，動作不飽滿。⑵動作不協調，上下不相隨。

動作方向：此動作身體向西北方。

技擊含義：此動作時，身體重心的左移，左弓步的形成與雙拳的圈打要同時協調完成，不可先弓步再圈打或先圈打再弓步。立身要中正，雙肩要鬆沉，雙肘要下墜，含胸舒背，雙臂要撐圓。以右腳的弓蹬之力，達於腿、於腰、於雙拳，意貫雙拳拳面。正如拳諺所云：「舉動輕靈神內斂，莫教斷續一氣研。左右宜有虛實處，意上寓下後天還。」

第 **48** 式　右打虎勢

動作 1　接上勢，身體向右轉，左腳尖內扣 135 度，重心於左腿；隨身體轉動，雙拳保持上勢動作外形不變，眼隨體轉向前平視（圖 200）。

圖200

圖200 正面

動作要領：(1)左腳尖內扣幅度應以135度左右為宜。(2)身體中正，含胸拔背，雙臂自然撐圓。

易犯錯誤：(1)扣腳轉體，產生挺胸，向後凸臀現象。(2)身體前俯，左右歪髖，雙臂僵直。

動作方向：此動作身體向東北方向。

技擊含義：此動作時，左腳的內扣，身體的右轉要同時進行。特別要強調的是在傳統楊式太極拳套路練習時，動作與動作之間的銜接，無論是向內的扣腳還是向外的展腳，都稱之為「碾腳」。其含義就是腳掌與地面的夾角相當小，在不影響動作輕靈、自如、通順的前提下，進行轉動。所以，主力腿隨體轉的內、外轉動，身體的重心都是以主力腿為主，也就是講重心基本在主力腿。扣腳時，立身中正，腰髖的轉動帶動雙拳的運轉。要注意虛領頂勁，頭部與左腳跟的縱軸的上下關係；腰髖的鬆沉，使得髖關節的轉動靈活，左腳的內扣就自如了。雙拳的隨體轉動，含有向右的引帶之意。要如拳諺所云：「前後

圖 201　　　　　圖 202　　　　圖 202 正面

左右，上下四傍，轉接靈敏，緩急相將。」

　　動作 2　身體繼續向右轉，重心於左腿；右腿提起向右前邁出，腳跟先著地；隨身體轉動右拳向下、向右畫弧平舉於身體右側，拳心向下；左拳平舉於身體左側，拳心向下，雙拳眼朝前；眼向前平視（圖 201）。

　　動作要領：(1)右腳邁出時，右膝微屈，雙臂自然撐圓。(2)保持身體中正，防止聳肩抬肘，雙拳與肩同高。

　　易犯錯誤：(1)雙拳過於後背，產生挺胸，向後凸臀現象。(2)身體前俯，左右歪髖、聳肩，雙臂僵直。

　　動作方向：此動作身體向東南方向。

　　動作 3　重心前移，右腳全腳掌踏實，左腿屈膝慢慢向前弓出，成右弓步；同時右拳向上畫弧至額前上方，拳心向外，拳眼向下；左臂屈肘，左拳向下畫弧於腹前，拳心向下，拳眼向內；眼向前平視（圖 202）。

　　動作要領：(1)雙臂動作要撐圓，勁力要飽滿，要沉肩墜

肘。(2)弓步、雙拳運動動作應協調
一致。

易犯錯誤：(1)雙臂挺直，動作
不飽滿。(2)整體動作不協調，上體
前俯。

動作方向：此動作身體向東南方
向。

圖 203

第 49 式　右蹬腳

動作 1　接上勢，身體向左轉，
重心移於左腿，成左坐步；隨體轉，
左臂外旋，左拳轉動拳心向內，拳眼
向上，於腹前；同時右拳自頭前上方
向左下畫弧與左手腕交叉，拳心側向
上，右拳在外；眼隨體轉動向前平視
（圖 203）。

動作要領：(1)重心左移時，髖
關節在水平位置移動，身體不可起
伏。(2)立身中正，鬆肩墜肘，沉腰
髖，雙臂撐圓。

易犯錯誤：(1)重心起伏，俯身
突臀，聳肩。(2)動作不協調脫節，
雙臂緊夾身體。

圖 203 正面

動作方向：此動作身體向東方。

技擊含義：此勢動作時，身體向左轉的幅度不是很大，身
體重心的移動要平穩，髖關節在水平位置平移帶動身體的位

移。右腳要具有向後的蹬勁，左腿具有撐勁。雙拳的動作與身體重心的平移同時協調進行。意貫左臂外側含有引帶勁。右拳動作時意貫右臂下側，含有向下、向後的掛勁。立身中正，鬆腰沉髖、肩肘鬆沉，雙臂撐圓。要體現拳諺所云：「往復須有折疊，進退須有轉換。」

圖204

動作 2 身體微向左轉，重心於左腿，左腿獨立支撐，右腿屈膝提起，腳尖自然下垂，成左獨立步；同時雙拳變掌，合抱上舉，腕與肩平，雙掌心向內，掌指斜向左右兩側；眼向前平視（圖204）。

動作要領：(1)雙掌上舉，右腿提起，與左獨立動作同時完成。(2)虛領頂勁，立腰鬆肩，以保持重心穩固。

易犯錯誤：(1)動作不協調身體向一側傾倒。(2)聳肩揚肘，雙臂緊夾身體。

動作方向：此動作身體向東北方。

技擊含義：左支撐腿動作時，首先要虛領頂勁，身體上拔，保持立身中正。右腿屈膝提起，膝關節的方向是向身體右側，上下動作要相隨，肩髖相對。雙臂合抱上舉，意貫雙臂上側與外側，具有向上的架掤和向外的平掤之意。雙肩鬆沉，含胸舒背，雙臂撐圓。要體會拳諺所云：「心要正，目要清，身手齊到始為真。手到身不到，擊敵不得妙；手到身亦到，破敵如摧草。」

動作 3 身體向右轉，重心於左腿；左腿支撐，右腳向右前方慢慢蹬出，腳尖回勾，力在腳跟；同時雙臂內旋，向左、右畫弧平撐，腕與肩平，掌心側向外，掌指向上；眼視右手方

向（圖205）。

圖205

動作要領：(1)蹬腳時，雙掌同時向左右弧形平撐，上體保持自然正直。(2)平撐雙臂時，肘部微屈，腕與肩平，右臂、右腿上下相對。(3)此動作與上動作應協調連貫，蹬出腳跟與腰平。

易犯錯誤：(1)分手、蹬腳動作不協調，身體重心不穩定。(2)平撐雙掌時，雙臂直推、動作僵硬。(3)右腳與雙臂呈十字型。

動作方向：此動作身體向東南方。

技擊含義：此動作要注重虛領頂勁，立腰提髖，身體不僅要有沿縱軸向上提拔的意識，同時還要做到氣沉丹田，雙肩鬆沉，雙肘自然下垂，有沉穩的感覺。雙臂撐圓，意貫雙臂外側是撐勁。但雙臂不可在同一直線，否則極易產生挺胸背肩的現象，同時也極易造成重心後仰的毛病。所以雙臂、肩背要成一弓形，具有撐力和彈性。右腳蹬出，右腳尖回勾，力達腳跟。右臂與右腿上下相對，正如拳諺所云：「柔中寓剛，人所難防。運用在心，不矜不張。中有所主，無人猖狂。隨機應變，終不驚慌！」

第50式　雙探掌

動作1　接上勢，重心於左腿，左腿獨立支撐，右腿屈膝提收，腳尖自然下垂，成左獨立步；同時雙臂向左、右畫平撐，腕與肩平，掌心側向外，掌指向上；眼視右手方向（圖206）。

| 圖 206 | 圖 207 | 圖 207 正面 |

動作要領：⑴保持立身中正，雙臂撐圓。⑵立腰豎頂，左膝上提與腰平。

易犯錯誤：⑴重心不穩，身體俯仰、傾斜。⑵聳肩，雙臂挺直。

動作方向：此動作身體向東南方。

技擊含義：此動作左腿獨立支撐時，身體向上拔起要做到虛領頂勁，尾閭中正，達到身體正直不偏不倚的目的。鬆肩垂肘，含胸舒背，保證了雙臂平舉外撐的動作外形。雙臂平舉時，意貫雙臂外側是「掤勁」。此勢動作雖簡單，但要體會拳諺所云：「一動無有不動，一靜無有不靜。立身須中正不偏，方能支撐八面」。

動作 2　身體向右轉，重心於左腿；左腿支撐屈蹲，右腳向右斜前方邁步，腳跟先著地；隨體轉，雙掌向左、右分開畫弧於腰兩側，掌心向上，掌指向前下方；眼隨體轉向前平視（圖 207）。

動作要領：(1)左腿先屈蹲，重心穩固後右腳再邁出。(2)立身中正，鬆腰沉髖，鬆肩墜肘，雙臂撐圓。

易犯錯誤：(1)重心不穩，產生「搶步」現象。(2)俯身突臀，左右歪髖，雙臂緊夾身體。

動作方向：此動作身體向東南方。

技擊含義：身體向右轉，左支撐腿首先要屈膝下坐，重心下沉，穩固重心後，右腳再向前邁出，隨腰髖的轉動，帶動雙掌同時向身體兩側平展畫弧，雙臂外旋，轉動掌心向上收於腰際，意貫雙臂為抄裹勁。此時，要立身中正，鬆肩垂肘，腰髖鬆沉。雙肘的方向為左、右後側 45 度，雙腋不可緊夾身體，雙臂撐圓，動作要飽滿。雙掌的動作與右腳的邁出協調一致。如拳諺所云：「手足相隨腰腿整，引進落空妙入神。」

動作 3　重心前移，右腳全腳掌踏實，右腿屈膝慢慢向前弓出，成右弓步；同時雙掌自腰側向體前穿伸，掌心向上，掌指向前，掌指與鼻平；眼向前平視（圖 208）。

動作要領：(1)雙掌前探，雙肘微屈，掌指併攏，虎口撐圓。(2)身體正直，鬆腰沉髖，鬆肩垂肘。

易犯錯誤：(1)聳肩、挺肘，雙臂僵直。(2)上體前俯、突臀。

動作方向：此動作身體向東南方向。

技擊含義：此勢動作身體重心右移，鬆腰沉髖，左腿腳之力緩慢送到右腳，髖關節的水平位置移動，帶動身體位移。同時雙掌自腰

圖 208

側向前穿伸，意貫雙掌指，是鑽勁。鑽勁就是入勁，此動就是用掌指進擊對方，如鑽之入木，旋轉而入。動作時要立身中正，雙肩鬆沉，舒背拔腰，氣沉丹田，雙臂自然呈弧形。體會拳諺所云：「宜輕則輕，斟酌無偏；宜重則重，如虎下山。用力日久，豁然貫通；日新不已，自臻神聖。」

圖 209

第51式 雙峰貫耳

動作1 接上勢，重心移於左腿，成左坐步，同時，雙掌向下落至髖側，掌心向上，眼向前平視（圖 209）。

動作要領：(1)重心左移成左坐步與雙掌向下動作同時進行。(2)上體保持中正，雙臂成弧形，沉肩垂肘。(3)雙肘虛腋，不可緊夾身體。

易犯錯誤：(1)動作不協調、脫節，上下不相隨。(2)身體前俯，突臀聳肩。(3)雙臂緊夾身體，雙臂僵直。

動作方向：此動作身體向東南方。

圖 209 正面

技擊含義：此動作身體重心左移的同時，髖關節的水平移動帶動上體的位移，立身中正，鬆肩，雙掌同時弧形下落於髖關節兩側，雙掌下落時，意貫雙臂下側，含有向下的沉勁，向後的引帶之力。雙腋不可緊夾身體，雙肘的方向為左、右側後45度為宜，雙臂保持圓形。虛領頂

勁，腰髖鬆沉，左膝關節與左腳尖的
方向要一致，右腿不可蹬直，是左七
右三的身體重心的合理分配。要體會
拳諺所云：「推圈容易進圈難，不離
腰頂後與前。所難中土不離位，退易
進難仔細研。」

動作2 重心前移，右腿屈膝慢
慢向前弓出，成右弓步；雙掌握拳，
分別從身體兩側自後向上、向前弧形
圈打，拳與頭平，拳心向外，雙拳眼
斜向下；眼向前平視（圖210）。

圖210

動作要領：(1)重心前移，動作
姿勢不可起伏。(2)立身中正，鬆腰
胯、垂肘、鬆肩，雙臂撐圓。

易犯錯誤：(1)動作姿勢起伏，
重心不穩定。(2)身體前俯，左右歪
髖，雙臂挺直。

動作方向：此動作身體向東南
方。

技擊含義：此勢動作時，重心要
穩固，立身中正，隨身體重心的移動
帶動雙拳的運轉，雙拳向前的圈打意

圖210 正面

貫雙臂內側及拳眼，是順步貫拳。也叫蟹形拳。動作時要注重
身體重心下沉，身體姿勢要保持平穩，不可起伏；沉肩、鬆腰
髖，沉穩中寓有輕靈之感。雙拳貫打，含胸舒背，肩肘鬆沉，
氣沉丹田，雙臂動作才能飽滿圓活。雙拳的距離與本人頭寬

等，動作意識要達到拳諺所云：「而要非勉強以致之襲焉！而為之也，當時而動，如龍如虎，出乎而急如電閃；當時而靜，寂然湛，然居其所而穩如山岳。」

第52式　左蹬腳

動作1　接上勢，身體向右轉，重心於右腿，右腳尖外展45度；隨體轉，雙拳自頭前向兩側弧形落於腹前，拳心向上，拳與腹平；眼隨體轉向前平視（圖211）。

圖211

動作要領：(1)雙拳隨體轉動，弧形向下圈打，雙臂撐圓。(2)立身中正，雙腋虛撐，沉肩墜肘。

易犯錯誤：(1)身體前俯，聳肩。(2)雙腋緊夾身體，雙臂僵直。

動作方向：此動作身體向南方。

技擊含義：目前練習時，都忽略了此動作。當年我祖父學拳時，澄甫宗師在講到技擊含義時強調「上有貫耳，下有雙捶」。雙捶所指就是此動作。此動作是用雙拳擊打對方的軟肋。

圖211 正面

身體向右轉，右腳以腳跟為軸向外展腳，是碾腳的含義。身體的轉動帶動雙拳向身體兩側弧形下落圈打，意貫拳輪。此時要鬆肩，虛腋，雙臂撐圓。雙腋不可緊夾身體，動作外形要

飽滿。身體不可前俯，否則重心前傾，極易
被他人牽動。要如拳諺所云：「手腳齊進橫
豎找，掌中亂環落不空。欲知環中法何在？
發落點對即成功。」

動作2 身體微向右轉，重心於右腿；
右腿獨立支撐，左腿屈膝提起，腳尖自然下
垂；同時，雙拳變掌相合，左掌在外，雙掌
上提至體前，掌心向內，腕與肩平；眼向前
平視（圖212）。

動作要領：(1)轉體幅度適中，左膝上

圖212

提與雙掌上提動作應同時完成。(2)立身中
正，鬆肩垂肘，雙臂撐圓。(3)左膝方向為左側前方。

易犯錯誤：(1)轉體幅度大，身體向右傾倒。(2)聳肩、揚
肘，雙臂僵直。

動作方向：此動作身體向南方向。

技擊含義：此動作時，雙掌於腹前相合，左掌在外，右掌
於內，隨右腿的獨立支撐，雙掌合抱上舉於體前。此時，要注
重虛領頂勁，立腰提髖，身體要有沿縱軸向上提拔的意識。雙
肩鬆沉，雙肘自然下垂，氣沉丹田，左膝提收，腳尖自然下
垂。意貫雙臂，具有提、挪的含義。要體會拳諺所云：「每著
之中，五官百骸順其自然之勢。」

動作3 身體向左轉，重心於右腿；右腿支撐，成獨立
步；左腳向左側前方慢慢蹬出，腳尖回勾，力在腳跟；同時雙
拳變掌向左右畫弧平撐，腕與肩平，掌心側向外，掌指向上；
眼視左手方向（圖213）。

動作要領：(1)蹬腳時，雙掌同時向左右弧形平撐，上體

圖213

圖214

保持自然正直。(2)平撐雙臂時，肘部微屈，腕與肩平，左臂、左腿上下相對。(3)此動作與上動作應協調連貫，蹬出腳跟與腰平。

　　易犯錯誤：(1)平撐雙掌時，雙臂直推、動作僵硬。(2)左腿與雙臂呈十字型。

　　動作方向：此動作身體向東方。

第53式　轉身右蹬腳

　　動作1　接上勢，重心於右腿，左腿屈膝提收，腳尖自然下垂；同時，雙掌向左右平撐，腕與肩平，掌心側向外，掌指向上；眼視左手方向（圖214）。

　　動作要領：(1)重心在右腿；雙掌保持左右平撐，以保持身體平衡。(2)立身中正，鬆肩垂肘，雙臂撐圓。

　　易犯錯誤：(1)身體俯仰、傾斜。(2)左臂與左腿上下不相對。

動作方向：此動作身體向東方。

動作2 身體向右後轉，重心於右腿，左腿屈膝平舉，腳尖自然下垂，以右腳跟為軸，向右後轉體約225度；右膝微屈，以左腳腳跟在體左側落地；隨體轉，雙掌向左右平撐，腕與肩平，掌心側向外，掌指向上；眼視左手方向（圖215）。

圖 215

動作要領：⑴右後轉體，左膝提膝平舉，重心在右支撐腿；雙掌隨轉體動作，保持左右平撐，以保持身體平衡。⑵立身中正，鬆肩墜肘，雙臂保持弧形。

易犯錯誤：⑴左膝過早下落，造成重心不穩，身體俯仰、傾斜。⑵聳肩揚肘，雙臂僵直。

動作方向：此動作身體向西北方。

圖 215 正面

技擊含義：此動作身體向右後的轉動時，要以右腳跟為軸，身體沿縱軸而動。轉動時，要虛領頂勁，沉肩垂肘，雙臂平撐，以保持身體的平衡。左膝左臂上下相隨，雙臂以右帶、左引之勢，輔助配合腰髖的動轉。左腳的落點以蹬腳的方向（正東）為起點，向右後轉體約225度，即為右後（西北）45度方向

為主。當明確了身體轉動的方向，掌握了轉體的動作要領，轉體動作才能輕靈自如。左腳的落點正確與否，是影響動作延續的要素。所以轉體動作要做到拳諺所云：「每一勢拳，往往數千言不能罄其妙，一經現身說法，其覺容易；所難者工夫，尤難者長久工夫！諺有曰『拳打萬遍，神理自現。』信然！」

動作3 身體繼續向右轉，左腳尖內扣45度，重心於左腿，左腳踏實，右腳跟提起，成右虛步；同時雙臂弧形下落，雙掌於腹前相合，右掌在外，雙掌心側向上；眼隨體轉向前平視（圖216）

圖216

動作要領：(1)立身中正，鬆腰沉髖，雙臂撐圓。(2)左腿屈膝支撐，含胸拔背。

易犯錯誤：(1)身體前俯、突臀，雙腋緊夾身體。(2)聳肩、揚肘，雙膝挺直，重心起伏，雙臂僵直。

動作方向：此勢動作身體向北方。

圖216 正面

技擊含義：此動身體向右轉，左腳內扣的同時，身體重心移於左腿，左膝微屈，身體重心下沉，右腳跟提起，右前腳掌撐轉，身體重心的合理分配為左七、右三。隨身體的轉動，雙臂弧形下落，雙掌於腹前相合，身形要達到：尾閭中正，鬆腰沉髖，含胸拔背，雙臂撐圓。如拳諺所

圖217　　　　　　圖218　　　　　　圖219

云：「意之所向，全神貫注。變化猶龍，人莫能測。」

　　動作4　重心於左腿；左腿獨立支撐，成左獨立步；右腿屈膝提起，腳尖自然下垂，雙掌合抱上舉，腕與肩平，右掌在外，雙掌心向內，掌指斜向左右側上方；眼向前平視（圖217）。

　　動作要領：(1)尾閭中正，雙臂撐圓。(2)立腰豎頂，右膝上提與腰平。

　　易犯錯誤：(1)重心不穩，身體俯仰傾斜。(2)聳肩揚肘，雙臂僵直。

　　動作方向：此動作身體向北方向。

　　動作5　身體向右轉，重心於左腿；左腿獨立支撐，成左獨立步，右腳向右側前方慢慢蹬出，腳尖回勾，力在腳跟；同時雙臂內旋，雙掌向左、右畫弧平撐，腕與肩平，掌心向外，掌指向上；眼視右手方向（圖218）。

　　動作要領：(1)蹬腳時，雙掌同時向左右弧形平撐，上體

保持自然正直。⑵平撐雙臂時，肘部微屈，腕與肩平，右臂、右腿上下相對。⑶此動作與上動作應協調連貫，蹬出腳跟與腰平。

易犯錯誤：⑴雙掌平撐時，雙臂直推，雙臂僵直。⑵雙臂與右腳呈十字型。

動作方向：此動作身體向東方向。

技擊含義：此動作要注重虛領頂勁，立腰提髖，身體不僅要有沿縱軸向上提拔的意識。同時還要做到氣沉丹田，雙肩鬆沉，雙肘自然下垂的沉穩的感覺。雙臂撐圓，意貫雙臂外側是撐勁。但雙臂極易產生挺胸背肩的現象，同時也極易造成重心後仰的毛病。所以雙臂，肩背要成一弓形，具有撐力和彈性。右腳蹬出，右腳尖回勾，力達腳跟。右臂與右腿上下相對，正如拳諺所云：「柔中寓剛，人所難防。運用在心，不矜不張。中有所主，無人猖狂。隨機應變，終不驚慌！」

第54式　進步搬攔捶

動作1　接上勢，重心於左腿，左腿獨立支撐，右腿屈膝提收，腳尖自然下垂，成左獨立步，雙掌向左右平撐，腕與肩平，掌心向外，掌指向上；眼視右手方向（圖219）。

動作要領：⑴立身中正，雙臂撐圓。⑵立腰豎頂，右膝上提與腰平。

易犯錯誤：⑴重心不穩，身體俯仰，傾斜。⑵聳肩，雙臂挺直。

動作方向：此動作身體向東北方。

技擊含義：此動作左腿的獨立支撐時，身體向上拔起要做到虛領頂勁，尾閭中正，達到身體正直不偏不倚的目的。鬆肩

垂肘，含胸舒背，保證了雙臂平舉外撐的動作外形。雙臂平舉時，意貫雙臂外側是「掤勁」。此勢動作雖簡單，但要體會拳諺所云：「一動無有不動，一靜無有不靜。立身須中正不偏，方能支撐八面。」

圖 220

動作2 身體微向左轉，重心於左腿，左腿屈蹲，右腳向右前邁出，腳跟先著地；隨身體轉動；左掌向上、向左上畫弧至左肩外，掌心向外，掌指向上，腕與肩平；同時右掌變拳向下畫弧至腹前，拳心向下，拳眼向內；眼視左掌方向（圖220）。

動作要領：(1)身體轉動的方向為左側45度。(2)腰髖的轉動帶動右腳邁出雙掌的動作同時協調進行。(3)立身中正，鬆腰髖，沉肩肘，雙臂撐圓。

易犯錯誤：(1)身體轉動幅度太大，產生身體向左後傾倒。

圖 220 正面

(2)左腿未屈蹲，右腳邁出，產生「搶步」現象。(3)動作不協調，脫節。

動作方向：此動作身體向西北方。

技擊含義：此勢動作時，身體轉動的方向及其幅度是極其

重要的。腰髖的轉動帶動身體的
轉動，方向為左側 45 度。隨身
體的轉動，左支撐腿屈蹲的同
時，右腳趁勢向前邁出，由於身
體是向左轉體，右腳的邁步方向
應偏右，要保持雙腳之間的橫向
距離是本人的一橫腳寬，即與肩
寬，動作的重心才能穩定。左掌
的動作隨體轉而動，身體重心沿
縱軸方向下沉，腰髖鬆沉，虛領
頂勁，立身中正，鬆肩垂肘，雙

圖 221

臂撐圓，要達到拳諺所云：「故平素打拳全在一起、一轉，所
謂『得勢爭來脈，出奇在轉關』。本勢手將起之時，必先使手
如何承住上勢，不令割斷神氣血脈。既承接之後，必思手如何
得機、得勢？」

動作 3 身體向右轉，重心前移，右腳全腳掌踏實，右腿
屈膝慢慢向前弓出，成右弓步；隨體轉，右拳向前翻打，拳
心向上，拳面向前，拳與胸平；左掌同時經面前向前橫掌下
壓於右拳前，掌心向下，掌指向右，腕與肩平；眼向前平視
（圖 221）。

動作要領：(1)身體的轉動帶動雙掌的動作與弓步要同時
協調完成。(2)上體正直，雙肩鬆沉，雙臂撐圓。(3)左掌、右
拳之間以一拳距離為宜。

易犯錯誤：(1)翻打、蓋掌，與弓步的動作不協調。(2)身
體前俯，聳肩、揚肘。

動作方向：此動作身體向東方向。

圖 222　　　　　　　　　圖 223

動作4　身體向右轉，右腳尖外展45度，重心於右腿，左腳提起向前邁出，腳跟先著地，隨體轉，右拳收於右腰間，拳心向上，左掌立掌向前、向左畫弧攔出，掌心側向前，掌指向上，腕與肩平；眼向前平視（圖 222）。

動作要領：(1)立身中正，鬆腰沉髖，雙臂不可挺直。(2)邁步、攔掌、收拳動作要協調完成。

易犯錯誤：(1)右臂緊夾身體，動作不協調。(2)突臀、左右歪髖，上體前俯。

動作方向：此動作身體向東南方向。

動作5　身體向左轉，重心前移，左腳全腳掌踏實，左腿屈膝慢慢向前弓出，成左弓步，隨體轉，右拳自腰間向前打出，拳眼向上與胸平；左掌弧形收至右前臂內側，掌心側向右下，掌指斜向上；眼視右拳方向（圖 223）。

動作要領：(1)立身中正，兩臂微屈，沉肩垂肘，雙臂撐圓。(2)弓步的形成、左掌收回、右拳打出的動作要協調，速

度要均勻。(3)右拳、左掌之間以一拳為宜。

易犯錯誤：(1)上體前俯、突臀、聳肩，右臂僵直。(2)動作不協調，上下不相隨。

動作方向：此動作身體向東方向。

圖 224

第 55 式　如封似閉

動作 1　接上勢，重心於左腿，左掌心轉動向上，掌指向右，由右肘下向前穿出；眼向前平視（圖 224、225）。

動作要領：(1)動作時身體重心要平穩，動作要輕靈，雙肘要微屈。(2)立身中正，鬆肩垂肘。

易犯錯誤：(1)身體重心起伏，聳肩。(2)上體前俯，雙臂僵直。

圖 225

動作方向：此動作身體向東方。

動作 2　重心移於右腿，右腿屈膝，成右坐步；右拳變掌，雙掌心相對，虎口向上，屈臂挑掌收於胸前，兩掌心側相對，掌指斜向上；眼向前平視（圖 226）。

圖 226

圖 227

動作要領：(1)重心後移，左膝微屈，重心的移動與屈臂挑掌的動作同時協調完成。(2)兩臂放鬆、雙腋微虛，挑掌屈收動作呈弧形。

易犯錯誤：(1)雙肘平展，仰身挺腹。(1)重心右移與挑掌動作脫節、不協調。

動作方向：此動作身體向東方向。

動作 3 重心前移，左腿屈膝慢慢向前弓出，成左弓步；雙掌微向下、再向前上按出，掌心側向前，掌指向上，腕與肩平；眼向前平視（圖227）。

動作要領：(1)雙掌前按應走弧線，雙臂撐圓，雙肘微屈。(2)上體正直，鬆腰沉胯，雙掌前按要順腕立掌，腕關節要柔順。

易犯錯誤：(1)上體前俯、突臀，雙臂僵直。(2)雙掌前按動作幅度過大，聳肩平肘。

動作方向：此動作身體向東方。

圖 228　　　　　　　　圖 229

第56式　十字手

動作1　接上勢，身體向右轉，左腳尖內扣90度，重心於左腿；隨體轉，雙掌向上、向右畫弧於面前，掌指向上，雙掌心向外，腕與肩平；眼向前平視（圖228）。

動作要領：(1)身體向右轉時，身體重心不可起伏。(2)鬆腰沉髖，立身中正，兩臂呈弧形，肩、肘放鬆。

易犯錯誤：(1)身體重心起伏，上體前俯突臀。(2)聳肩、揚肘，雙臂僵直。

動作方向：此動作身體向南方向。

動作2　身體向右轉，右腳尖外展45度，重心移於右腿；成右側弓步，隨體轉，雙掌微向上、向左右平分下落撐開，掌與髖平，掌心向外，掌指向兩側；眼視右掌方向（圖229）。

動作要領：(1)鬆腰沉髖，身體重心下沉，雙掌平撐分

開，雙臂保持弧形。(2)尾閭中
正，沉肩垂肘。

易犯錯誤：(1)身體前俯、
突臀，雙臂僵直。(2)雙掌平分
撐開與右腳轉動動作脫節、不協
調。

動作方向：此動作身體向西
南方。

動作3 身體向左轉，重心
移至左腿，右腳尖內扣45度；

圖230

隨身體轉動，雙臂內旋，雙掌向
下畫弧於腹前雙腕交叉合抱，右掌在外，左掌在內，雙掌心向
內，掌指向左、右斜下方；眼視前下方（圖230）。

動作要領：(1)雙掌合抱時要沉肩、鬆肘、虛腋。(2)身體
重心左移、雙掌合抱動作應同時協調完成。(3)鬆腰沉髖，尾
閭中正，安舒。

易犯錯誤：(1)雙掌合抱時聳肩、平肘，雙臂緊夾身體。
(2)身體重心起伏，上下動作不協調。(3)身體前俯，突臀。

動作方向：此動作身體向南方向。

動作4 重心於左腿，右腳內收成開立步，雙腳平行與肩
同寬。然後雙腿緩慢直立；雙掌交叉合抱上舉於面前，腕與肩
平，左掌在內，右掌在外，雙掌心向內，掌指向左、右，成斜
十字形；眼向前平視（圖231、232）。

動作要領：(1)收腳成開立步、雙掌合抱上舉，動作要協
調。(2)立身中正、安舒，沉肩垂肘，雙臂撐圓。(3)雙膝關節
不可僵直。

圖 231　　　　　　　圖 232　　　　　　　圖 233

易犯錯誤：(1)動作脫節不協調。(2)身體前俯，聳肩、揚肘。

動作方向：此動作身體向南方向。

第57式　抱虎歸山

動作1　接上勢，身體向右轉，重心於左腿，左腳內扣135度，隨體轉，雙掌合掤向右平移，眼向前平視（圖233）。

動作要領：(1)左腳內扣要與身體轉動協調進行。(2)尾閭中正，上下動作要相隨，身體重心微下沉。

易犯錯誤：(1)雙臂僵直，上體前俯、突臀。(2)動作不協調，雙腿僵直。

動作方向：此勢動作身體向西南方。

動作2　身體繼續向右轉，重心於左腿，隨體轉，右腳提起向右前方邁出，腳跟先著地；同時右掌微向上畫弧經面前落

於左肩側前，掌心向內，掌指向
左；同時左掌翻轉掌心向上，向
下、向左後上畫弧於左肩外，掌
心向外，掌指向上；眼視左手方
向（圖234）。

圖234

動作要領：(1)雙掌運轉與
邁出步動作協調一致。(2)雙臂
呈弧形，左掌向體左後側畫弧應
在體左後側45度為宜。(3)邁步
時身體重心必須坐實，以保持身
體平衡。(4)右腳邁出時，右膝
關節微屈。

易犯錯誤：(1)雙臂運轉與
邁步不協調。(2)凸臀，身斜，
轉體角度過大，出現動作重心偏
斜現象。

動作方向：此動作身體向西
南方向。

動作3 身體向右轉，重心
前移，右腳全腳掌踏實，右腿屈
膝慢慢向前弓出，成右弓步。隨
體轉，右掌落於左腹前，掌心翻

圖235

轉向下，向前經右膝前摟過至右膝外側，虎口向前，掌指側向
前；同時左臂屈肘，左掌經左耳旁立掌向前推出，掌心向前，
掌指向上，腕與肩高；眼向前平視（圖235）。

動作要領：(1)弓步時身體重心要坐實，以保持身體平

衡。(2)定勢時，左掌應基本對準身體中線。(3)以腰轉動為軸，雙臂運轉與右腳邁出必須協調一致，兩肩平齊，要做到上下相隨。

易犯錯誤：(1)雙臂僵直，上體前俯、突臀。(2)左掌過高、前伸，左肩過於前送。(3)雙腳在同一直線，動作不協調。

動作方向：此勢動作身體向西北方。

第58式　右攬雀尾（掤勢）

動作1　身體向右轉，重心微前移，成右弓步。隨體轉，左掌向前展伸，左臂外旋，翻轉掌心向上，掌指向前，腕與肩高；同時，右臂外旋，右掌翻轉掌心向上，向右側後畫弧展開於右肩外，掌心向外，掌指向上，腕與肩平。眼隨體轉向前平視（圖236）。

動作要領：(1)身體向右轉要鬆腰沉髖，以保持身體平衡。右臂展開的方向應是右後45度為宜。(2)以腰轉動為軸，帶動雙臂運轉必須協調一致，要做到上下相隨。(3)鬆肩垂肘，立身中正雙臂撐圓。

易犯錯誤：(1)雙臂僵直，上體前俯、突臀。(2)動作不協調，上下不相隨。

動作方向：此勢動作身體向北方。

動作2　身體向左轉，成右

圖236

弓步。隨體轉，右臂屈肘，右掌經
右耳側向前立掌推出，掌心側向
前，掌指向上，與鼻平；同時，左
臂屈肘回收於胸前，掌心側向上，
掌指對右肘，右臂外旋；眼視右掌
方向（圖237）。

圖237

　　動作要領：(1)身體向左轉以
腰轉動為軸，帶動雙臂運轉必須協
調一致，要做到上下相隨。(2)鬆
肩垂肘，立身中正，含胸拔背，雙
臂撐圓。

　　易犯錯誤：(1)雙臂僵直，上體前俯、突臀，雙臂緊夾身
體。(2)動作不協調，上下不相隨。(3)聳肩、揚肘，雙膝挺
直，重心起伏。

　　動作方向：此勢動作身體向北方。

第58式　右攬雀尾（捋勢）

　　動作1　身體向左轉，重心移於左
腿，成左坐步。雙掌隨身體轉動向左後捋
至腹前，雙掌心側相對，右掌心向左，掌
指向前；左掌心側向上，掌指向右；眼隨
體轉向前平視（圖238）。

　　動作要領：(1)向後捋時，左肘應向
左側後45度方向撤肘。(2)鬆肩、垂肘，
立身中正，雙臂撐圓，鬆腰沉體。(3)右
肘與身體保持20公分左右距離為宜。

圖238

　　易犯錯誤：⑴雙臂僵直，左右歪髖，身體後仰，雙臂緊夾身體。⑵動作不協調，上下不相隨。⑶聳肩、揚肘，雙膝挺直，動作姿勢起伏。

　　動作方向：此勢動作身體向西南方。

第 58 式　右攬雀尾（擠勢）

　　動作 1　身體向右轉，重心於左腿，成坐步；同時右臂外旋屈肘提於腹前，右掌心向內，掌指向左；左臂內旋上提附於右腕內側，左掌心向前，掌指斜向上，掌指向右；眼隨體轉向前平視（圖 239）。

圖 239

　　動作要領：⑴腰的轉動帶動雙手相合。⑵立身中正，沉肩、墜肘，鬆腰沉髖。

　　易犯錯誤：⑴身體前俯突臀、左右歪髖，雙腋緊夾身體。⑵聳肩、右膝挺直，動作姿勢起伏。

　　動作方向：此勢動作身體向西北方。

圖 240

　　動作 2　重心前移，右腿屈膝慢慢向前弓出，成右弓步；同時雙掌向前擠出，腕與肩平，右掌心向內，掌指向左；左掌心向外，掌指斜向上；眼向前平視（圖 240）。

動作要領：⑴立身中正，沉肩、雙肘應有下垂之意。⑵雙臂撐圓，動作要飽滿。

易犯錯誤：⑴體前俯，雙臂僵直。⑵聳肩、左膝挺直，姿勢起伏。

動作方向：此勢動作身體向西北方。

圖 241

第58式　右攬雀尾（按勢）

動作1　接上勢，重心微向前移，成右弓步；同時雙掌向前平展，左掌從右掌上向前分開，腕與肩平，雙掌心相對，虎口向上，雙掌指向前；眼向前平視（圖241）。

動作要領：⑴立身，沉肩、雙肘下垂。⑵雙掌前分要舒腕展指，雙臂保持弧形。

易犯錯誤：⑴身體前俯、雙臂僵直。⑵雙臂過於上舉，聳肩揚肘。

動作方向：此勢動作身體向西北方。

動作2　重心後移於左腿，成左坐步；同時，雙臂屈肘挑掌收於胸前，兩掌心側相對，掌指斜向上；眼向前平視（圖242）。

動作要領：⑴重心後移與屈臂挑掌應同時協調完成。⑵兩臂放鬆，雙腋

圖 242

微虛，屈肘挑掌動作成弧形。

易犯錯誤：⑴雙肘平展，俯身突臀。⑵重心後移與收掌動作脫節、不協調。

動作方向：此勢動作身體向西北方。

動作3 重心前移，右腿屈膝慢慢向前弓出，成右弓步；雙掌微向下，再向前上按出，掌心向前，掌指向上與肩平；眼向前平視（圖243）。

圖 243

動作要領：⑴雙掌前按動作要走弧形，雙臂撐圓，雙肘微屈。⑵雙掌前按，要順腕立掌，腕部要柔順。

易犯錯誤：⑴雙臂僵直，上體前俯、突臀。⑵聳肩、前按動作時雙掌過高。

動作方向：此勢動作身體向西北方。

第 59 式　斜單鞭

圖 244

動作1 接上勢，身體向左轉，右腳尖內扣135度，重心移至左腿；雙掌隨腰轉動微向上，經面前向左畫弧至身體左前側，掌心向外，掌指向上；眼視左掌方向（圖244）。

動作要領：⑴右腳尖內扣幅度應盡量大。⑵轉體時動作

圖 245　　　　　　　　　　圖 246

姿勢平穩，雙臂撐圓，含有勁力上引之意，動作呈弧形。(3)
雙掌至左前以達到 45 度為宜，角度過大，重心易偏斜。

　　易犯錯誤：身體姿勢起伏，雙臂挺直。

　　動作方向：此動作身體向西南方向。

　　動作 2　身體向右轉，重心移於右腿，左腳提起向左側前
邁出，腳跟先著地；隨體轉，左掌向下畫弧至右腹前，掌心向
上，掌指向右；右掌轉動掌心向上，向內畫弧經頜下握勾手向
右前，勾尖向下，勾背略高於肩；眼視勾手方向（圖 245）。

　　動作要領：(1)向右轉體幅度要適中，不可超過右前 45
度。(2)勾手向右前伸出與左腳邁出、左掌下落動作要協調一
致。(3)立身中正、鬆肩墜肘，鬆腰沉髖。

　　易犯錯誤：(1)左腳邁出時身體重心起伏，凸臀，雙臂僵
直。(2)動作不協調、脫節，向右轉體幅度大、重心向後傾
倒。

　　動作方向：此動作身體向東南方。

動作3 身體向左轉，重心前移，左腳全腳掌踏實，左腿屈膝慢慢向前弓出，成左弓步；同時左掌向上經面前立掌向前推出，掌心向前，掌指向上；右勾手向右後方拉開，勾背略高於肩；眼向前平視（圖246）。

動作要領：(1)向左轉體，弓步與雙手的動作要同時完成。(2)立身中正，鬆腰沉髖，含胸拔背。(3)鬆肩墜肘，雙臂保持弧形。

易犯錯誤：(1)向左轉體時身體重心起伏，動作不協調，脫節。(2)聳肩揚肘，雙臂僵直。

動作方向：此勢動作身體向東南方。

第60式　右野馬分鬃

動作1 接上勢，身體向右轉，左腳尖內扣45度，重心於左腿，右腳提起向側前邁出，腳跟先著地；隨體轉，左掌向右畫弧屈臂收於胸前，掌心向下，掌指向右；右勾手變掌向下、向左畫弧於腹前，掌心轉動向上，掌指向左；眼隨體轉向前平視（圖247）。

動作要領：(1)向右轉體帶動雙掌同時而動，右掌與左肘上下相對，雙掌合抱呈抱球狀。(2)立身中正，鬆腰沉髖，沉肩垂肘，雙臂撐圓。(3)右腳邁出方向應為右側前30～45度，即西北方向。

易犯錯誤：(1)右腳邁步方向角度太大身體向右傾倒，歪髖、突臀。(2)

圖247

雙掌合抱與邁步動作速度不協調，脫節。

動作方向：此勢動作身體向西南方。

技擊含義：此動作向右轉體時，立身要中正，腰髖鬆沉。左腳的內扣要做到傳統楊式太極拳關於「碾腳」動作的要求，身體縱軸的轉動與左腳動作同時而動。尤其是傳統楊式太極拳動作中，對於「合手」即現在稱謂「抱球」要求是極嚴格的，無論上面的手是掌心向下還是側向內，都要做到左（右）手與右（左）肩相對，掌指與肩平。鬆肩垂肘、順腕舒指，肘關節低於腕關節。掌與肩的距離一般要達到 4 拳距離。下面的手與對側腹部相對，肘關節要撐圓。掌與腹部的距離一般要在 1～2 拳距離。身形要做到鬆腰沉髖，含胸拔背，雙臂撐圓。這樣才能意貫雙臂，動作飽滿。動作外形基本上是上下手相對，但又不可教條理解。轉體、合手、邁步三位一體，同時協調而動，要做到拳諺所云：「舉動輕靈神內斂，莫叫斷續一氣研。」

動作 2　身體向右轉，重心前移，右腳全腳掌踏實，右腿屈膝慢慢向前弓出，成右弓步；同時雙掌前後拉伸展開，右掌指高與眼平，掌心側向上，掌指斜向左；左掌向下落於左髖旁，掌心向下，虎口向前，掌指斜向前；眼視右手方向（圖 248）。

動作要領：(1)立身中正，鬆腰沉髖，沉肩垂肘。(2)身體轉動帶動雙掌分開與弓步動作協

圖 248

調一致。(3)肩髖相合，上下相隨。

易犯錯誤：(1)轉體角度過大上體過於前傾，重心偏移身體傾倒。(2)挺胸，凸臀，雙臂與弓步呈十字型。

動作方向：此勢動作身體向西北方。

技擊含義：此勢動作時，左腳的弓蹬之力將隨身體的右轉，逐漸過渡到右腿，隨身體的轉動，右臂由腹前向右側前上方展伸，在動作過程中要意貫右臂，含有向外「捌勁」的同時，右肩、背又具有「靠」的意念，左掌要含「掤」之意。立身中正，鬆腰沉髖，肩背通順，肩髖相對、相隨，雙臂撐圓。要達到拳諺所云：「圓之出入，方之進退，隨方就圓之往來也。方為開展，圓為緊湊，方圓規矩之至，其孰能出此以外哉！」

第61式　左野馬分鬃

動作1　接上勢，身體向右轉，右腳尖外展45度，重心於右腿，左腳提起向左側前邁步，腳跟先著地；隨體轉動，右臂內旋，右掌心翻轉向下，屈臂收於胸前，掌指向左，腕與胸平，掌心向下；同時左掌向下畫弧於右腹前，左臂外旋，掌心轉動向上，掌指向右；眼隨體轉向前平視（圖249）。

動作要領：(1)立身中正，鬆腰沉髖，含胸拔背。(2)隨腰髖轉動，雙掌合抱時兩臂呈弧形抱球狀，沉肩垂肘。

圖249

易犯錯誤：(1)身體重心起伏，左右歪髖、突臀。(2)雙掌合抱與邁步動作不協調。

動作方向：此勢動作身體向西北方。

技擊含義：此勢動作，特別要注意的是：身體向右轉，隨腰髖的轉動，雙掌不僅要同時而動，並且要保持上勢雙掌與身體的距離，也就是講，意貫左臂，勁力意識上是上一動作勁力的延續，為掤帶勁，右掌為引化勁，雙掌的動作相輔相成，勁力上要相互呼應。尾閭中正，鬆肩沉肘，含胸舒背，雙臂撐圓。是勁力體現的保證。當左腳提起向前邁出時，雙臂再同時旋轉相合。

動作 2 　身體向左轉，重心前移，左腳全腳掌踏實，左腿屈膝慢慢向前弓出，成左弓步；同時雙掌前後拉伸展開，左掌指高與眼平，掌心側向上，掌指斜向右；右掌向下落於右髖旁，掌心向下，虎口向前，掌指斜向前；眼視左手方向（圖250）。

動作要領：(1)立身中正，鬆腰沉髖，沉肩垂肘。(2)身體轉動帶動雙掌分開與弓步動作協調一致。(3)肩髖相合，上下相隨。

易犯錯誤：(1)轉體角度過大上體過於前傾，重心偏移身體傾倒。(2)挺胸，凸臀雙臂與弓步呈十字型。

動作方向：此勢動作身體向西南方。

圖250

第62式　右野馬分鬃

動作1　接上勢，身體向右轉，左腳尖內扣45度，重心於左腿，右腳提起向右側前邁步，腳跟先著地；隨體轉動，左臂內旋，左掌心翻轉向下，屈臂收於胸前，掌指向右，腕與胸平，掌心向下；同時右掌向下畫弧於左腹前，右臂外旋，掌心轉動向上，掌指向左；眼隨體轉向前平視（圖251）。

圖251

動作要領：(1)立身中正，鬆腰沉髖，含胸拔背。(2)隨腰髖轉動，雙掌合抱時兩臂呈弧形抱球狀，沉肩垂肘。

易犯錯誤：(1)身體重心起伏，左右歪髖、突臀。(2)雙掌合抱與邁步動作不協調。

動作方向：此勢動作身體向西南方。

動作2　身體向右轉，重心前移，右腳全腳掌踏實，右腿屈膝慢

圖252

慢向前弓出，成右弓步；同時雙掌前後拉伸展開，右掌指高與眼平，掌心側向上，掌指斜向左；左掌向下落於左髖旁，掌心向下，虎口向前，掌指斜向前；眼視右手方向（圖252）。

動作要領：(1)立身中正，鬆腰沉髖，沉肩垂肘。(2)身體

轉動帶動雙掌分開與弓步動作協調一致。(3)肩髖相合，上下相隨。

易犯錯誤：(1)轉體幅度過大，上體過於前傾，重心偏移身體傾倒。(2)挺胸，凸臀雙臂與弓步呈十字型。

動作方向：此勢動作身體向西北方。

第63式 左掤勢

動作1 接上勢，身體向左轉，右腳尖內扣45度，重心於右腿，左腳提起向前邁出，腳跟先著地隨體轉，右臂內旋，右掌屈臂收於胸前，掌指向左，掌心向下，腕與胸平；左掌向右畫弧於右腹前，左臂外旋，翻轉掌心側向上，掌指向右；眼隨體轉向前平視（圖253）。

動作要領：(1)身體左轉與右腳尖內扣動作要協調一致，以腰的轉動為主宰，轉體方向以45度為宜。(2)左掌與右肘上下相對，呈抱球狀。(3)立身中正，鬆腰沉髖，鬆肩垂肘，雙臂撐圓。

易犯錯誤：(1)身體前俯後仰、左右歪髖。(2)聳肩，雙臂僵直，雙腋緊夾身體。

動作方向：此勢動作身體向西南方。

動作2 身體繼續向左轉，重心移於左腿；左腳全腳掌踏實，左腿屈膝慢慢向前弓出，成左弓步；隨體轉，左臂向前掤出，掌心向內，掌指向右，與胸平；右臂內旋翻轉，右掌向下落於右髖旁，掌心向下，虎口向前，掌指斜向前；眼向前平視（圖254）。

動作要領：(1)雙掌分開與弓步動作與身體轉動同時完成。(2)立身中正，鬆腰沉髖，沉肩墜肘，雙臂撐圓。

圖 253　　　　圖 254　　　　圖 255

易犯錯誤：(1)聳肩仰肘，弓步與雙掌分開動作不協調。(2)右臂僵直，右掌落於腹前，重心起伏。

動作方向：此勢動作身體向南方。

第 64 式　上步右攬雀尾（掤勢）

動作 1　接上勢，左腳內扣 45 度，身體微向左轉；隨身體轉動；右手上提於體右側，掌心向外；左手隨轉動掌心側向上，雙掌指向前，雙臂平展於體側；眼視左手方向（圖 255）。

動作要領：(1)左腳尖內扣與上體左轉同時協調完成。(2)雙臂呈弧形，沉肩垂肘。

易犯錯誤：轉體幅度過大，重心偏於左側。

動作方向：此動作身體南方向。

動作 2　上體向右轉，重心於左腿；右腳提起向右前邁步，腳跟先落地；同時左掌微向上畫弧屈臂於右胸前，掌心向

圖 256　　　　　　　　　　　　圖 257

下，掌指向右；右掌向左畫弧於左腹前，轉動掌心側向上，掌指向左；眼視左手方向（圖 256）。

　　動作要領：⑴立身中正，沉肩墜肘，雙臂撐圓。⑵鬆腰沉髖，右腿屈膝，雙腳橫向距離 30 公分為宜。

　　易犯錯誤：⑴身體歪斜、突臀，左右歪髖。⑵聳肩、揚肘，雙膝挺直，重心起伏。

　　動作方向：此勢動作身體向西南方。

　　動作 3　上體繼續向右轉，重心移於右腿，右腳全腳掌踏實，右腿屈膝慢慢向前弓出，成右弓步；隨體轉，右臂向上經面前立掌向前掤出，掌心側向前，掌指向上，與鼻平；左掌隨體轉落於右肘內側，掌心側向上，掌指對右肘；眼視右掌方向（圖 257）。

　　動作要領：⑴以腰轉動帶動上下動作協調完成。⑵沉肩、墜肘，含胸拔背。⑶右臂立掌向前掤出要成立圓弧形。

　　易犯錯誤：⑴身體前俯、突臀，雙腋緊夾身體。⑵聳

肩、仰肘，雙膝挺直，重心起伏。

動作方向：此勢動作身體向西方。

第64式　上步右攬雀尾（挒勢）

動作1　接上勢，身體向左轉，重心移於左腿，成左坐步；雙掌隨身體轉動向後挒至腹前，雙掌心側相對，右掌心向左，掌指向右，左掌心側向上，掌指向右；眼隨體轉向前平視（圖258）。

圖258

動作要領：(1)重心後移與雙掌後挒動作同時完成。(2)鬆肩、屈肘。

易犯錯誤：(1)左腋緊夾身體。(2)向左轉體幅度過大，右膝挺直。

動作方向：此勢動作身體向西方。

第64式　上步右攬雀尾（擠勢）

圖259

動作1　接上勢，身體向右轉，重心於左腿，成坐步；同時右臂外旋屈肘提於腹前，右掌心向內，掌指向左；左臂內旋上提附於右腕內側，左掌心向前，掌指斜向上，掌指向右；眼隨體轉向前平視（圖259）。

動作要領：(1)腰的轉動帶動雙手相合。(2)立身中正，沉

肩、墜肘，鬆腰沉髖。

易犯錯誤：(1)身體前俯突臀、左右歪髖，雙腋緊夾身體。(2)聳肩、右膝挺直，動作姿勢起伏。

動作方向：此勢動作身體向西方。

動作 2 重心前移，右腿屈膝慢慢向前弓出，成右弓步；同時雙掌向前擠出，腕與肩平，右掌心向內，掌指向

圖260

左；左掌心向外，掌指斜向上；眼向前平視（圖260）。

動作要領：(1)立身中正，沉肩、雙肘應有下垂之意。(2)雙臂撐圓，動作要飽滿。

易犯錯誤：(1)身體前俯，雙臂僵直。(2)聳肩、左膝挺直，動作姿勢起伏。

動作方向：此勢動作身體向西方。

第64式　上步右攬雀尾（按勢）

動作1 接上勢，重心微向前移，成右弓步；同時雙掌向前平展，左掌從右掌上向前分開，腕與肩平，雙掌心相對，虎口向上，雙掌指向前；眼向前平視（圖261）。

動作要領：(1)立身，沉肩、雙肘下垂。(2)雙掌前分要舒腕展指，雙臂保持弧形。

易犯錯誤：(1)身體前俯、雙臂僵直。(2)雙臂過於上舉，聳肩仰肘。

圖 261　　　　　　　　　　圖 262

動作方向：此勢動作身體向西方。

動作 2　重心後移於左腿，成左坐步；同時，雙臂屈肘挑掌收於胸前，兩掌心側相對，掌指斜向上；眼向前平視（圖262）。

動作要領：(1)重心後移與屈臂挑掌應同時協調完成。(2)兩臂放鬆，雙腋微虛，屈肘挑掌動作成弧。

易犯錯誤：(1)雙肘平展，俯身突臀。(2)重心後移與收掌動作脫節、不協調。

動作方向：此勢動作身體向西方。

動作 3　重心前移，右腿屈膝慢慢向前弓出，成右弓步；雙掌微向下，再向前上按出，掌心向前，掌指向上與肩平；眼向前平視（圖263）。

動作要領：(1)雙掌前按動作要走弧形，雙臂撐圓，雙肘微屈。(2)雙掌前按，要順腕立掌，腕部要柔順。

易犯錯誤：(1)雙臂僵直，上體前俯、突臀。(2)聳肩、前

圖 263

圖 264

按動作時雙掌過高。

動作方向：此勢動作身體向西方。

第 65 式　單　鞭

動作 1　接上勢，身體向左轉，右腳尖內扣，重心移至左腿；雙掌隨腰轉動微向上，經面前向左畫弧至身體左前側，掌心向外，掌指向上；眼視左掌方向（圖 264）。

動作要領：(1)右腳尖內扣幅度應盡量大。(2)轉體時動作姿勢平穩，雙臂撐圓，含有勁力上引之意，動作呈弧形。(3)雙掌至左前以達到 45 度為宜，角度過大，重心易偏斜。

易犯錯誤：身體姿勢起伏，雙臂挺直。

動作方向：此動作身體向東南方向。

動作 2　身體向右轉，重心移於右腿，左腳提起向左前邁出，腳跟先著地；隨體轉，左掌向下畫弧至右腹前，掌心向上，掌指向右；右掌轉動掌心向上，向內畫弧經頜下握勾手向

圖265　　　　　　　　　　圖266

右前伸出，勾尖向下，勾背略高於肩；眼視勾手方向（圖
265）。

　　動作要領：⑴向右轉體幅度要適中，不可超過右前45
度。⑵勾手向右前伸出與左腳邁出、左掌下落動作要協調一
致。⑶立身中正，鬆肩墜肘，鬆腰沉髖。

　　易犯錯誤：⑴左腳邁出時身體重心起伏，凸臀，雙臂僵
直。⑵動作不協調、脫節，向右轉體幅度大、重心向後傾
倒。

　　動作方向：此動作身體向西南方向。

　　動作3　身體向左轉，重心前移，左腳全腳掌踏實，左腿
屈膝慢慢向前弓出，成左弓步；同時左掌向上經面前，立圓
（立掌）向前推出，掌心向前，掌指向上；右勾手向右後方拉
開，勾尖向下，勾背略高於肩；眼向前平視（圖266）。

　　動作要領：⑴向左轉體、弓步與雙手的動作要同時完
成。⑵立身中正，鬆腰沉髖，含胸拔背。⑶鬆肩墜肘，雙臂

保持弧形。

易犯錯誤：(1)向左轉體時身體重心起伏，動作不協調、脫節。(2)聳肩仰肘，雙臂僵直。

動作方向：此動作身體向東方向。

第66式 左玉女穿梭

圖267

動作1 接上勢，身體向右轉，左腳內扣135度，重心於左腿，右腳提起向前邁步，腳跟先著地，隨體轉，左掌向下畫弧於左髖側，掌心翻轉向上，掌指向前；右勾手變掌向左平擺於體前，翻轉掌心向上，掌指向前，與鼻平；眼隨體轉向前平視（圖267）。

動作要領：(1)左腳內扣的幅度要達到以身體右轉靈活自如為主。(2)立身中正，沉肩墜肘，雙臂撐圓。(3)腰的轉動帶手腳動作上下相隨協調而動。

易犯錯誤：(1)雙掌運轉與邁步動作不協調，動作脫節。(2)身體前俯，突臀、左右歪髖，雙臂僵直。

動作方向：此動作身體東南方向。

技擊含義：此勢的動作方向是與單鞭式的動作方向成135度的變化，即身體從面向東方轉到面向西南方向。如何才能使身體向右轉的動作靈活，右腳提起向右邁出的動作自如，自然左腳的扣腳幅度是關鍵，扣腳幅度小，必然影響身體轉動的靈活性，同樣右腳邁出的動作就受到影響。腰髖的轉動帶動右腳提起向西南方邁出，此時要鬆腰髖，立身中正，左掌弧形下落

圖 268　　　　　　　　　　圖 268 正面

的動作過程為「抄裹」勁，意貫左臂內側。右勾手變掌向左平擺的動作過程為「截勁」。意貫右臂內側，雙臂撐圓，垂肩墜肘。腰髖的動轉帶動上下動作的同時協調進行，右臂、右腿上下相對，動作同時到位。要如拳諺所云：「含胸，拔背；裹襠，護臀；提頂，吊襠；鬆肩，沉肘。」

動作 2　身體繼續向右轉，右腳外展 45 度，右腳全腳掌踏實，重心移至右腿；左腳提起向前邁步，腳跟先著地；隨身體轉動，右臂內旋，右掌心翻轉向下，屈臂橫肘於胸前，掌指向左；左掌向右畫弧於右腹前，掌心向上，掌指向右；眼向前平視（圖 268）。

動作要領：(1)立身中正，含胸拔背，雙臂要撐圓。(2)左腳的邁出與雙掌相合要協調一致。

易犯錯誤：(1)轉體邁步動作與雙掌相合動作不協調。(2)動作不連貫，上下不相隨，動作脫節。

動作方向：此動作身體西南方向。

技擊含義：身體向右轉體，帶動右腳外展，同時左腿之重心移於右腿，右腳踏實重心穩固，此時左腳順勢提起向前邁出，動作才能清靈，邁步如貓行。隨腰髖的轉動，右臂內旋，意貫右臂外側，為「引帶勁」。左掌向右合抱，意貫左臂下側，為「下掤」勁。此時要尾閭中正，頂頭懸，含胸舒背，鬆肩肘，雙臂撐圓。如拳諺所云：「提頂吊襠心中懸，鬆肩沉肘氣丹田。裹襠護臀須下勢；含胸拔背落自然。」

圖 269

動作 3 身體向左轉，左腳全腳掌踏實，左腿屈膝慢慢向前弓出，成左弓步；隨體轉，左臂內旋，左臂向前上翻掌上舉至額前上方，轉動掌心向外，掌指向右；同時右掌向前推出，掌心向外，掌指向上掌指與肩平；眼向前平視（圖269）。

動作要領：(1)左臂上舉應屈肘橫掌，含有架、撐的勁力，右掌前推與弓步動作應協調一致。(2)上體正直、髖中正，鬆肩墜肘，雙臂撐圓。

易犯錯誤：(1)身體前俯突臀，聳肩吊肘，斜身扭髖。(2)動作不協調，脫節。

動作方向：此動作身體西南方向。

技擊含義：腰髖的轉動，使得身體的重心左移，同時帶動雙掌的動作協調進行，左臂內旋，隨體轉向前上翻架、托起於頭前上方。要意貫左臂上側，含有撐、架的勁力。同時右掌向前推出。意貫右掌為推按勁。此時，立身要中正，肩肘要鬆沉，含胸舒背，雙臂撐圓。要如拳諺所云：「每一動，惟手先

著力，隨即鬆開。尤須貫穿一氣，不外起、承、轉、合。始而意動，既而勁動，轉接要一線串成。」

第67式　右玉女穿梭

動作1　接上勢，身體向右後轉，左腳尖內扣135度，重心於左腿，隨體轉：右掌向下、向右畫弧於右髖外側，掌心向下，掌指向前；左臂外旋，左掌轉動掌心向上，平展於左肩前，掌指向前，腕與肩平；眼隨體轉動向前平視（圖270）。

圖270

動作要領：(1)左腳尖內扣角度應不小於135度，身體轉動才能自如。(2)雙臂應達到「曲中求直」的要求。(3)立身中正，含胸拔背，肩肘鬆沉。

易犯錯誤：(1)左腳內扣幅度小，轉體動作不靈活。(2)身體前俯突臀，左右歪髖，雙臂僵直。

動作方向：此動作身體向北方。

圖270 正面

技擊含義：右玉女穿梭的動作，身體向右轉動時，左腳內扣要體現出傳統楊式太極拳「碾腳」的動作意識，身體的沿縱軸方向的轉動，帶動雙掌同時動作，要體會出「主宰於腰」，「以腰為軸」的動作要求。尤其要體會的是，右掌向下、向右畫弧時意貫右臂及右掌外側，掤為帶

的意識。左臂外旋，平展於左肩前時，意貫左臂、左掌內側為掤勁。雙臂的動作意識要相輔相成。所以動作時要立身中正，含胸拔背、雙臂撐圓、鬆腰沉髖。要如拳諺所云：「掤捋擠按四方正，採挒肘靠斜角成。」

圖271

動作2　身體繼續向右轉，重心於左腿，右腳提起於距左腳約一腳遠處，腳前掌踏地，然後以左腳跟為軸、腳尖內扣；身體繼續向右轉，右腳提起向前邁步，腳跟著地；右掌經腹前至左肘下，掌心向上，掌指向左；左臂平屈於胸前，掌心向下，掌指向右；眼隨體轉向前平視（圖271、272）。

動作要領：(1)右腳的落點應是在與左腳跟一腳遠的距離為宜。(2)立身中正，鬆肩沉肘，雙臂撐圓。

易犯錯誤：(1)右腳落地與左腳距離小產生轉體不靈活，動作不協調。(2)身體前俯、突臀，左右歪髖。

動作方向：此動作身體東南方向。

圖272

技擊含義：此勢身體轉動幅度大，但身體重心移動並不十分明顯，要注意動作時，身體重心的左右虛實變換要恰如其份，以保證轉體時，身體保持平穩。以轉體為主宰，帶動上、下動作協調進行。為了使得左腳內扣動作的自如，右腳前腳掌的落點相當重要，要隨體轉，右腳提起與左腳相距一腳遠處著地，也就是雙腳的距離與肩同寬，給左腳的內扣留有比較恰當的空間，

此時身體重心於左腿。雙腳距離大於肩寬，極易產生重心向右偏斜，身體向右傾倒。距離小於肩寬，左腳內扣就相當困難，影響動作的繼續完成。所以扣腳轉體時，重心要微移於右腿，當轉體動作完成時，重心穩固左腿後，右腳再向前（東南方）邁出。在動作過程中要始終保持虛領頂勁、尾閭中正、含胸拔背的身法要求，動作才能圓活、連貫。正如拳諺所云：「有不得機得勢處，身便散亂，必至偏倚，其病必於腰腿求知。上下、前後、左右皆然。」

動作3 身體微向右轉，重心移於右腿，右腳全腳掌踏實，右腿屈膝慢慢向前弓出，成右弓步，隨體轉，右臂內旋，右臂向前上經面前翻掌上舉至額前上方，轉動掌心向外，掌指向左；左掌向前推出，掌心向外，掌指向上與肩平；眼向前平視（圖273）。

動作要領：(1)右上舉應屈肘橫掌，含有架、撐的勁力，左掌前推與弓步動作協調配合。(2)上體正直、髖中正，鬆肩墜肘，雙臂撐圓。

易犯錯誤：(1)身體前俯突臀，聳肩吊肘，歪身扭髖。(2)動作不協調，脫節。

動作方向：此動作身體東南方向。

第68式　左玉女穿梭

動作1　接上勢，身體向左轉，左腳以前腳掌為軸、腳跟向內微撐轉，重心移於左腿，右腳提起向前邁步，腳跟先著地；隨身體轉動，左掌向左、向下畫弧於左髖處，左臂外旋，翻轉掌心向上，掌指向前；同時右

圖273

臂外旋，轉動掌心向上，平展於右肩前，掌指向前，腕與肩平；眼視右掌方向（圖274）。

動作要領：(1)左腳跟向內撐轉角度以30度為宜。(2)右腳邁出與雙掌動作均以腰轉為主，動作應協調連貫。(3)尾閭中正，鬆肩、含胸、垂肘、拔背，雙臂撐圓。

易犯錯誤：(1)身體前俯、突臀，左右歪寬。(2)動作不連貫、脫節，雙臂僵直。

圖274

動作方向：此動作身體東北方向。

技擊含義：此勢動作時，左腳跟要先向內撐轉，然後隨身體左轉，重心移於左腿，右腳再提起向前邁出。右腳邁出的方向為東北方，左腳與右腳邁步方向的夾角為45度。所以，左腳跟的撐轉要適度。

動作2 身體向右轉，右腳外展45度，右腳全腳掌踏實，重心移於右腿；左腳提起向前邁步，腳跟先著地；隨身體轉動，右臂內旋，右掌心翻轉向下，屈臂橫肘於胸前，掌指向左；左掌向右畫弧於右腹前，掌心向上，掌指向右；眼隨體轉向前平視（圖275）。

動作要領：(1)立身中正，含胸拔背，雙臂撐圓。(2)左腳邁出要與

圖275

雙掌的動作協調配合。

易犯錯誤：(1)轉體邁步動作與雙掌動作不協調。(2)動作不連貫，上下不相隨，動作脫節。

動作方向：此動作身體東北方向。

圖276

動作3　身體向左轉，左腳全腳掌踏實，左腿屈膝慢慢向前弓出，成左弓步；隨體轉，左臂內旋，左掌向前上翻掌上舉至額前上方，轉動掌心向外，掌指向右；同時右掌向前推出，掌心向外，掌指向上與肩平；眼向前平視（圖276）。

動作要領：(1)左臂上舉應屈肘橫掌，含有架、撐的勁力，右掌前推與弓步動作應協調一致。(2)上體正直、髖中正，鬆肩墜肘，雙臂撐圓。

易犯錯誤：(1)身體前俯突臀，聳肩吊肘，歪身扭髖。(2)動作不協調，脫節。

動作方向：此動作身體東北方向。

圖276正面

第69式　右玉女穿梭

動作1　接上勢，身體向右後轉，左腳尖內扣135度，重心於右腿；隨體轉，右掌向下、向右畫弧於右髖外側，掌心

向下，掌指向前；左臂外旋，左掌轉動掌心向上，平展於左肩前，掌指向前，腕與肩平；眼隨體轉向前平視（圖277）。

圖277

動作要領：(1)左腳尖內扣角度應不小於135度，身體轉動才能自如。(2)雙臂應達到「曲中求直」的要求。(3)立身中正，含胸拔背，肩肘鬆沉。

易犯錯誤：(1)左腳內扣幅度小，轉體動作不靈活。(2)身體前俯、突臀，左右歪髖，雙臂僵直。

動作方向：此動作身體南方向。

動作2 身體向右轉，重心於左腿，右腳提起於距左腳約一腳遠處，腳前掌踏地，然後以左腳跟為軸、腳尖內扣；身體繼續向右轉，右腳提起向前邁步，腳跟著地；右掌經腹前至左肘下，掌心向上，掌指向後；左臂平屈於胸前，掌心向上，掌指向前；眼視左掌方向（圖278、279）。

動作要領：(1)右腳的落點應是在與左腳跟一腳遠的距離為宜。(2)立身中正，鬆肩沉肘，雙臂撐圓。

易犯錯誤：(1)右腳落地與左腳距離小產生轉體不靈活，動作不協調。(2)身體前俯、突臀，左右歪髖。

動作方向：此動作身體向南方向。

動作3 身體微向右轉，重心移於右腿，右腳全腳掌踏實，右腿屈膝慢慢向前弓出，成右弓步；隨體轉，右臂內旋，右掌向前上經面前翻掌上舉至額前上方，轉動掌心向外，掌指

圖 278　　　　　　圖 279　　　　　　圖 280

向左；左掌向前推出，掌心向前，掌指向上與肩平；眼向前平視（圖280）。

　　動作要領：(1)右掌上舉右臂應屈肘橫掌，含有架、撐的勁力，左掌前推與弓步動作協調配合。(2)上體正直、髖中正，鬆肩垂肘，雙臂撐圓。

　　易犯錯誤：(1)身體前俯突臀，聳肩吊肘，歪身扭髖。(2)動作不協調，脫節。

　　動作方向：此動作身體向西北方。

　　註：左右玉女穿梭的動作在本書中是以分解教學的方式進行描述的，在完全掌握動作要領的基礎上，各勢之間的銜接應該是圓活連貫，一氣呵成。重要的是掌握好每一勢的動作方向，同時也要明確動作之間銜接的規律。即左玉女穿梭動作2與右玉女穿梭動作2的動作銜接過程，相同於左玉女穿梭動作1與右玉女穿梭動作1之間的動作銜接，只是動作方向不同而已。

在社會流傳的動作名稱有「四角穿梭」、「左右穿梭」、「左右玉女穿梭」等，但動作過程與動作方向是一致的，大同小異。

第70式 左挒勢

圖281

動作1 接上勢，身體向左轉，右腳尖內扣45度，重心於右腿，隨體轉，左腳提起向前邁步，腳跟先落地；右掌屈臂下落於胸前，掌指向左，虎口向上；同時左掌向左向下畫弧圈合於右腹前，翻轉掌心側向上，掌指向右；眼隨體轉向前平視（圖281）。

動作要領：(1)身體左轉與右腳尖內扣動作要協調一致。(2)左掌與右肘上下相對，呈抱球狀，雙臂撐圓。(3)立身中正，鬆腰沉髖，含胸拔背，沉肩墜肘。

易犯錯誤：(1)身體前俯後仰、突臀，左右歪髖。(2)聳肩揚肘，雙臂僵直。

動作方向：此勢動作身體向南方。

技擊含義：身體向左轉，在傳統楊式太極拳的練習中是指以髖關節轉向左前方135度，使頭部、軀幹部位面向左前方，這樣才能達到「肩與胯合」的要求，而不僅僅是腰部以上部位的扭動。隨轉身的動作，以右腳跟為軸，前腳掌微抬離地面，向內扣轉45度，再全腳掌踏實。此種腳法在傳統楊式太極拳中稱為「碾步」，它不僅是身體轉動時起到軸的作用，而且具有極強的殺傷力，即以腳的轉動鎖住對方的腳跟，再配合弓步的動作直接傷害對方的迎面骨。練習時強調了膝關節與右腳跟

在同一縱軸線上的轉動，身體的轉動也是圍繞著身體縱軸而動。同時，鬆腰鬆髖將身體七成重心坐於右腿，左腳提起向前邁出，腳跟先著地，含有三成重心。如身體轉動超過 135 度，或偏離了身體縱軸方向，則容易產生身體向左傾倒的現象。

右臂外旋，轉動掌心向左，虎口向上，向下落於胸前。鬆肩垂肘，順腕舒指，掌指與肩保持弧形，意貫右小臂上側，有向上頂起和向外撐擴的感覺。左掌向左下畫弧於左腹前時，左臂外旋，翻轉掌心向上，向右合抱於右臂下，意貫左臂下側，有向下向外的撐力。同時雙掌指都要有順向，向前頂力的意念，動作勁力才能飽滿。此動在傳統楊式太極拳中稱為「合手」，即現在稱謂「抱球」。傳統楊式太極拳對「合手」的要求是極嚴格的，無論上面的手是掌心向下還是側向內，都要做到左（右）手與右（左）肩相對，掌指與肩平。鬆肩垂肘、順腕舒指，肘關節低於腕關節。掌與肩的距離一般要達到 4 拳距離。下面的手與對側腹部相對，肘關節要撐圓。掌與腹部的距離一般要在 1～2 拳距離。身形要做到鬆腰沉髖，含胸拔背，雙臂撐圓。這樣才能力貫雙臂，動作飽滿。動作外形基本上是上手下肘，手肘相對，但又不可教條理解為上下掌心相對。

「合手」動作在傳統楊式太極拳動作中起著極其重要的銜接作用，因而也稱為「太極手」，俗稱「銜接手」。在練此勢動作時須知：「一動無有不動，一靜無有不靜，視動尤靜，視靜尤動，內固精神，外示安逸。」

動作 2　身體繼續向左轉，重心移於左腿；左腳全腳掌踏實，左腿屈膝慢慢向前弓出，成左弓步；隨體轉，左臂向前掤出，掌心向內，掌指向右，與胸平。右臂內旋翻轉，右掌向下落於右髖旁，掌心向下，虎口向前，掌指斜向前；眼向前平視

（圖282）。

圖282

動作要領：(1)雙掌分開與弓步動作與身體轉動同時完成。(2)立身中正，鬆腰沉髖，沉肩墜肘，雙臂撐圓。

易犯錯誤：(1)聳肩仰肘，弓步與雙掌分開動作不協調。(2)右臂僵直，右掌落於腹前，重心起伏。

動作方向：此勢動作身體向南方。

技擊含義：主宰於腰，以腰的左轉，帶動髖關節將身體轉正。此時重心前移，鬆腰沉髖，左腿屈膝慢慢向前弓出，隨重心前移左腳逐漸全腳掌踏實地面。切不可先將左腳放平，再弓步或膝關節已經到位，而腳卻遲遲未放下。定勢時，前腿的膝關節要與腳尖在同一垂線，膝過腳尖，身體重心偏前，容易被對方牽動。膝不到位，身體重心偏後，動作不飽滿，失去攻擊力，容易被對方控制住力量。當前腿動作到位時，特別要強調後腿的動作。後腿不可完全繃直，膝關節要自然舒鬆，後腿保持自然蹬直狀態，要富有彈性。膝關節要微向外撐，近於與後腳尖在同一方向。兩胯根要向內合、裹襠，斂臀。

雙臂動作，雙臂微內合，左臂微外旋，轉動掌心向內，向前掤出，與胸平。鬆肩垂肘，肘關節略低於腕關節，意貫前臂外側，右臂內旋，翻轉掌心向下，採按於右髖外側，虎口向前，掌指側向右斜前方，虛腋、右肘關節微向右後撐，意貫虎口和右臂外側，使之具有採按的威力。要含胸拔背，使左臂平圓與右臂立圓相互呼應，成弓形。左掤的動作要體會到拳諺所云：「蓄勁如開弓，發勁如放箭。曲中求直，蓄而後發。力由

脊發，步隨身換。」

第71式 右攬雀尾（掤勢）

動作1 接上勢，身體微向左轉，左腳內扣45度，重心移至左腿，右腳跟提起；隨身體轉動右手上提於體右側，掌心向外，左手轉動掌心側向上，雙掌指向前，腕與肩平，雙臂平展於體側；眼視左手方向（圖283）。

圖283

動作要領：(1)左腳尖內扣與上體左轉同時協調完成。(2)立身中正，雙臂呈弧形，沉肩垂肘。

易犯錯誤：(1)轉體幅度過大重心偏於左側，身體向左傾倒。(2)身體重心起伏，聳肩，雙臂僵直。

動作方向：此動作身體向南方。

動作2 上體向右轉，重心於左腿；右腳提起向右前邁步，腳跟先著地；同時左掌微向上畫弧屈臂於右胸前，掌心向下，掌指向右；

圖284

右掌向左畫弧於左腹前，轉動掌心側向上，掌指向左；眼視左手方向（圖284）。

動作要領：(1)立身中正，鬆腰鬆胯，沉肩墜肘，雙臂撐圓。(2)雙腳間橫向距離30公分為宜。

易犯錯誤：(1)身體歪斜、突臀，左右歪髖。(2)聳肩揚肘，雙膝挺直，重心起伏。

動作方向：此勢動作身體向西南方。

動作3　身體繼續右轉，重心移於右腿，右腳全腳掌踏實，右腿屈膝慢慢向前弓出，成右弓步，隨體轉，右掌向上經面前立掌向前掤出，掌心側

圖285

向前，掌指向上，與鼻平；左掌隨體轉動落於右肘內側，掌心側向上，掌指對右肘；眼視右掌方向（圖285）。

動作要領：(1)腰髖的轉動帶動上下動作協調完成。(2)尾閭中正，沉肩、墜肘，含胸拔背。(3)右臂立掌前掤動作要呈立圓弧形。

易犯錯誤：(1)身體前俯、突臀，雙腋緊夾身體。(2)聳肩、揚肘，雙腿挺直，重心起伏。

動作方向：此動作身體西方向。

第71式　右攬雀尾（捋勢）

動作1　接上勢，身體向左轉，重心移於左腿，成左坐步；雙掌隨身體轉動向左後捋至腹前，雙掌心側相對，右掌心向左，掌指向前，左掌心側向上，掌指向前；眼隨體轉向前平視（圖286）。

動作要領：(1)向後捋時，左肘應向左側後45度方向撤

圖286　　　　　　　　　　　圖287

肘。(2)立身中正,沉肩、墜肘,鬆腰沉髖。(3)右肘與身體保持20公分左右距離為宜。

易犯錯誤:(1)身體後仰、左右歪髖,雙腋緊夾身體。(2)聳肩、仰肘,雙膝挺直,動作姿勢起伏。

動作方向:此勢動作身體向西南方。

第71式　右攬雀尾(擠勢)

動作1　接上勢,身體向右轉,重心於左腿,成左坐步;同時右臂外旋屈肘提於胸前,右掌心向內,掌指向左;左臂內旋,左掌上提附於右腕內側,左掌心向外,掌指斜向上;眼向前平視(圖287)。

動作要領:(1)要為主宰腰髖的轉動帶動雙掌相合。(2)立身中正。鬆腰沉髖,沉肩垂肘。

易犯錯誤:(1)身體前俯突臀聳肩、突臀,左右歪髖。(2)右膝挺直,動作姿勢起伏。

圖288　　　　　　　　　　圖289

動作方向：此勢動作身體向西方。

動作2　重心前移，右腿屈膝慢慢向前弓出，成右弓步；同時雙掌向前擠出，腕與肩平，右掌心向內，掌指向左，左掌心向外，掌指斜向上；眼向前平視（圖288）。

動作要領：(1)立身中正，沉肩、雙肘應有下垂之意。(2)雙臂撐圓，動作要飽滿。

易犯錯誤：(1)身體前俯，雙臂僵直。(2)聳肩，揚肘，動作重心起伏。

動作方向：此勢動作身體向西方。

第71式　右攬雀尾（按勢）

動作1　接上勢，重心微向前移，成右弓步；同時雙掌向前平展，左掌從右掌上向前分開，雙掌心相對，虎口向上，雙掌指向前，腕與胸平；眼向前平視（圖289）。

動作要領：(1)尾閭中正，鬆肩、垂肘。(2)雙掌前分要舒

圖 290

圖 291

掌展指，雙臂保持弧形。

　　易犯錯誤：(1)（身）上體前俯、突臀、雙臂挺直。(2)雙臂上舉，聳肩抬肘。

　　動作方向：此勢動作身體向西方。

　　動作 2　重心後移於左腿，成左坐步；同時，雙臂屈肘挑掌收於胸前，兩掌心側相對，掌指斜向上；眼向前平視（圖290）。

　　動作要領：(1)重心後移與挑掌屈收動作同時完成。(2)立身中正，鬆肩垂肘，雙腋微虛，屈肘挑掌走弧形。

　　易犯錯誤：(1)身體前俯突臀，雙肘平展。(2)重心後移與收掌動作脫節，不協調。

　　動作方向：此勢動作身體向西方。

　　動作 3　重心前移，右腳腿屈膝慢慢向前弓出，成右弓步；雙掌微向下，再向前上按出，掌心向前，掌指向上與肩平；眼向前平視（圖291）。

動作要領：(1)雙掌前按走弧形，雙臂撐圓，雙肘微屈。(2)雙掌前按，順腕立掌，腕部柔順。

易犯錯誤：(1)身體前俯，雙臂僵直。(2)聳肩，雙掌前按幅度過大。

動作方向：此動作身體西方向。

第72式　單　鞭

動作1　接上勢，身體向左轉，右腳尖內扣135度，重心移於左腿；雙掌隨體轉動微向上，經面前向左畫弧至身體左前側，掌心向外，掌指向上，腕與肩平；眼視左掌方向（圖292）。

動作要領：(1)右腳尖內扣幅度應盡量大。(2)轉體時動作姿勢平穩，雙臂撐圓，含有勁力上引之意，動作呈弧形。(3)雙掌至左前以達到45度為宜，角度過大，重心易偏斜。

易犯錯誤：(1)身體姿勢起伏，雙臂挺直。(2)轉體幅度大

圖292

圖293

身體向左傾倒。

動作方向：此動作身體向東南方向。

技擊含義：身體向左轉，重心的移動要平穩，動作外形不可有起伏。此時，隨體轉，右腳內扣的幅度要大，盡量達到135度，要做到右膝關節與右腳尖的方向一致，髖關節的轉動是相當關鍵的，所以要鬆腰、沉髖。同時雙掌微向上、向左畫弧，至身體左前45度，與身體轉動的方向一致。雙掌弧形移動時，左掌勁力為「引帶勁」，而右掌勁力為「掤勁」。雙掌雖然同時運動，但是勁力卻不同。向上的弧形，雙掌指不可超過上眉。沉肩、垂肘，雙臂動作要飽滿，肩背要鬆。要體會拳諺所云「切記一動無有不動，一靜無有不靜。內固精神，外示安逸」之意。

動作2 身體向右轉，重心移於右腿，左腳提起向左前邁出，腳跟先著地；隨體轉，左掌向下畫弧至右腹前，掌心側向上，掌指向右；右掌轉動掌心向上，向內畫弧經頜下握勾手向右前側伸出，勾尖向下，勾背略高於肩；眼視勾手方向（圖293）。

動作要領：(1)向右轉體幅度要適中，不可超過右前45度。(2)勾手向右前伸出與左腳邁出、左掌下落動作要協調一致。(3)立身中正、鬆肩墜肘，鬆腰沉髖。

易犯錯誤：(1)左腳邁出時身體重心起伏，凸臀，雙臂僵直。(2)動作不協調、脫節，向右轉體幅度大、重心向後傾倒。

動作方向：此動作身體向西南方向。

動作3 身體向左轉，重心前移，左腳全腳掌踏實，左腿屈膝慢慢向前弓出，成左弓步；同時左掌向上經面前，立圓

圖 294　　　　　　　　　　　圖 295

（立掌）向前推出，掌心向前，掌指向上；右勾手向右後方拉開，勾尖向下，勾背略高於肩；眼向前平視（圖 294）。

　　動作要領：(1)向左轉體、弓步與雙手的動作要同時完成。(2)立身中正，鬆腰沉髖，含胸拔背。(3)鬆肩墜肘，雙臂保持弧形。

　　易犯錯誤：聳肩仰肘，雙臂僵直。

　　動作方向：此動作身體向東方向。

第73式　左右雲手（左雲手1）

　　動作1　接上勢，身體向右轉，左腳尖內扣 90 度，重心於左腿；隨體轉，左掌（立掌）向右平擺至體前；腕與肩平，掌心向外，掌指向上；右勾手保持上勢不動；眼隨體轉向前平視（圖 295）。

　　動作要領：(1)身體轉動重心要平穩，保持身體平衡。(2)「主宰於腰」，以腰為軸，帶動手、腳動作協調進行。(3)身體

中正，沉肩垂肘，鬆腰髖，左掌應基本對
準身體中線。

易犯錯誤：(1)動作重心起伏，雙臂
僵直。(2)上體前俯，凸臀。

動作方向：此動作身體向南方。

技擊含義：此動作是銜接式。做此動
作時，首先要注意的是身體的右轉，重心
要保持穩定，重心保持穩定的關鍵就是鬆
腰沉髖。腰髖的轉動使得身體沿縱軸旋轉
時，必須做到虛領頂勁，才能立身中正。

圖 296

立身中正，就避免了身體的前俯後仰。左
腳隨身體的轉動內扣碾腳，不僅加強了身
體轉動時的靈活性，而且有利於主宰於腰
以腰為軸，帶動手腳動作的協調進行。同
時左掌隨身體的轉動向右平擺於體前，鬆
肩垂肘，順腕舒指。左掌基本對準身體中
線，意貫左臂內側，含有引帶，化解的勁
力。右勾手隨體轉而動。如拳諺所云：
「主宰於腰，一動無有不動。」

動作2 身體向左轉，重心於左腿，
右腳提起向左移靠，前腳掌踏地；左掌隨
身體轉動立掌畫弧至體左前側，逐漸翻轉

圖 296 背面

掌心向外，掌指向上與眼平；右勾手變掌向下抄至左肋前，掌
心向上，掌指向左；眼視左手方向（圖 296）。

動作要領：(1)右腳移靠時，雙腳間距離與肩同寬。(2)保
持身體正直，雙臂撐圓，防止聳肩、抬肘。(3)雲手以腰轉動

帶動雙臂運轉，要做到上手齊眉，下手齊腹。

　　易犯錯誤：(1)動作起伏大，雙臂未撐圓。(2)以肩動為先，動作勁力不充實。

　　動作方向：此動作身體向南方向。

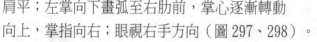

圖297

第73式　左右雲手（右雲手1）

　　動作1　接上勢，身體向右轉，右腳全腳掌踏實，重心移至右腿；左腳向左橫步邁出，前腳掌踏地；隨體轉，右掌向上經面前向右前側畫弧，逐漸翻轉掌心向外，掌指向上，腕與肩平；左掌向下畫弧至右肋前，掌心逐漸轉動向上，掌指向右；眼視右手方向（圖297、298）。

　　動作要領：(1)左腳橫步邁出與雙掌動作完成應以腰為軸，協調完成。(2)雙臂運轉時要注意勁力變化，左掌是先按再掤，勁力飽滿；右掌為掤勁。(3)身體轉動幅度要保持在左

圖298

圖298 背面

前或右前 45 度為宜。

易犯錯誤：(1)動作不協調，脫節。(2)身體轉動幅度大，重心不穩，向後傾倒。

動作方向：此動作身體向西南方。

第 73 式　左右雲手（左雲手 2）

動作 1　接上勢，身體向左轉，左腳全腳掌踏實，重心移於左腿；隨體轉，左掌向上經面前向左前側畫弧，逐漸翻轉掌心向外，掌指向上，腕與肩平；右掌向下畫弧至左肋前，掌心逐漸轉動向上，掌指向左，同時右腳提起向左移靠，前腳掌踏地；眼視左手方向（圖 299、300）。

圖 299

動作要領：(1)身體重心的移動要平緩，動作姿勢不可起伏。(2)腰的轉動帶動雙臂的協調運轉。(3)身體轉動幅度和左掌要保持在左前 45 度為宜。

易犯錯誤：(1)重心移動時動作姿勢起伏。(2)左肩先動，動作不協調，上下動作脫節。(3)身體轉動幅度過大重心偏左身體向左後傾倒。

動作方向：此動作身體向東南方。

圖 300

第73式 左右雲手(右雲手2)

動作1 接上勢,身體向右轉,右腳全腳掌踏實,重心移至右腿;左腳向左橫步邁出,前腳掌踏地;隨體轉,右掌向上經面前向右前側畫弧,逐漸翻轉掌心向外,掌指向上,腕與肩平;左掌向下畫弧至右肋前,掌心逐漸轉動向上,掌指向右;眼視右手方向(圖301、302)。

動作要領:(1)左腳橫步邁出與雙掌動作完成應以腰為軸,協調完成。(2)雙臂運轉時要注意勁力變化,左掌是先按再掤,勁力飽滿;右掌為掤勁。(3)身體轉動幅度要保持在左前或右前45度為宜。

易犯錯誤:(1)動作不協調,脫節。(2)身體轉動幅度大,重心不穩,向後傾倒。

圖301

圖302

圖302 背面

動作方向：此動作身體向西南方。

第73式　左右雲手（左雲手3）

動作1　接上勢，身體向左轉，左腳全腳掌踏實，重心移於左腿；隨體轉，左掌向上經面前向左前側畫弧，逐漸翻轉掌心向外，掌指向上，腕與肩平；右掌向下畫弧至左肋前，掌心逐漸轉動向上，掌指向左；同時右腳提起向左移靠，前腳掌踏地；眼視左手方向（圖303、圖304）。

動作要領：(1)身體重心的移動要平緩，動作姿勢不可起伏。(2)腰的轉動帶動雙臂的協調運轉。(3)身體轉動幅度和左掌要保持在左前45度為宜。

易犯錯誤：(1)重心移動時動作姿勢起伏。(2)左肩先動，動作不協調，上下動作脫節。(3)身體轉動幅度過大重心偏左身體向左後傾倒。

動作方向：此動作身體向東南方。

圖303　　　　　　　　　　　　　圖304

第73式　左右雲手（右雲手3）

動作1　接上勢，身體向右轉，右腳全腳掌踏實，重心移至右腿；左腳向左側橫步邁出，前腳掌踏地；隨體轉，右掌向上經面前向右前側畫弧，逐漸翻轉掌心向外，掌指向上，腕與肩平；左掌向下畫弧至右肋前，掌心逐漸轉動向上，掌指向右；左掌保持上勢不動；眼視右手方向（圖305、306）。

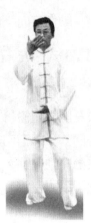

圖305

動作要領：(1)左腳橫步邁出與雙掌動作完成應以腰為軸，協調完成。(2)雙臂運轉時要注意勁力變化，左掌是先按再掤，勁力飽滿；右掌為掤勁。(3)身體轉動幅度要保持在左前或右前45度為宜。

易犯錯誤：(1)動作不協調，脫節。(2)身體轉動幅度大，重心不穩，向右後傾倒。

圖306

圖306 背面

動作方向：此動作身體向西南方。

第73式　左右雲手（左雲手4）

動作1　接上勢，身體向左轉，左腳全腳掌踏實，重心移於左腿；隨體轉，左掌向上經面前向左前側畫弧，逐漸翻轉掌心向外，掌指向上，腕與肩平；右掌向下畫弧至左肋前，掌心逐漸轉動向上，掌指向左；同時右腳提起向左移靠，前腳掌踏地；眼視左手方向（圖307、308）。

動作要領：(1)身體重心的移動要平緩，動作姿勢不可起伏。(2)腰的轉動帶動雙臂的協調運轉。(3)身體轉動幅度和左掌要保持在左前45度為宜。

易犯錯誤：(1)重心移動時動作姿勢起伏。(2)左肩先動，動作不協調，上下動作脫節。(3)身體轉動幅度過大重心偏左身體向左後傾倒。

動作方向：此動作身體向東南方。

圖307

圖308

第73式 左右雲手（右雲手4）

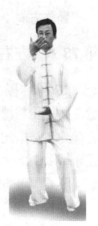

動作1 接上勢，身體向右轉，右腳全腳掌踏實，重心移至右腿；左腳向左橫步邁出，前腳掌踏地；隨體轉，右掌向上經面前向右前側畫弧，逐漸翻轉掌心向外，掌指向上，腕與肩平；左掌向下畫弧至右肋前，掌心逐漸轉動向上，掌指向右；眼視右手方向（圖309、310）。

動作要領：(1)左腳橫步邁出與雙掌動作應以腰為軸，協調完成。(2)雙臂運轉時

圖309

要注意勁力變化，左掌是先按再掤，勁力飽滿；右掌為掤勁。(3)身體轉動幅度要保持在左前或右前45度為宜。

易犯錯誤：(1)動作不協調，脫節。(2)身體轉動幅度大，重心不穩，向後傾倒。

圖310

圖310 背面

動作方向：此動作身體向西南方。

第73式　左右雲手（左雲手5）

動作1　接上勢，身體向左轉，左腳全腳掌踏實，重心移於左腿；隨體轉，左掌向上經面前向左前側畫弧，逐漸翻轉掌心向外，掌指向上，腕與肩平；右掌向下畫弧至左肋前，掌心逐漸轉動向上，掌指向左；同時右腳提起向左移靠，前腳掌踏地；眼視左手方向（圖311、312）。

動作要領：(1)身體重心的移動要平緩，動作姿勢不可起伏。(2)腰的轉動帶動雙臂的協調運轉。(3)身體轉動幅度和左掌要保持在左前45度為宜。

易犯錯誤：(1)重心移動時動作姿勢起伏。(2)左肩先動，動作不協調，上下動作脫節。(3)身體轉動幅度過大重心偏左身體向左後傾倒。

動作方向：此動作身體向東南方。

圖311

圖312

第73式 左右雲手（右雲手5）

動作1 接上勢，身體向右轉，右腳全腳掌踏實，重心移至右腿；左腳向左橫步邁出，前腳掌踏地；隨體轉，右掌向上經面前向右前側畫弧，逐漸翻轉掌心向外，掌指向上，腕與肩平；左掌向下畫弧至右肋前，掌心逐漸轉動向上，掌指向右；眼視右手方向（圖313、314）。

圖313

動作要領：(1)左腳橫步邁出與雙掌動作完成應以腰為軸，協調完成。(2)雙臂運轉時要注意勁力變化，左掌是先按再掤，勁力飽滿；右掌為掤勁。(3)身體轉動幅度要保持在左前或右前45度為宜。

易犯錯誤：(1)動作不協調，脫節。(2)身體轉動幅度大，重心不穩，向後傾倒。

圖314

圖314 背面

動作方向：此動作身體向西南方。

第73式　左右雲手（左雲手6）

動作1　接上勢，身體向左轉，左腳全腳掌踏實，重心移於左腿，隨體轉，左掌向上經面前向左前側畫弧，逐漸翻轉掌心向外，掌指向上，腕與肩平；右掌向下畫弧至左肋前，掌心逐漸轉動向上，掌指向左；同時右腳提起向左移靠，前腳掌踏地；眼視左手方向（圖315、316）。

動作要領：(1)身體重心的移動要平緩，動作姿勢不可起伏。(2)腰的轉動帶動雙臂的協調運轉。(3)身體轉動幅度和左掌要保持在左前45度為宜。

易犯錯誤：(1)重心移動時動作姿勢起伏。(2)左肩先動，動作不協調，上下動作脫節。(3)身體轉動幅度過大重心偏左身體向左後傾倒。

動作方向：此動作身體向東南方。

圖315

圖316

第73式　左右雲手（右雲手6）

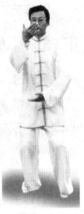

動作1　接上勢，身體向右轉，右腳全腳掌踏實，重心移至右腿；左腳向左橫步邁出，前腳掌踏地；隨體轉，右掌向上經面前向右前側畫弧，逐漸翻轉掌心向外，掌指向上，腕與肩平；左掌向下畫弧至右肋前，掌心逐漸轉動向上，掌指向右；眼視右手方向（圖317、318）。

動作要領：(1)左腳橫步邁出與雙掌動作應以腰為軸，協調完成。(2)雙臂運轉時要注意勁力變化，左掌是先按再掤，勁力飽滿；右掌為掤勁。(3)身體轉動幅度要保持在左前或右前45度為宜。

圖317

易犯錯誤：(1)動作不協調，脫節。(2)身體轉動幅度大，重心不穩，向後傾倒。

動作方向：此動作身體向西南方。

圖318

圖318 背面

第73式　左右雲手（左雲手7）

動作1　接上勢，身體向左轉，左腳全腳掌踏實，重心移於左腿；隨體轉，左掌向上經面前向左前側畫弧，逐漸翻轉掌心向外，掌指向上，腕與肩平；右掌向下畫弧至左肋前，掌心逐漸轉動向上，掌指向左，同時右腳提起向左移靠，前腳掌踏地；眼視左手方向（圖319、圖320）。

圖319

動作要領：(1)身體重心的移動要平緩，動作姿勢不可起伏。(2)腰的轉動帶動雙臂的協調運轉。(3)身體轉動幅度和左掌要保持在左前45度為宜。

易犯錯誤：(1)重心移動時動作姿勢起伏。(2)左肩先動，動作不協調，上下動作脫節。(3)身體轉動幅度過大重心偏左身體向左後傾倒。

動作方向：此動作身體向東南方。

第74式　單　鞭

圖320

動作1　接上勢，身體微向右轉，右腳尖內扣45度，重心移於右腿，左腳提起向左前邁出，腳跟先著地；隨體轉，左掌向下畫弧經腹前再向右上畫弧於右肩前，掌心向內，掌指向右；右掌稍向上向內畫弧經頜下握勾手向右前伸出，勾尖向下，勾背略高於肩；眼視勾手方向

（圖 321）。

動作要領： (1)向右轉體幅度要適中，不可超過右前 45 度。(2)勾手向右前伸出與左腳邁出、左掌下落動作要協調一致。(3)立身中正、鬆肩墜肘，鬆腰沉髖。

易犯錯誤： (1)左腳邁出時身體重心起伏，凸臀，雙臂僵直。(2)動作不協調、脫節，向右轉體幅度大、重心向後傾倒。

圖 321

動作方向： 此動作身體向西南方向。

技擊含義： 身體向右轉，幅度要適中。不可超過右斜前 45 度，否則重心極易偏右，產生身體向右側傾倒。右腳內扣，重心移於右腿，髖關節的動轉，使得左腳邁出的動作才能輕鬆自如。左膝關節要微屈，不可僵直挺硬。同時要注意左腳的落點應偏左，避免雙腳在同一直線的現象出現。右掌向上，向頷下屈臂回收時，要注意到鬆肩、含胸，力達肘關節，意在「肘勁」。右腋不可緊夾身體，肘關節的運動方向是右斜前 45 度，隨右前臂的展伸，右掌握勾手，以勾背為力點向前頂出。左掌弧形下落時，意在「掤按」勁，然後屈臂經腹前繼續向右上畫弧於右肩前，逐漸翻轉掌心向內，掌指向右，此時力貫左臂為平「掤勁」，雙臂動作要肩肘鬆沉，飽滿撐圓。立身中正，收腹斂臀，鬆腰沉髖，肩髖相合。正如拳諺所云：「立身須中正安舒，支撐八面。」

動作 2 身體向左轉，重心移於左腿，左腳全腳掌踏實，

左腿屈膝慢慢向前弓出，成左弓步；同時左掌向上經面前，立圓弧形立掌向前推出，掌心側向前，掌指向上，腕與肩平；右勾手同時向右側後方展伸，勾尖向下，勾背略高於肩；眼向前平視（圖322）。

動作要領：(1)向左轉體、弓步與雙手的動作要同時完成。(2)立身中正，鬆腰沉髖，含胸拔背。(3)鬆肩墜肘，雙臂保持弧形。

易犯錯誤：(1)向左轉體時身體重心起伏，動作不協調、脫節。(2)聳肩仰肘，雙臂僵直。

動作方向：此動作身體向東方向。

圖 322

第75式 下 勢

動作1 接上勢，身體向右轉，右腳外展135度，重心於右腿，右腿屈膝下蹲；同時左腳內扣90度，左腿伸直，成左仆步；隨體轉，右勾手向右後方伸出；左掌向上向右於面前屈臂落於胸前，掌心向右，掌指斜向上；眼視右手方向（圖323）。

動作要領：(1)上體右轉與右腳尖外展、左腳尖內扣動作

圖 323

同時協調完成。(2)立身中正，鬆肩墜肘，右勾背高於肩，雙臂撐圓。(3)身體右轉的方向以右後 45 度為宜。

易犯錯誤：(1)轉體、撲步動作脫節不協調。(2)身體前俯，凸臀。

動作方向：此動作身體西南方向。

技擊含義：腰髖的轉動使得身體右轉不僅與右腳的外展要同時進行，同時帶動雙掌動作協調進行。轉體與右腳外展的方向為右後 45 度，即身體與右腳同時轉動 135 度，左腳內扣 90 度，左腿伸直，成左仆步。此時要鬆腰沉髖，肩髖相對，上下相隨。右勾手隨體轉向右側前方伸展，意貫勾背，為「走勁」。不丟不頂，感覺有重意時，即鬆肩而沉之化解。意貫左掌，為「化勁」。要體會拳諺所云：「偏重則隨，雙重則滯。有一羽不能加，一蠅不能落。」由聽而懂，由懂而走，由走而化之感。

動作 2 身體向左轉，重心於右腿；隨體轉，左掌向下沿左腿內側向前穿出，掌指向前，掌心向右；右勾手平舉於身體右側，勾尖向下；眼隨體轉向前平視（圖 324）。

動作要領：(1)轉身穿掌時，右腿應全蹲，雙腳全腳掌著地。(2)立身中正，鬆肩沉肘，雙臂撐圓。(3)右勾手背略高於肩。

易犯錯誤：(1)身體前俯、弓背，產生身體傾倒現象。(2)雙臂

圖 324

僵直，右勾手下落，動作不飽滿。

動作方向：此動作身體向東方。

技擊含義：轉體穿掌的動作時，要注意立身中正，腰髖的轉動帶動左掌沿左腿內側向前穿出。此時意貫左掌指，為「穿勁」。有穿透力的意感。但絕不可使用拙勁，僵力。所以身體重心不可偏斜，否則極易產生身體傾倒的現象。肩髖鬆沉，虛領頂勁，雙臂的夾角以135度為宜，雙臂不可僵直，使得動作外形具有支撐八方的感覺。如拳諺所云：「順項貫頂兩膀鬆，束烈下氣把襠撐。用意開勁兩捶爭，五指抓地上彎弓。」

第76式 左獨立

動作1 接上勢，身體向左轉，左腳尖外展90度，重心前移，右腳尖內扣135度，立身直起，成左弓步；左掌繼續前穿，立掌挑起，掌心側向前，掌指向上，腕與肩平，右臂內旋，右勾手於身後下落，轉動勾尖向上；眼視左掌方向（圖325）。

動作要領：(1)雙腳的左展、右扣動作應與身體轉動協調一致。(2)立身中正，鬆肩，腰髖鬆沉。雙臂保持弧形。

易犯錯誤：(1)雙腳的展、扣順序不對，弓步形成困難。(2)身體前俯、突臀，左右歪髖，雙臂僵直。

圖325

動作方向：此動作身體向東方。

技擊含義：弓步起身的動作，首先要解決好身體轉動的同時，左腳要先向外展 30～45 度之間，然後右腳隨之內扣 135 度；此時，身體重心前移，以虛領頂勁之意，使身體沿縱軸方向，弓步起身。立身中正，意貫頭頂。切不可起身時，髖關節向左側突歪，再起身，極易產生身體重心偏斜，左右突臀的現象。隨身體左轉重心前移，左掌繼續向前穿伸，此時意貫掌指，要具有穿透力的感覺。當弓步形成時，意貫左臂下側，為「立掤勁」。同時右臂內旋，轉動勾尖向上，力達右臂及勾背。腰髖鬆沉，肩背舒展，立身中正。如拳諺所云：「肌膚骨節，處處開張，不先不後，迎送相當。前後左右，上下四傍，轉接靈敏，緩急相當。」

動作 2　身體直起，重心於左腿，左腿支撐，右腿屈膝提起，腳尖自然下垂，成左獨立式；同時左臂內旋，轉動掌心向下，下落按於左髖旁，虎口側向前；右勾手下落變掌，由後下方順右腿外側向前上方挑掌，掌指向上與鼻平，掌心側向左；眼視右掌方向（圖 326）。

動作要領：(1)虛領頂勁，立腰、提膝，保持重心平穩。(2)肩肘鬆沉，雙臂撐圓，右肘與右膝上下相對。

易犯錯誤：(1)弓背聳肩，仰身挺腹，身體向一側傾倒。(2)膝、肘不相對，雙臂僵直。

動作方向：此動作身體向東方。

技擊含義：此勢獨立起身的動作，首

圖 326

先要注意的是，重心移於左腿，以右腳前腳掌蹬地，虛領頂勁，身體沿縱軸的方向，向上立腰直起，頭頂與左腿在同一重垂線。右膝提起，腳尖下垂，腳面微向內扣。隨身體的直起，左臂內旋下落，意貫左掌，為「掤按勁」。右掌向上挑起，意貫右掌虎口，為「擎勁」。擎勁就是托勁，即一手向下掤按，造成對方腳跟拔起，同時另一手趁勢向上猛托，產生對方向後傾倒後退的結果。要達到肩膝相對，不僅右膝要上提，而且右肩要鬆沉，肩背要舒鬆，右掌向前展伸，右臂外側要同時含有「掤勁」的意念。所以動作要達到尾閭中正，含胸拔背，鬆肩垂肘，雙臂撐圓。如拳諺所云：「有上即有下，有前即有後，有左即有右，如意要向上，即寓下意；若將物掀起，而加以挫之之力，斯其根自斷，乃壞之速而無疑。」

第77式　右獨立

動作1　接上勢，身體向右轉，左膝屈蹲，右腳於距左腳約一腳遠處落地，右腳跟向內撐轉，重心移於右腿，左腳跟提起，右臂內旋，翻轉右掌心向下；眼隨體轉向前平視（圖327）。

動作要領：(1)右腳落地，應先以右前腳掌踏地，腳跟微內扣再全腳掌踏實。(2)立身中正，重心平穩，肩肘鬆沉，雙臂撐圓。

易犯錯誤：(1)身體前俯突臀，重心偏移，身體向前傾倒。(2)膝、肘不相對，雙臂僵直。

動作方向：此動作身體向東方。

圖327

技擊含義：身體向右轉的同時，左腿屈蹲，身體沿縱軸方向下蹲，右腳以前腳掌踏地，雙腳的橫向距離應與肩寬，距離超於肩寬，則重心向右偏移，產生身體向右傾倒的現象。雙腳距離過小，影響右腳跟的向內撐轉，極易產生重心向後偏移，發生身體向後傾倒的毛病，所以右腳的落點是關鍵。它直接影響到動作的穩定性。隨身體的右轉，右腳的落地，同時右臂內旋，翻轉掌心向下，此時要鬆肩垂肘，意貫掌心為「掤勁」。左腿屈蹲的程度，依每人的腿的支撐力有直接的關係，因人而異。身形要做到尾閭中正，鬆腰沉髖，雙臂保持弧形。如拳諺所云：「含胸，拔背；裹襠，護臀；提頂，吊襠；鬆肩，沉肘。」

動作2 　身體向左轉，身體直起，重心於右腿，右腿支撐，左腿屈膝提起，腳尖自然下垂，成右獨立式；右掌心向下，下落按於右髖旁，虎口側向前；左臂外旋，轉動左掌心向左，順左腿外側向前上方挑掌，掌指向上與鼻平，掌心側向右；眼視左掌方向（圖328）。

動作要領：(1)虛領頂勁，立腰、提膝，保持重心平穩。(2)肩肘鬆沉，雙臂撐圓，左肘與左膝上下相對。

易犯錯誤：(1)弓背聳肩，仰身挺腹，身體向一側傾倒。(2)膝肘不相對，雙臂僵直。

動作方向：此勢動作身體向東方。

第78式　左右倒攆猴（右倒卷肱1）

動作1 　身體向右轉，重心於右腿，

圖328

右支撐腿屈蹲，左腳向左後撤步，先以前腳掌踏地；隨體轉，右臂外旋，翻轉掌心向上，向右後上方畫弧展伸，腕與肩平，掌指向上，掌心向外，同時左掌向前伸展，掌心向前，掌指向上，腕與肩平；眼隨體轉向前平視。（圖329）

圖 329

動作要領：⑴重心穩固右腿，左腳提起，應向偏左後45度方向退步，以避免雙腳在同一直線上。⑵左腳前腳掌踏地、右手後撤動作要同時完成。⑶保持上體中正，雙肩鬆沉，雙臂保持弧形。

易犯錯誤：⑴雙腳在同一直線上，重心不穩。⑵上下動作不相隨，動作脫節。⑶俯身、突臀，左右歪髖，雙臂僵直。

動作方向：此動作身體向南方。

技擊含義：此動作時隨著右支撐腿的屈蹲，左腳提起向左後退步，落點是相當重要的，因為它是身體重心穩固的基本保證。落點偏右，則雙腳在同一直線上，極易產身體左右搖晃的現象。過於偏左，則雙腳的橫向距離太寬，動作重心不易掌握，產生重心偏左的現象。因此，雙腳的橫向距離以本人的一腳寬為好（即20～30公分），退腳的方向以近於身體左側後45度為宜。這樣前腳、後腳、身體重心的垂線，此三點就確定了身體重心的穩固性。左腳落地要有蹬踏的力度，雙臂的展伸，動作要圓活，肩肘的鬆沉，雙臂保持弧形，尾閭中正的

圖 330

圖 330 正面

要領是動作姿勢正確與否的保證。要如拳諺所云：「動作出於無心，鼓舞出於不覺。身欲動，而步以為周旋；手將動，而步亦早為之催迫。」

動作 2　身體向左轉，左腳跟內扣 45 度，左腳全腳掌踏實；重心移於左腿，成左坐步；同時右臂屈肘卷收，右掌經右耳側，立掌向前推出，掌心側向前，掌指向上，與鼻平；左臂外旋，翻轉掌心向上，經右臂下收至腹前，掌指向右斜前方；同時右腳以腳跟為軸隨之轉正；眼視右掌方向（圖 330）。

動作要領：(1)以腰為軸帶動手腳動作同時進行，左腳跟內扣與右掌前推、左掌回收的動作速度協調配合。(2)當雙掌交錯時，右腳要適時「轉正」方向，以保證右掌前推的力度。

易犯錯誤：(1)上下不相隨，動作不協調。(2)右腳「轉正」時間不適時，腰髖不順。

動作方向：此動作身體向東北方。

圖331

圖331 正面

第78式　左右倒攆猴（左倒卷肱1）

動作1　接上勢，身體微向左轉，重心於左腿，右腳踏地，成左坐步；左掌自腹前向下畫弧至左髖旁，掌心向上，掌指向前；同時右掌微微向前展伸，掌心向前，掌指向上，腕與肩平；眼隨體轉向前平視（圖331）。

動作要領：(1)立身中正，鬆腰沉髖，以腰為軸帶動雙掌動作。(2)轉體幅度要適宜，左肘方向為左後側45度。(3)雙臂撐圓，肩肘鬆沉。

易犯錯誤：(1)轉體幅度大，重心偏斜，身體向右後傾倒。(2)左臂緊夾身體，雙臂僵直。

動作方向：此動作身體向東方。

動作2　身體繼續向左轉，右腳提起向後撤步，先以腳前掌踏地；同時，左掌從髖旁向左後上方畫弧，腕與肩平，掌指向上，掌心向外，右掌隨身體轉動向前微展，掌心向前，

圖 332

圖 333

掌指向上；眼隨身體轉動向前平視（圖 332）。

　　動作要領：(1)重心穩固左腿，右腳提起，應向偏左後 45 度方向退步，以避免雙腳在同一直線上。(2)右腳前腳掌踏地、左手後撤動作要同時完成。(3)保持上體中正，雙肩鬆沉，雙臂保持弧形。

　　易犯錯誤：(1)雙腳在同一直線上，重心不穩，身體向後傾倒。(2)上下動作不相隨，動作脫節。(3)俯身、突臀，左右歪髖，雙臂僵直。

　　動作方向：此動作身體向北方向。

　　動作 3　身體向右轉，右腳跟內扣 45 度，右腳全腳掌踏實，重心移於右腿，成坐步；同時左臂屈肘卷收，左掌經左耳側，立掌向前推出，掌心側向前，掌指向上，與鼻平；右臂外旋，翻轉掌心向上，經左臂下收至腹前，掌指向左斜前方；同時左腳以腳跟為軸隨之轉正；眼視左掌方向（圖 333）。

　　動作要領：(1)以腰為軸帶動手腳動作同時進行，右腳跟

內扣與左掌前推、右掌回收的動作速度協調配合。(2)當雙掌交錯時，左腳要適時「轉正」方向，以保證左掌前推時的力量。

易犯錯誤：(1)上下不相隨，動作不協調。(2)左腳「轉正」時間不適時，動作脫節，腰髖不順。

動作方向：此動作身體向北方。

第78式　左右倒攆猴（右倒卷肱2）

動作1　接上勢，身體微向右轉，重心於右腿，左腳踏實，成右坐步；右掌自腹前向下畫弧至右髖側，掌心向上，掌指向前；同時，左掌微微向前展伸，掌心向前，掌指向上，腕與肩平；眼隨身體轉動向前平視（圖334）。

動作要領：(1)立身中正，鬆腰沉髖，以腰為軸帶動雙掌動作。(2)轉體幅度要適宜，右肘方向為後側45度。(3)雙臂撐圓，肩肘鬆沉。

易犯錯誤：(1)轉體幅度大，重心偏斜，身體向右後傾倒。(2)右臂緊夾身體，雙臂僵直。

動作方向：此動作身體向東南方向。

動作2　身體繼續向右轉，左腳提起向後撤步，先以前腳掌踏地；同時，右掌從右髖旁向右後上方畫弧展伸，腕與肩平，掌指向上，掌心向外；左掌隨身體轉動向前微展，掌心向前，掌指向上，腕與肩平；眼隨體

圖334

圖 335

圖 336

轉動向前平視（圖 335）。

　　動作要領：(1)重心穩固右腿，左腳提起，應向偏左後 45
度方向退步，以避免雙腳在同一直線上。(2)左腳前腳掌踏地、
右手後撤動作要同時完成。(3)保持上體中正，雙肩鬆沉，雙臂
保持弧形。

　　易犯錯誤：(1)雙腳在同一直線上，重心不穩。(2)上下動作
不相隨，動作脫節。(3)俯身、突臀，左右歪髖，雙臂僵直。

　　動作方向：此動作身體向南方。

　　動作 3　身體向左轉，左腳跟內扣 45 度，左腳全腳掌踏
實，重心移於左腿，成左坐步；同時右臂屈肘卷收，右掌經耳
側，立掌向前推出，掌心側向前，掌指向上，與鼻平；左臂外
旋，翻轉掌心向上，經右臂下收至腹前，掌指向右斜前方；同
時右腳以腳跟為軸隨之轉正；眼視右掌方向（圖 336）。

　　動作要領：(1)以腰為軸帶動手腳動作同時進行，左腳跟
內扣與右掌前推、左掌回收的動作速度協調配合。(2)當雙掌

圖 336 正面　　　　圖 337　　　　圖 337 正面

交錯時，右腳要適時「轉正」方向，以保證右掌前推的力度。

　　易犯錯誤：(1)上下不相隨，動作不協調。(2)右腳「轉正」時間不適時，腰髖不順。

　　動作方向：此動作身體向東北方。

第78式　左右倒攆猴（左倒卷肱2）

　　動作1　接上勢，身體微向左轉，重心於左腿，右腳踏實，成左坐步；左掌自腹前向下畫弧至左髖側，掌心向上，掌指向前；同時右掌微微向前展伸，掌心向前，掌指向上，腕與肩平；眼隨身轉向前平視（圖337）。

　　動作要領：(1)立身中正，鬆腰沉髖，以腰為軸帶動雙掌動作。(2)轉體幅度要適宜，左肘方向為左後側45度。(3)雙臂撐圓，肩肘鬆沉。

　　易犯錯誤：(1)轉體幅度大，重心偏斜，身體向右後傾倒。(2)左臂緊夾身體，雙臂僵直。

圖 338

圖 339

動作方向：此動作身體向東方。

動作 2　身體繼續向左轉，右腳提起向後撤步，先以前腳掌踏地；同時，左掌從髖側向左後上方畫弧展伸，腕與肩平，掌指向上，掌心向外；右掌隨身體轉動向前微展，掌心向前，掌指向上；眼隨身體轉動向前平視（圖 338）。

動作要領：(1)重心穩固左腿，右腳提起，應向偏左後 45 度方向退步，以避免雙腳在同一直線上。(2)右腳前腳掌踏地、左手後撤動作要同時完成。(3)保持上體中正，雙肩鬆沉，雙臂保持弧形。

易犯錯誤：(1)雙腳在同一直線上，重心不穩，身體向後傾倒。(2)上下動作不相隨，動作脫節。(3) 俯身、突臀，左右歪髖，雙臂僵直。

動作方向：此動作身體向北方。

動作 3　身體向右轉，右腳跟內扣 45 度，右腳全腳掌踏實；重心移於左腿，成左坐步；同時左臂屈肘卷收，左掌經耳

側，立掌向前推出，掌心側向前，掌指向上，與鼻平；右臂外旋，翻轉掌心向上，經左臂下收至腹前，掌指向左斜前方，同時左腳以腳跟為軸隨之轉正；眼視左掌方向（圖339）。

動作要領：(1)以腰為軸帶動手腳動作同時進行，右腳跟內扣與左掌前推、右掌回收的動作速度協調配合。(2)當雙掌交錯時，左腳要適時「轉正」方向，以保證左掌前推時的力量。

易犯錯誤：(1)上下不相隨，動作不協調。(2)左腳「轉正」時間不適時，動作脫節，腰髖不順。

動作方向：此動作身體向北方。

第78式 左右倒攆猴（右倒卷肱3）

動作1 接上勢，身體微向右轉，重心於右腿；左腳踏實，成右坐步；右掌自腹前向下畫弧至右髖側，掌心向上，掌指向前；同時，左掌微微向前展伸，掌心向前，掌指向上，腕與肩平；左腳跟著地；眼隨體轉向前平視（圖340）。

動作要領：(1)立身中正，鬆腰沉髖，以腰為軸帶動雙掌動作。(2)轉體幅度要適宜，右肘方向為後側45度。(3)雙臂撐圓，肩肘鬆沉。

易犯錯誤：(1)轉體幅度大，重心偏斜，身體向右後傾倒。(2)右臂緊夾身體，雙臂僵直。

動作方向：此動作身體向東南方向。

圖340

動作 *2* 身體繼續向右轉，左腳提起向後撤步，先以前腳掌踏地；同時，右掌從右髖側向右後上方畫弧展伸，腕與肩平，掌指向上，掌心向外；左掌隨身體轉動向前微展，掌心向前，掌指向上；眼隨體轉向前平視（圖341）。

圖 341

動作要領：(1)重心穩固右腿，左腳提起，應向偏左後45度方向退步，以避免雙腳在同一直線上。(2)左腳前腳掌踏地、右手後撤動作要同時完成。(3)保持上體中正，雙肩鬆沉，雙臂保持弧形。

易犯錯誤：(1)雙腳在同一直線上，重心不穩。(2)上下動作不相隨，動作脫節。(3)俯身、突臀，左右歪髖，雙臂僵直。

動作方向：此動作身體向南方。

動作 *3* 身體向左轉，左腳跟內扣45度，左腳全腳掌踏實；重心移於左腿，成左坐步；同時右臂屈肘卷收，右掌經耳側，立掌向前推出，掌心側向前，掌指向上，與鼻平；左臂外旋，翻轉掌心向上，經右臂下收至腹前，掌指向右斜前方；同時右腳以腳跟為軸隨之轉正；眼視右掌方向（圖342）。

動作要領：(1)以腰為軸帶動手腳動作同時進行，左腳跟內扣與右掌前推、左掌回收的動作速度協調配合。(2)當雙掌交錯時，右腳要適時「轉正」方向，以保證右掌前推的力度。

易犯錯誤：(1)上下不相隨，動作不協調。(2)右腳「轉

圖 342

圖 342 正面

正」時間不適時，腰髖不順。

動作方向：此動作身體向東北方。

第 79 式　斜飛勢

動作 1　接上勢，重心於左腿，右
腳回收到左腳內側，腳前掌踏地；右臂
微前展，右掌心向前，掌指向上，腕與
肩平；同時左掌向下收至左髖旁，掌心
向上，掌指向前；眼向前平視（圖
343）。

圖 343

動作要領：(1)右腳提起回收，應
在距左腳跟右側一橫腳（20～30 公分）處落地。(2)立身中
正，鬆肩沉肘，雙臂保持弧形。

易犯錯誤：(1)右腳落地點與左腳距離太近或右腳落地偏
後，重心不穩身體傾倒。(2)突臀，歪髖，雙臂僵直。

動作方向：此動作身體向東方。

技擊含義：此動作相對講比較簡單，但是右腳提起回收落地卻是關鍵。右腳的落地點要注意應落在左腳跟右側一橫腳遠的地方，同時要保持與左腳跟盡量在同一橫線上。因為右腳的落地點與左腳距離太近，必然影響下一動作的轉體、扣腳動作的進行。如果右腳的落地點橫向距離太寬，或落地點偏於身體後側，就極易產生身體重心向右和向後偏斜，從而產生身體向右或向後傾倒。所以，右腳的落點要保持在合理的距離內即20～30公分為宜。自然身體重心的穩固，立身的中正，雙肩的鬆沉，都是動作練演時的要領保證。要達到拳諺所云：「向前、退後，乃能得機得勢，有不得機得勢處，身便散亂，必至偏倚，其病必於腰腿求之。上下、前後、左右皆然。」

動作2 身體向右轉，左腳尖內扣135度，重心移於右腿，隨身體轉動；雙掌向左右兩側平分於體側，腕與肩高；左掌心向上，掌指向前；右掌心向外，掌指向上；眼隨體轉向前平視（圖344）。

動作要領：(1)身體姿勢保持中正，重心移動才能平穩。(2)鬆肩垂肘，雙臂保持弧形。

易犯錯誤：(1)重心移動不平穩，動作姿勢起伏。(2)雙臂僵直，動作脫節。

動作方向：此動作身體向南方。

動作3 身體繼續向右轉，重心於左腿，右腳提起向右前側

圖344

方邁步，腳跟先著地；左掌經面前橫掌屈收於胸前，掌心向下，掌指向右；右掌向下畫弧於腹前，掌心向上，掌指向左；眼隨體轉向前平視（圖345）。

圖345

動作要領：(1)身體右轉帶動雙掌合抱、右腳邁出同時完成。(2)右腳邁步，左支撐腿重心微下坐。(3)在本動作中，右腳邁出方向以右前側45度為宜。

易犯錯誤：(1)右腳邁出方向角度過大，重心不穩，手腳動作不協調。(2)聳肩、突臀，左右歪髖。(3)左腿重心尚未穩坐，右腳邁出，產生「搶步」現象。

動作方向：此動作身體向西南方向。

動作4 身體微向右轉，重心前移，右腳全腳掌踏實，右腿屈膝慢慢向前弓出，成右弓步；雙掌同時向右上、左下分開，右掌心側向上，掌指向前，腕與眼平；左掌於

圖346

左髖旁，掌心向下，虎口向前，掌指斜向前；眼視右手方向（圖346）。

動作要領：(1)身體的轉動帶動雙掌分開與弓步動作協調完成。(2)立身中正，鬆腰沉髖，沉肩墜肘，雙臂撐圓。

易犯錯誤：(1)雙掌分開與弓步動作脫節，不協調。(2)聳肩，雙臂僵直。

動作方向：此動作身體向西南方向。

第80式 提 手

圖347

動作1 接上勢，重心移至右腿，右腿屈膝前弓，左腳提起向前跟步，前腳掌踏地，隨重心前移；右掌向前展伸，掌心向上，腕與肩平；左掌同時向下撐按，掌心向下，掌指斜向前；眼視右掌方向（圖347）。

動作要領：(1)身體保持中正，重心移動要適度，跟步距離要適中。(2)身體不可起伏，鬆腰沉髖，雙臂撐圓。

易犯錯誤：(1)身體前俯，跟步太近，重心前傾，身體前倒。(2)動作起伏，聳肩直臂。

動作方向：此動作身體向西南方向。

技擊含義：此動作時，身體重心的前送，右腿屈膝前弓，動作姿勢不可起伏。隨身體重心的前移，左腳提起向前跟步，跟步要達到半步距離，前腳掌踏地，要有力度。如果超過半步距離，加之右掌向前展伸，身體的重心極易不穩，產生身體向右前側傾倒。跟步不到半步距離時，身體重心偏後，左腳跟步踏地的力度欠缺，影響到右掌展伸的勁力。鬆腰沉髖，是要把身體的重心穩固下來，同時也是把左腳的踏地之力量，貫通到雙臂，鬆肩垂肘，含胸拔背，使得雙臂具有彈性。要體會拳諺

所云：「動則生陽靜生陰，一動
一靜互為根。果然識得環中趣，
碾轉隨意見天真。」

動作2 身體向左轉，左腳
全腳掌踏實，重心移至左腿；右
腳跟提起，雙掌翻轉掌心向上，
隨身體轉動微向下、向後畫弧平
展於體側，腕與肩平，雙掌心向
上，掌指向左、右兩側，眼隨體
轉視左手方向（圖348）。

圖348

動作要領：(1)左腳跟內扣
45度，與雙掌平展動作要協調。(2)鬆肩垂肘，立身中正，雙
臂撐圓。(3)雙臂平展幅度要小，要符合「含胸拔背」的拳理
要求。

易犯錯誤：(1)向左轉體時身體重心起伏，轉體幅度大，
重心偏於右腿。(2)聳肩仰肘，雙臂僵
直。(3)雙臂平展幅度大，造成背肩挺胸
現象。

動作方向：此勢動作身體向東南方。

動作3 身體向右轉，重心於左腿，
右腳提起向前邁出，腳跟落地，成右虛
步；雙掌屈臂向上畫弧經耳側向前合手推
出，右掌指向上，與鼻平；掌心略向左前
側，左掌心向下，掌指斜對右肘；眼視右
掌方向（圖349）。

動作要領：(1)雙臂合掌推出時，做

圖349

到右掌在前、左掌在後。(2)鬆腰胯，沉
肩墜肘，斂臀，雙臂撐圓。

易犯錯誤：(1)定勢姿勢起伏，聳
肩。(2)身體前俯突臀，左右歪髖。

動作方向：此動作身體向南方向。

圖 350

第81式 上 勢

動作1 接上勢，身體向左轉，重心
在左腿，隨體轉，左掌轉動掌心向上、向
下畫弧至左腹前，掌指向前；右掌隨體轉
動向前微展，掌心向前，掌指向上；腕與
肩平，眼隨體轉向前平視（圖 350）。

動作要領：(1)保持立身中正，雙臂撐圓，左腋要留有空
隙。(2)鬆腰沉髖，沉肩垂肘。

易犯錯誤：(1)身體前俯、突臀，動作重心起伏。(2)左右
歪髖，雙臂僵直。

動作方向：此動作身體向東南向。

動作2 身體向右轉，重心於左腿，
右腳提起向前邁出，腳跟先落地；此時隨
體轉，右掌向下畫弧平掤於胸前，掌心轉
動向內，掌指向左；左掌向後而上畫弧按
在右小臂上，掌心向外，掌指斜向上；眼
向前平視（圖 351）。

動作要領：(1)轉體，邁步、雙掌相
合的動作要協調。(2)立身中正，鬆腰沉
髖、鬆肩垂肘，雙臂撐圓。

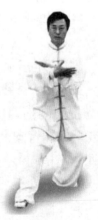

圖 351

　　易犯錯誤：(1)身體前俯、突臀，左右歪髖。(2)動作重心起伏，雙腿僵直。

　　動作方向：此動作身體向南方。

　　動作3　重心移於右腿，右腳全腳掌踏實，右腿慢慢向前弓出，成右弓步；雙掌向前下方擠出，右掌心向內，掌指向左，左掌心向外，掌指斜向上；眼視前下方（圖352）。

圖352

　　動作要領：(1)雙掌前擠時，雙臂微屈，上下相隨。(2)立身中正，鬆腰髖。

　　易犯錯誤：身體前傾，聳肩，抬肘。

　　動作方向：此動作身體向南方。

第82式　白鶴亮翅

　　動作1　接上勢，身體向左轉，右腳尖內扣45度，重心於右腿；隨身體轉動，右小臂內旋，微向前展；右掌心向左，虎口向上，掌指向前；左掌附在右小臂上，掌心向下，掌指向右；眼隨體轉向前平視（圖353）。

　　動作要領：(1)右小臂內旋、前展，含有下沉之意。(2)立身中正，鬆肩垂肘，雙臂撐圓。

　　易犯錯誤：(1)重心偏於右腿，上

圖353

體右傾，左右歪髖。(2)轉體與右臂微前展動作不協調。

動作方向：此勢動作身體向東方。

動作2 重心於右腿，左腳提起向前邁出，前腳掌踏地，成虛步；雙掌分別向右上、左下分開，右掌上提於右額前，掌心向外，掌指向上；左掌落於左髖前外，掌心向下，虎口向前，掌指向左斜前；眼向前平視（圖354）。

圖354

動作要領：(1)身體正直，雙臂保持圓形。(2)雙掌分開，雙膝關節微上伸。(3)含胸、拔背，雙臂保持弧形。

易犯錯誤：(1)俯身突臀，身體重心起伏太大。(2)左右歪髖，右膝關節過於內扣，重心不穩。

動作方向：此動作身體向東方。

第83式 左摟膝拗步

動作1 接上勢，上體微向左轉，重心於右腿，隨身體轉動，右掌轉動掌心向上，向左擺掌於體前，腕與肩平，掌指斜向前上；眼視右掌方向（圖355）。

圖354 正面

動作要領：(1)擺掌與身體轉動應協調配合，右腿重心要穩固。(2)身體平穩，動作輕靈、沉穩，鬆腰髖、垂肘鬆肩。

易犯錯誤：(1)身體前俯，重心前傾。(2)左右歪髖，雙臂

挺直。

動作方向：此動作身體向東北方。

動作2　身體向右轉，重心於右腿，左腳提起向前邁出，腳跟先著地；同時右掌下落經腹前再向右後上方畫弧於右肩外，掌心向外，掌指向上，左掌由下向上經面前畫弧於右肩前，掌心向內，掌指向右；眼視右手方向（圖356）。

圖355

動作要領：(1)雙掌運轉與邁步動作協調一致。(2)雙臂呈弧形，右掌向體右後側畫弧應在體右後側45度為宜。(3)邁步時身體重心必須坐實，以保持身體平衡。

易犯錯誤：(1)雙臂運轉與邁步不協調。(2)凸臀，身斜，轉體角度過大，出現動作重心偏斜現象。

圖356

動作方向：此動作身體向東南方。

動作3　身體向左轉，重心前移，左腳全腳掌踏實。左腿屈膝慢慢向前弓出，成左弓步；同時隨體轉，左掌落於右腹前，掌心翻轉向下，向前經左膝前摟過至左膝外側，掌指向

前；掌指側向前，右臂屈肘卷
收，右掌經耳旁立掌向前推
出，掌心向前，掌指向上，腕
與肩高；眼向前平視（圖
357）。

動作要領：(1)邁步時，
身體重心坐實，保持身體平
衡。(2)主宰於腰，以腰為
肘，雙臂運轉必須協調一致，
兩肩平齊；弓步、摟掌、推掌
應同時完成，作到「上下相

圖 357

隨」。(3)定勢時，右掌應基本對準身體中線，沉肩，鬆腰。

易犯錯誤：(1)右掌過高、前伸，右肩過於前送。(2)雙腳
在同一直線上。

動作方向：此動作身體向東方。

第84式　海底針

動作 1　接上勢，身體微
向左轉，重心移至左腿；右腳
向前跟半步，右腳前腳掌踏
地；隨身體轉動，右掌立掌向
前展伸，左掌保持上勢摟膝姿
勢不變；眼視右掌方向（圖
358）。

動作要領：(1)重心穩固
在左腿，右腳跟步踏地時身體

圖 358

才能平穩。(2)立身中正，鬆腰胯、垂肘、鬆肩動作輕靈、沉穩。

　　易犯錯誤：(1)跟步距前腳太近，身體重心前傾。(2)動作姿勢起伏，左右歪髖，雙臂挺直。

　　動作方向：此動作身體向東北方。

　　技擊含義：此勢動作時，身體重心要移於左腿，重心穩固，身體才能左轉自如，帶動右腳向前跟步，跟步距離以不超過半步距離為好。微向前送肩，右掌向前展推，此勢動作極其重要的一點是，重心前移向前跟步，身體姿勢要保持平穩，萬不可起伏，沉肩、鬆腰髖，動作意識要注重身體重心下沉，沉穩中寓有輕靈之感。右腳向前跟步，前腳掌要踏實，也就是前七（左腿）後三（右腿）的勁力分配。右掌前推，意貫右掌指。左掌同時要有沉勁，相輔相成。動作才能飽滿圓活。要達到拳諺所云：「身為心之用，勁力為身之用。心、身有一定之主宰者，理也。」

　　動作2　身體向右轉，重心移於右腿；右腳全腳掌踏實，右掌屈臂立掌收於胸前，掌心微向左，掌指向上；左掌弧形上提於體前，掌心向右，掌指向上，與鼻平；眼隨體轉向前平視（圖359）。

　　動作要領：(1)向右轉體以右前側45度為宜，右腳踏實與前進方向成45度。(2)左掌上提，虎口含有上挑之意。(3)身體中正，鬆肩垂肘，以腰為軸帶動雙掌運行。

圖359

易犯錯誤：(1)轉體幅度過大，重心偏斜，身體向後傾倒。(2)雙臂過於夾緊身體。

動作方向：此動作身體向南方向。

技擊含義：向右轉體，同時，身體重心右移，右腳尖與前方成 45 度，右腳全腳掌踏實。右掌屈收，意貫右掌背，含有向後的「引帶勁」，左掌挑起，意貫左掌虎口，含有向上的「挑架」之力，雙臂的動作以腰髖的縱軸轉動為主，動作過程要成弧形，立腰豎項，鬆肩垂肘、雙掌虎口撐圓，以保持勁力的飽滿。動作時要特別注意前臂與上臂之間以及雙臂與身體之間不可夾緊，以免形成死角。要體會拳諺所云：「提頂吊襠心中懸，鬆肩沉肘氣丹田。」

圖 360

動作3 身體向左轉，重心於右腿；左腳提起前移，左腳前腳掌踏地，成左虛步；隨體轉，右掌弧形向前下方插掌，掌心向左，掌指斜向前下；腕與腹平，左掌弧形下落於左膝旁，掌心向下，虎口向前，掌指斜向前；眼視前下方（圖 360）。

圖 360 正面

動作要領：(1)身體左轉，右掌下插、左掌下落，與虛步動作同時完成。(2)鬆腰沉髖，肩背舒鬆，雙臂撐圓。

易犯錯誤：⑴身體過於前俯，重心偏斜，身體向前傾倒。⑵左右歪髖，雙臂僵直。

動作方向：此動作身體向東方。

技擊含義：此動作時，身體向左的轉動，帶動雙掌與左虛步動作同時協調進行，也就是講手腳的動作要在同一時間段內完成。尤其是折體下坐、插掌，是相當重要的。左腳踏地成左虛步，要有力度，身體重心的分配應是前四後六。即右腿屈膝下坐，重心六成穩固於右腿，左腳要支撐身體前俯的重量，含有四成重心。右掌的動作要成弧形，向前下插出，意貫右掌指。左掌的動作要向前下弧形下落於左膝側，意貫左掌是採按勁。要如拳諺所云：「夫發手擊敵，全賴身法之助，身法為何？縱、橫、高、低、進、退、反、側而已！……低，則抑其身，而身有攢促之行。」

第85式　閃通臂

動作1　接上勢，身體向右轉，重心於右腿，上體直起，左腳提起向前邁出，腳跟先著地；隨體轉，左掌搭在右腕部，雙掌向上提至右額前，左掌心向外，掌指向上；右臂內旋，右掌轉動掌心向外，掌指向左；眼視右前方（圖361）。

動作要領：⑴腰的轉動帶動雙掌上提、邁步協調完成。⑵立身中正，身體重心不可起伏。⑶鬆腰沉髖，鬆肩沉肘，雙臂撐圓。

圖361

易犯錯誤：⑴動作不協調，凸臀。⑵身體重心起伏，聳肩揚肘。

動作方向：此動作身體向東南方。

圖 362

動作 2　身體向左轉，重心移於左腿，左腳全腳掌踏實，右腿屈膝，向前慢慢弓出，成左弓步；隨體轉，左掌微向下經胸前向前立掌推出。掌指向上，腕與肩平。同時，右掌向右前上方推撐，掌指向前，掌心向外；眼向前平視（圖 362）。

動作要領：⑴弓步時要鬆腰沉髖，立身中正，雙臂撐圓。⑵沉肩、墜肘、順腕、舒指。

易犯錯誤：⑴弓步時，身體重心起伏。⑵身體前俯，突臀聳肩，雙臂僵直。

動作方向：此動作身體側向東方向。

第 86 式　轉身撇身捶

動作 1　接上勢，身體向右轉，左腳尖內扣，重心於左腿；隨體轉，右掌握拳，經面前下落至腹前，拳心向下，拳眼向內；左掌向上畫弧至額前上方，掌心向外，掌指向右；眼隨體轉向前平視（圖 363）。

圖 363

動作要領：(1)身體的轉動帶動雙掌與扣腳動作協調進行。(2)立身中正，鬆腰沉髖，肩肘鬆沉，肩髖相對，雙臂撐圓。(3)左腳內扣幅度盡量達到大。

易犯錯誤：(1)動作不協調，脫節，上下不相隨。(2)動作重心起伏，俯身突臀，雙臂、雙腿挺直。

動作方向：此動作身體向南方。

技擊含義：此勢動作時，傳統楊式太極拳的動作特點之一是，身體重心要坐於左腿，左腳內扣要達到135度的幅度。重心穩固，身體才能右轉，此勢動作極其重要的一點是，右膝關節與右腳的方向一致，是身體轉動的基礎。同時也是動作姿勢保持平穩，重心不起伏，沉肩肘、鬆腰髖，立身中正的保證。動作意識要注重身體重心下沉，沉穩中寓有輕靈之感。意貫右臂，要有沉勁，左掌意貫虎口，要有撐帶的感覺。左右掌的動作相輔相成。動作才能飽滿圓活。要達到拳諺所云：「身為心之用，勁力為身之用。心、身有一定之主宰者，理也。」

動作 2　身體繼續向右轉，重心於左腿，右腳提起向前邁出，右腳跟先著地；隨體轉，左掌向左下畫弧於左髖側，掌心向下，掌指向前；右拳隨腰轉向前翻打，拳心向上與胸平；眼隨體轉向前平視（圖364）。

圖364

動作要領：(1)隨體轉，雙手動作與右腳邁出的動作要協調一致。(2)尾閭中正，沉肩垂肘，雙臂撐圓，動作飽滿。

易犯錯誤：(1)上下動作不協調，

動作脫節。⑵身體前俯突臀，左右歪髖，雙臂僵直。

動作方向：此勢動作身體向西方。

圖 365

第87式　白蛇吐信

動作1　身體微向右轉，重心前移，右腳全腳掌踏實，右腿屈膝慢慢向前弓出，成右弓步；同時，左掌上提經右臂上橫掌向前推出，腕與肩平，掌心向下，掌指向右；右拳變掌收於右腰間，掌心向上，掌指向前；眼向前平視（圖365）。

動作要領：⑴左橫掌、右掌收與右弓步動作協調一致。⑵立身中正，鬆肩肘，雙臂保持弧形。

易犯錯誤：⑴轉體幅度過大，身體向右傾倒。⑵身體前俯，聳肩，左臂僵直。

動作方向：此動作身體向西方向。

圖 365 正面

技擊含義：此勢動作時，雙臂的動作與身體的轉動，右腿的弓步協調進行。腰髖的轉動帶動左掌上提向前的橫掌推出，此時意貫左掌外緣及左臂，是撐推的感覺。同時右掌的回收，

意貫右臂下側，是引帶勁。右肘關節，含有向後的頂勁。雖然身體轉動的幅度不是很大，但腰髖的轉動，身體沿縱軸運轉，使得左腳的蹬踏之勁，貫穿到雙掌。鬆肩拔背是蓄勁的體現。正如拳諺所云：「擎起彼勁借彼力，引到身前勁始蓄；鬆開我勁勿使屈，放時腰腳認端的。」

圖366

動作 2 身體微向左轉，重心於右腿，成右弓步；同時，右掌從右腰側向前伸出，掌心向上，掌指向前，腕與胸平；左臂屈肘回收，從右臂上收於右肘上方，掌心向下，掌指向右；眼向前平視（圖366）。

動作要領：(1)主宰於腰，以腰髖的轉動帶動雙臂的運轉。(2)立身中正，鬆腰胯、垂肘、鬆肩動作輕靈、沉穩。(3)雙比保持弧形。

易犯錯誤：(1)動作左右不相隨。不協調。(2)動作姿勢起伏，左右歪髖，雙臂挺直。

動作方向：此動作身體向西方。

技擊含義：此勢動作時，重心要穩固於左腿，身體才能左轉自如，帶動雙臂的運轉，右掌向前的探出，微向前送肩，意貫右掌指，是順步探掌。左臂的屈收，左掌向後的動作要飽滿，左肘不要成死角。動作意識上要注重身體重心下沉，身體姿勢要保持平穩，萬不可起伏，沉肩、鬆腰髖，沉穩中寓有輕靈之感。右掌伸出，左掌的同時回收，動作要連貫自如。動作

才能飽滿圓活。要達到拳諺所云：「每一動，惟手先著力，隨即鬆開。猶須貫穿一氣，不外起、承、轉、合。始而意動，繼而勁動，轉接要一線串成。」

第88式　進步搬攔捶

動作1　接上勢，身體向左轉，左腳尖外展45度，重心於左腿，右腳提起向前邁出，腳跟先著地；隨身體轉動左臂外旋，左掌轉

圖367

動向上、向左後而上畫弧至左肩外，掌心向外，掌指向上，腕與肩平；右臂內旋，右拳向左下畫弧至腹前，拳心向下，拳眼向內；眼視左掌方向（圖367）。

動作要領：(1)以腰的動作帶動雙臂動作與邁步協調完成。(2)重心左移，動作姿勢不可起伏，要平穩過度。

易犯錯誤：(1)動作不協調，身體前俯突臀。(2)聳肩，雙臂僵直。

動作方向：此動作身體向東北方向。

動作2　身體向右轉，重心前移，右腳全腳掌踏實。右腿屈膝慢慢向前弓出，成右弓步；隨腰轉；右拳向前翻打，拳心向上，拳面向前，拳與胸平；左掌同時經面前向前橫掌下壓於右拳前，掌心向下，掌指向右，腕與肩平；眼向前平視（圖368）。

動作要領：(1)雙掌的動作與弓步要同時協調完成。(2)身體正直，雙肩鬆沉，雙臂撐圓。(3)左掌、右拳之間以一拳距

離為宜。

易犯錯誤：(1)右拳翻打、左掌蓋壓與弓步動作不協調。(2)身體前俯，聳肩、揚肘。

動作方向：此動作身體向東向。

動作 3 身體向右轉，右腳尖外展 45 度，重心於右腿，左腳提起向前邁出，腳跟先著地；右拳收於右腰間，拳心向上，左掌立掌向前、向左畫弧攔出，掌心側向前，掌指向上，腕與肩平；眼向前平視（圖 369）。

圖 368

動作要領：(1)雙臂不可挺直，立身中正，鬆腰沉胯。(2)邁步、攔掌、收拳動作協調完成。

易犯錯誤：(1)右臂緊夾身體，動作不協調。(2)突臀左右歪髖。

圖 369

動作方向：此動作身體向東南方向。

動作 4 身體向左轉，重心前移，左腳全腳掌踏實。左腿屈膝慢慢向前弓出，成左弓步；右臂內旋，右拳自腰間向前打出，拳眼向上，與胸平；左掌弧形收至右前臂內側，掌心

側向右，掌指斜向上；眼向前
平視（圖370）。

動作要領：(1)立身中
正，兩臂微屈，沉肩垂肘，雙
臂撐圓。(2)弓步形成、左掌
收回、右拳打出動作要協調，
速度均勻。(3)右拳、左掌之
間距離以一拳為宜。

易犯錯誤：(1)上體前
俯、突臀，聳肩、右臂僵直。
(2)動作不協調，上下不相隨。

圖370

動作方向：此動作身體向東方
向。

第89式　上步右攬雀尾（掤式）

動作1　接上勢，身體向左轉，
左腳尖外展45度，重心移於左腿，
隨體轉右腳跟提起；同時，左臂外
旋，翻轉左掌心向上，向左下畫弧撤
至左腹前，掌心向上，掌指向右；右
拳隨體轉向前展伸，腕與肩平，拳眼
向上，拳面向前；眼隨體轉向前平視
（圖371）。

圖370 正面

動作要領：(1)立身中正，肩肘鬆沉，雙臂呈弧形。(2)右拳
向前展伸的動作幅度要適宜。

易犯錯誤：(1)雙掌動作與轉體動作不協調。(2)俯身、聳

肩、吊肘，左右歪髖。

動作方向：此勢動作身體向西南方。

技擊含義：此動作時，隨身體的左轉，左掌與右拳同時而動。右拳向前順肩展伸，拳與胸平，拳面向前，意貫拳面，是向前送勁的意思；左臂外旋，左掌翻轉向上，向左下回撤。此時，意貫左肘關節，是向後的撐勁同時左臂還含有向下的引帶之意。要含有前送（右拳），後撐（左肘）的對拔之勁力感覺。頂頭懸，身中正，鬆腰髖，順肩胯。右腳跟提起，右前腳掌要具有蹬踏的力度感覺，要支撐身體的穩定。要體會拳諺所云：「功夫先練開展，後練緊湊。開展成而地之，才講緊湊；緊湊得成，才講尺、寸、分、毫。」

圖 371

圖 372

動作2 身體繼續微向左轉，重心於左腿；右腳提起向右前邁出，腳跟先著地，同時左掌向後而上畫弧屈臂於右胸前，掌心向下，掌指向右；右拳變掌向左下畫弧於左腹前，轉動掌心側向上，掌指向左；眼隨體轉向前平視（圖372）。

動作要領：(1)立身中正，沉肩垂肘，雙臂保持弧形。(2)

鬆腰沉髖，右腿屈膝，雙腳間
橫向距離 30 公分為宜。

易犯錯誤：(1)身體歪斜、
突臀，左右歪髖。(2)聳肩、
仰肘，雙膝挺直，重心起伏。

動作方向：此勢動作身體
向西南方。

動作3 身體向右轉，重
心移於右腿；右腳全腳掌踏
實，右腿屈膝慢慢向前弓出，
成右弓步；隨體轉，右臂向上

圖 373

經面前立掌向前掤出，掌心側向前，掌指向上，與鼻平；左掌
隨體轉落於右肘內側，掌心側向上，掌指對右肘；眼隨體轉向
前平視（圖 373）。

動作要領：(1)以腰轉動帶動上下動作協調完成。(2)沉
肩、墜肘，含胸拔背。(3)右臂立掌向前掤出要成立圓弧形。

易犯錯誤：(1)身體前俯、突臀，雙腋緊夾身體。(2)聳肩、
仰肘，雙膝挺直，重心起伏。

動作方向：此勢動作身體向西方。

第89式 上步右攬雀尾（捋式）

動作1 接上勢，身體向左轉，重心移於左腿，成坐步；
雙掌隨身體轉動向左後捋至腹前，雙掌心側相對，右掌心向
左，掌志向前；左掌心側向上，掌指向右；眼隨體轉向前平視
（圖 374）。

動作要領：(1)向後捋時，左肘應向左側後 45 度方向撤

圖 374　　　　　　　　　　　圖 375

肘。(2)立身中正，沉肩、墜肘，鬆腰沉髖。(3)右肘與身體保持 20 公分左右距離為宜。

易犯錯誤：(1)身體後仰、左右歪髖，雙腋緊夾身體。(2)聳肩、仰肘，雙膝挺直，動作姿勢起伏。

動作方向：此勢動作身體向西南方。

第 89 式　上步右攬雀尾（擠式）

動作 1　接上勢，身體向右轉，重心於左腿，成坐步；同時右臂外旋屈肘提於腹前，右掌心向內，掌指向左；左臂內旋上提附於右腕內側，左掌心向前，掌指斜向上，掌指向右；眼隨體轉向前平視（圖 375）。

動作要領：(1)腰的轉動帶動雙手相合。(2)立身中正，沉肩、墜肘，鬆腰沉髖。

易犯錯誤：(1)身體前俯突臀、左右歪髖，雙腋緊夾身體。(2)聳肩、右膝挺直，動作姿勢起伏。

動作方向：此勢動作身體向西方。

動作 2　重心前移，右腿屈膝慢慢向前弓出，成右弓步；同時雙掌向前擠出，腕與肩平，右掌心向內，掌指向左，左掌心向外，掌指斜向上；眼向前平視（圖 376）。

圖 376

動作要領：(1)立身中正，沉肩、雙肘應有下垂之意。(2)雙臂撐圓，動作要飽滿。

易犯錯誤：(1)身體前俯，雙臂僵直。(2)聳肩、左膝挺直，動作姿勢起伏。

動作方向：此勢動作身體向西方。

第 89 式　上步右攬雀尾（按式）

動作 1　接上勢，重心微向前移，成右弓步；同時雙掌向前平展，左掌從右掌上向前分開，腕與肩平，雙掌心相對，虎口向上，雙掌指向前；眼向前平視（圖 377）。

動作要領：(1)立身，沉肩、雙肘下垂。(2)雙掌前分要舒腕展指，雙臂保持

圖 377

弧形。

易犯錯誤：(1)身體前俯、雙臂僵直。(2)雙臂過於上舉，聳肩仰肘。

動作方向：此勢動作身體向西方。

動作2 重心後移於左腿，成左坐步，同時，雙臂屈肘挑掌收於胸前，兩掌心側相對，掌指斜向上，眼向前平視（圖378）。

圖378

動作要領：(1)重心後移與屈臂挑掌應同時協調完成。(2)兩臂放鬆，雙腋微虛，屈肘挑掌動作成弧。

易犯錯誤：(1)雙肘平展，俯身突臀。(2)重心後移與收掌動作脫節、不協調。

動作方向：此勢動作身體向西方。

動作3 重心前移，右腿屈膝慢慢向前弓出，成右弓步；雙掌微向下，再向前上按出，掌心向前，掌指向上與肩平，眼向前平視（圖379）。

圖379

動作要領：(1)雙掌前按動作要走弧形，雙臂撐圓，雙肘微屈。(2)雙掌前按，要順腕立掌，腕部要柔順。

易犯錯誤：(1)雙臂僵直，上體前俯、突臀。(2)聳肩、前

按動作時雙掌過高。

動作方向：此勢動作身體向
西方。

第90式　單　鞭

圖380

動作1　接上勢，身體向左
轉，右腳尖內扣，重心移至左
腿；雙掌隨腰轉動微向上，經面
前向左畫弧至身體左前側，掌心
向外，掌指向上；眼左掌方向視
（圖380）。

動作要領：(1)右腳尖內扣幅度應盡量大。(2)轉體時動作
姿勢平穩，雙臂撐圓，含有勁力上引之意，動作呈弧形。(3)
雙掌至左前以達到45度為宜，角度過大，重心易偏斜。

易犯錯誤：身體姿勢起伏，雙臂挺直。

動作方向：此動作身體向東南方向。

技擊含義：身體向左轉，重心的移動要平穩，動作外形不
可有起伏。此時，隨體轉，右腳內扣的幅度要大，盡量達到
135度，要做到右膝關節與右腳尖的方向一致，髖關節的轉動
是相當關鍵的，所以要鬆腰、沉髖。同時雙掌微向上、向左畫
弧，至身體左前45度，與身體轉動的方向一致。雙掌弧形移
動時，左掌勁力為「引帶勁」，而右掌勁力為「掤勁」。雙掌
雖然同時運動，但是勁力確不同。向上的弧形，雙掌指不可超
過上眉。沉肩、垂肘，雙臂動作要飽滿，肩背要鬆。要體會拳
諺所云「切記一動無有不動，一靜無有不靜。內固精神，外示
安逸」之意。

動作2 身體向右轉，重心移於右腿，左腳提起向左前邁出，腳跟先著地；隨體轉，左掌向下畫弧至右腹前，掌心向上，掌指向右；右掌轉動掌心向上，向內畫弧經頷下握勾手向右前伸出，勾尖向下，勾背略高於肩；眼視勾手方向（圖381）。

圖 381

動作要領：(1)向右轉體幅度要適中，不可超過右前45度。(2)勾手向右前伸出與左腳邁出、左掌下落動作要協調一致。(3)立身中正、鬆肩墜肘，鬆腰沉髖。

易犯錯誤：(1)左腳邁出時身體重心起伏，凸臀，雙臂僵直。(2)動作不協調、脫節，向右轉體幅度大、重心向後傾倒。

動作方向：此動作身體向西南方向。

圖 382

動作3 身體向左轉，重心前移，左腳全腳掌踏實，左腿屈膝慢慢向前弓出，成左弓步；同時左掌向上經面前，立圓（立掌）向前推出，掌心向前，掌指向上；右勾手向右後方拉開，勾尖向下，勾背略高於肩；眼向前平視（圖382）。

動作要領：(1)向左轉體、弓步與雙手的動作要同時完成。(2)立身中正，鬆腰沉髖，含胸拔背。(3)鬆肩墜肘，雙臂保持弧形。

易犯錯誤：(1)向左轉體時身體重心起伏，動作不協調、脫節。(2)聳肩仰肘，雙臂僵直。

動作方向：此動作身體向東方向。

圖383

第91式 左右雲手（左雲手1）

動作1 接上勢，身體向右轉，左腳尖內扣90度，重心於左腿；隨體轉，左掌（立掌）向右平擺至體前，腕與肩平，掌心向外，掌指向上；右勾手保持上勢不動；眼隨體轉向前平視（圖383）。

動作要領：(1)身體轉動重心要平穩，保持身體平衡。(2)「主宰於腰」，以腰為軸，帶動手、腳動作協調進行。(3)身體中正，垂肩沉肘，鬆腰髖，左掌應基本對準身體中線。

易犯錯誤：(1)動作重心起伏，雙臂僵直。(2)上體前俯，凸臀。

動作方向：此動作身體向南方。

技擊含義：此動作是銜接式。做此動作時，首先要注意的是身體的右轉，重心要保持穩定，重心保持穩定的關鍵就是鬆腰沉髖。腰髖的轉動使得身體沿縱軸旋轉時，必須做到虛領頂勁，才能立身中正。立身中正，就避免了身體的前俯後仰。左腳隨身體的轉動內扣碾腳，不僅加強了身體轉動時的靈活性，

而且有利於主宰於腰，以腰為軸，帶動手腳動作的協調進行。同時左掌隨身體的轉動向右平擺於體前，鬆肩垂肘，順腕舒指。左掌基本對準身體中線，意貫左臂內側，含有引帶，化解的勁力。右勾手隨體轉而動。如拳諺所云「主宰於腰，一動無有不動」。

圖384

動作2 身體向左轉，左掌隨身體轉動立掌畫弧至體左前側，逐漸翻轉掌心向外，掌指向上與眼平；右勾手變掌向下抄至左肋前，掌心向上，掌指向左；右腳提起向左移靠，前腳掌踏地；眼視左手方向（圖384）。

動作要領：(1)右腳移靠時，雙腳間距離與肩同寬。(2)保持身體正直，雙臂撐圓，防止聳肩、抬肘。(3)雲手以腰轉動帶動雙臂運轉，要做到上手齊眉，下手齊腹。

易犯錯誤：(1)動作起伏大，雙臂未撐圓。(2)以肩動為先，動作勁力不充實。

圖384 背面

動作方向：此動作身體向南方向。

第91式　左右雲手（右雲手1）

動作1 接上勢，身體向右轉，右腳全腳掌踏實，重心移至右腿；左腳向左橫步邁出，前腳掌踏地，隨體轉，右掌向

上經面前向右前側畫弧，逐漸翻轉掌心向外，掌指向上，腕與肩平；左掌向下畫弧至右肋前，掌心逐漸轉動向上，掌指向右；眼視右手方向（圖385、386）。

動作要領：(1)左腳橫步邁出與雙掌動作完成應以腰為軸，協調完成。(2)雙臂運轉時要注意勁力變化，左掌是先按再掤，勁力飽滿；右掌為掤勁。(3)身體轉動幅度要保持在左前或右前45度為宜。

易犯錯誤：(1)動作不協調，脫節。(2)身體轉動幅度大，重心不穩，向後傾倒。

動作方向：此動作身體向西南方。

技擊含義：此動作時，左腳的橫向邁出，要以左腳的前腳掌踏地，在傳統楊式太極拳套路中這種步法也叫「橫開步」，

圖 385

圖 386

圖 386 背面

「蟹行步」或「側行步」。髖關節的鬆沉，是橫開步動作的關鍵。開步的距離要依每人所定。身體重心的穩固，奠定了腰髖的右轉和左腳橫向邁出的協調配合。右臂的外旋，意貫右臂外側，是橫掤勁。左掌先是向下的按掌，然後經腹前向右畫弧於右肋前，是掤勁。雙掌的上下反向的攪動，要隨腰的轉動、左腳的邁出同時協調進行。立身中正，虛領頂勁，雙臂撐圓，動作要圓活自如，眼隨上手的動作移動。要如拳諺所云：「運動知覺來相應，神是君位骨肉臣。分明火候七十二，天然乃武併乃文。」

圖387

第91式 左右雲手（左雲手1）

動作1 接上勢，身體向左轉，左腳全腳掌踏實，重心移於左腿；隨體轉，左掌向上經面前向左前側畫弧，逐漸翻轉掌心向外，掌指向上，腕與肩平；右掌向下畫弧至左肋前，掌心逐漸轉動向上，掌指向左，同時右腳提起向左移靠，前腳掌踏地；眼視左手方向（圖387、388）。

動作要領：(1)身體重心的移動要平緩，動作姿勢不可起伏。(2)腰的轉動帶動雙臂的協調運轉。(3)身體轉動幅度和左掌要保持在左前45度為宜。

圖388

易犯錯誤：(1)重心移動時動作姿勢起伏。(2)左肩先動，動作不協調，上下動作脫節。(3)身體轉動幅度過大重心偏左身體向左後傾倒。

動作方向：此動作身體向東南方。

第91式 左右雲手（右雲手2）

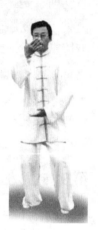

動作1 接上勢，身體向右轉，右腳全腳掌踏實，重心移至右腿；左腳向左橫步邁出，前腳掌踏地；隨體轉，右掌向上經面前向右前側畫弧，逐漸翻轉掌心向外，掌指向上，腕與肩平；左掌向下畫弧至右肋前，掌心逐漸轉動向上，掌指向右；眼視右手方向（圖389、390）。

動作要領：(1)左腳橫步邁出與雙掌動作完成應以腰為軸，協調完成。(2)雙臂運轉時

圖 389

圖 390

圖 390 背面

要注意勁力變化，左掌是先按再掤，勁力飽滿；右掌為掤勁。
(3)身體轉動幅度要保持在左前或右前 45 度為宜。

易犯錯誤：(1)動作不協調，脫節。(2)身體轉動幅度大，重心不穩，向後傾倒。

動作方向：此動作身體向西南方。

第 91 式　左右雲手（左雲手 2）

動作 1　接上勢，身體向左轉，左腳全腳掌踏實，重心移於左腿；隨體轉，左掌向上經面前向左前側畫弧，逐漸翻轉掌心向外，掌指向上，腕與肩平；右掌向下畫弧至左肋前，掌心逐漸轉動向上，掌指向左；同時右腳提起向左移靠，前腳掌踏地；眼視左手方向（圖 391、392）。

動作要領：(1)身體重心的移動要平緩，動作姿勢不可起伏。(2)腰的轉動帶動雙臂的協調運轉。(3)身體轉動幅度和左掌要保持在左前 45 度為宜。

圖 391

圖 392

| 圖 393 | 圖 394 | 圖 394 背面 |

易犯錯誤：(1)重心移動時動作姿勢起伏。(2)左肩先動，動作不協調，上下動作脫節。(3)身體轉動幅度過大重心偏左身體向左後傾倒。

動作方向：此動作身體向東南方。

第91式　左右雲手（右雲手3）

動作1　接上勢，身體向右轉，右腳全腳掌踏實，重心移至右腿；左腳向左橫步邁出，前腳掌踏地；隨體轉，右掌向上經面前向右前側畫弧，逐漸翻轉掌心向外，掌指向上，腕與肩平；左掌向下畫弧至右肋前，掌心逐漸轉動向上，掌指向右；眼視右手方向（圖393、394）。

動作要領：(1)左腳橫步邁出與雙掌動作完成應以腰為軸，協調完成。(2)雙臂運轉時要注意勁力變化，左掌是先按再掤，勁力飽滿；右掌為掤勁。(3)身體轉動幅度要保持在左前或右前45度為宜。

圖 395　　　　　　　　　　圖 396

易犯錯誤：(1)動作不協調，脫節。(2)身體轉動幅度大，重心不穩，向後傾倒。

動作方向：此動作身體向西南方。

第 91 式　左右雲手（左雲手 3）

動作 1　接上勢，身體向左轉，左腳全腳掌踏實，重心移於左腿；隨體轉，左掌向上經面前向左前側畫弧，逐漸翻轉掌心向外，掌指向上，腕與肩平；右掌向下畫弧至左肋前，掌心逐漸轉動向上，掌指向左；同時右腳提起向左移靠，前腳掌踏地；眼視左手方向（圖 395、396）。

動作要領：(1)身體重心的移動要平緩，動作姿勢不可起伏。(2)腰的轉動帶動雙臂的協調運轉。(3)身體轉動幅度和左掌要保持在左前 45 度為宜。

易犯錯誤：(1)重心移動時動作姿勢起伏。(2)左肩先動，動作不協調，上下動作脫節。(3)身體轉動幅度過大重心偏左

圖397　　　　　　圖398　　　　　　圖398 背面

身體向左後傾倒。

　　動作方向：此動作身體向東南方。

第91式　左右雲手（右雲手4）

　　動作1　接上勢，身體向右轉，右腳全腳掌踏實，重心移至右腿；左腳向左橫步邁出，前腳掌踏地；隨體轉，右掌向上經面前向右前側畫弧，逐漸翻轉掌心向外，掌指向上，腕與肩平；左掌向下畫弧至右肋前，掌心逐漸轉動向上，掌指向右；眼視右手方向（圖397、398）。

　　動作要領：(1)左腳橫步邁出與雙掌動作完成應以腰為軸，協調完成。(2)雙臂運轉時要注意勁力變化，左掌是先按再掤，勁力飽滿；右掌為掤勁。(3)身體轉動幅度要保持在左前或右前45度為宜。

　　易犯錯誤：(1)動作不協調，脫節。(2)身體轉動幅度大，重心不穩，向後傾倒。

圖 399　　　　　　　　　　　圖 400

動作方向：此動作身體向西南方。

第 91 式　左右雲手（左雲手 4）

動作 1　接上勢，身體向左轉，左腳全腳掌踏實，重心移於左腿；隨體轉，左掌向上經面前向左前側畫弧，逐漸翻轉掌心向外，掌指向上，腕與肩平；右掌向下畫弧至左肋前，掌心逐漸轉動向上，掌指向左；同時右腳提起向左移靠，前腳掌踏地；眼視左手方向（圖 399、400）。

動作要領：(1)身體重心的移動要平緩，動作姿勢不可起伏。(2)腰的轉動帶動雙臂的協調運轉。(3)身體轉動幅度和左掌要保持在左前 45 度為宜。

易犯錯誤：(1)重心移動時動作姿勢起伏。(2)左肩先動，動作不協調，上下動作脫節。(3)身體轉動幅度過大重心偏左身體向左後傾倒。

動作方向：此動作身體向東南方。

圖 401　　　　　　圖 402　　　　　　圖 402 背面

第 91 式　左右雲手（右雲手 5）

動作 1　接上勢，身體向右轉，右腳全腳掌踏實，重心移至右腿；左腳向左橫步邁出，前腳掌踏地；隨體轉，右掌向上經面前向右前側畫弧，逐漸翻轉掌心向外，掌指向上，腕與肩平；左掌向下畫弧至右肋前，掌心逐漸轉動向上，掌指向右；眼視右手方向（圖 401、402）。

動作要領：(1)左腳橫步邁出與雙掌動作完成應以腰為軸，協調完成。(2)雙臂運轉時要注意勁力變化，左掌是先按再掤，勁力飽滿；右掌為掤勁。(3)身體轉動幅度要保持在左前或右前 45 度為宜。

易犯錯誤：(1)動作不協調，脫節。(2)身體轉動幅度大，重心不穩，向後傾倒。

動作方向：此動作身體向西南方。

圖 403

圖 404

第91式　左右雲手（左雲手5）

動作1　接上勢，身體向左轉，左腳全腳掌踏實，重心移於左腿；隨體轉，左掌向上經面前向左前側畫弧，逐漸翻轉掌心向外，掌指向上，腕與肩平；右掌向下畫弧至左肋前，掌心逐漸轉動向上，掌指向左；同時右腳提起向左移靠，前腳掌踏地；眼視左手方向（圖403、404）。

動作要領：(1)身體重心的移動要平緩，動作姿勢不可起伏。(2)腰的轉動帶動雙臂的協調運轉。(3)身體轉動幅度和左掌要保持在左前45度為宜。

易犯錯誤：(1)重心移動時動作姿勢起伏。(2)左肩先動，動作不協調，上下動作脫節。(3)身體轉動幅度過大重心偏左身體向左後傾倒。

動作方向：此動作身體向東南方。

圖 405　　　　　　圖 406　　　　　　圖 406 背面

第 91 式　左右雲手（右雲手 6）

動作 1　接上勢，身體向右轉，右腳全腳掌踏實，重心移至右腿；左腳向左橫步邁出，前腳掌踏地；隨體轉，右掌向上經面前向右前側畫弧，逐漸翻轉掌心向外，掌指向上，腕與肩平；左掌向下畫弧至右肋前，掌心逐漸轉動向上，掌指向右；眼視右手方向（圖 405、406）。

動作要領：(1)左腳橫步邁出與雙掌動作完成應以腰為軸，協調完成。(2)雙臂運轉時要注意勁力變化，左掌是先按再掤，勁力飽滿；右掌為掤勁。(3)身體轉動幅度要保持在左前或右前 45 度為宜。

易犯錯誤：(1)動作不協調，脫節。(2)身體轉動幅度大，重心不穩，向後傾倒。

動作方向：此動作身體向西南方。

圖 407　　　　　　　　　　　　圖 408

第 91 式　左右雲手（左雲手 6）

動作 1　接上勢，身體向左轉，左腳全腳掌踏實，重心移於左腿；隨體轉，左掌向上經面前向左前側畫弧，逐漸翻轉掌心向外，掌指向上，腕與肩平；右掌向下畫弧至左肋前，掌心逐漸轉動向上，掌指向左；同時右腳提起向左移靠，前腳掌踏地；眼視左手方向（圖 407、408）。

動作要領：(1)身體重心的移動要平緩，動作姿勢不可起伏。(2)腰的轉動帶動雙臂的協調運轉。(3)身體轉動幅度和左掌要保持在左前 45 度為宜。

易犯錯誤：(1)重心移動時動作姿勢起伏。(2)左肩先動，動作不協調，上下動作脫節。(3)身體轉動幅度過大重心偏左身體向左後傾倒。

動作方向：此動作身體向東南方。

第92式 單 鞭

動作1 接上勢，身體微向右轉，右腳尖內扣45度，重心移於右腿，左腳提起向左前邁出，腳跟先著地；隨體轉，左掌向下畫弧經腹前再向右上畫弧於右肩前，掌心向內，掌指向右；右掌稍向上向內畫弧經頷下握勾手向右前伸出，勾尖向下，勾背略高於肩；眼視勾手方向（圖409）。

圖409

動作要領：(1)向右轉體幅度要適中，不可超過右前45度。(2)勾手向右前伸出與左腳邁出、左掌下落動作要協調一致。(3)立身中正、鬆肩墜肘，鬆腰沉髖。

易犯錯誤：(1)左腳邁出時身體重心起伏，凸臀，雙臂僵直。(2)動作不協調、脫節，向右轉體幅度大、重心向後傾倒。

動作方向：此動作身體向西南方向。

技擊含義：身體向右轉，幅度要適中。不可超過右斜前45度，否則重心極易偏後，產生身體向後傾倒。右腳內扣，重心移於右腿，髖關節的動轉，使得左腳邁出的動作才能輕鬆自如。左膝關節要微屈，不可僵直挺硬。同時要注意左腳的落點應偏左，避免雙腳在同一直線的現象出現。右掌向上，向頷下屈臂回收時，要注意到鬆肩、含胸，力達肘關節，意在「肘勁」。右腋不可緊夾身體，肘關節的運動方向是右斜前45度，隨右前臂的展伸，右掌握勾手，以勾背為力點向前頂出。

左掌弧形下落時，意在「採按」勁，然後屈臂經腹前繼續向右上畫弧於右肩前，逐漸翻轉掌心向內，掌指向右，此時力貫左臂為平「掤勁」，雙臂動作要肩肘鬆沉，飽滿撐圓。立身中正，收腹斂臀，鬆腰沉髖，肩髖相合。正如拳諺所云：「立身須中正安舒，支撐八面」。

圖 410

動作 2 身體向左轉，重心移於左腿，左腳全腳掌踏實，左腿屈膝慢慢向前弓出，成左弓步；同時左掌向上經面前，立圓弧形立掌向前推出，掌心側向前，掌指向上，腕與肩平；右勾手同時向右側後方展伸，勾尖向下，勾背略高於肩；眼向前平視（圖 410）。

動作要領：(1)向左轉體、弓步與雙手的動作要同時完成。(2)立身中正，鬆腰沉髖，含胸拔背。(3)鬆肩墜肘，雙臂保持弧形。

易犯錯誤：(1)向左轉體時身體重心起伏，動作不協調、脫節。(2)聳肩仰肘，雙臂僵直。

動作方向：此動作身體向東方向。

第 93 式　高探馬

動作 1 接上勢，身體重心前移，右腳向前跟半步，前腳掌踏地；同時，左掌隨身體重心前移微向前展伸，掌心向前，

掌指向上,腕與肩平;右勾手保持上勢動作不變;眼視左掌方向(圖411)。

動作要領:(1)重心前移要保持身體穩定。(2)立身中正,鬆肩、垂肘,雙臂呈弧形。(3)跟步時右腳要有支撐的力度。

易犯錯誤:(1)左支撐腿直立,動作重心起伏。(2)身體前俯、突臀,左右歪髖。

圖411

動作方向:此動作身體向東方。

技擊含義:此動作很重要的一點就是,身體重心的前移,並不意味著身體姿勢上下位置的移動,也不是單純的上體向前的位移,而是在左弓步的基礎上,身體重心向前送,左膝關節微向前弓,髖關節沿水平位置平移,同時帶動右腳向前跟步,右腳右膝要保持原動作方向45度不變。所以,左腿不僅要保持身體重心的穩定性,而且要承受由於身體重心前移所加大的重量。虛領頂勁,保持了身體的中正。鬆腰沉髖,避免了身體姿態的上下起伏。右腳前腳掌踏地,緩解了左腿的承重感,加強了動作的穩固性。要理解拳諺所云:「勁斷意不斷,意斷神可接。勁、意、神俱斷,則俯仰矣!手足無著落耳!」

動作2 身體向右轉,重心移於右腿,右腳全掌踏實。隨體轉,右勾手變掌平舉於身體右肩前外側,掌心向外,掌指向上;左臂外旋,掌心翻轉向上,掌指向前,雙腕與肩平;眼視

圖 412　　　　　圖 413　　　　　圖 413 正面

右掌方向（圖 412）。

　　動作要領：(1)身體右轉與雙掌的動作同時協調進行。(2)立身中正，鬆肩、垂肘，雙臂呈弧形。

　　易犯錯誤：(1)右支撐腿直立，動作起伏。(2)身體後仰，左右歪髖。

　　動作方向：此動作身體向南方向。

　　動作 3　身體向左轉，重心於右腿，左腳提起稍向前移，前腳掌踏地，成左虛步；右臂屈肘經耳側橫掌向前推出，掌心側向前，掌指斜向左前，略高於肩；左掌經右臂下屈臂收至上腹，掌心向上，掌指向右前方，雙掌與肩平；眼向前平視（圖 413）。

　　動作要領：(1)向左轉體，右膝微上伸身體重心上拔。(2)立身中正，鬆腰鬆垮，沉肩肘，雙臂呈弧形。

　　易犯錯誤：(1)上體前傾、凸臀，左右歪髖。(2)雙腿直立，雙臂過於挺直。

圖414　　　　　　　　　　圖414 正面

動作方向：此動作身體向東方向。

第94式　穿　掌

動作1　接上勢，身體微向左轉，重心於右腿，右腿微屈下蹲，左腳向前邁出，腳跟先著地；同時左掌向左下畫弧收於左腰側，翻轉掌心向上，掌指向前，右掌向右而上屈臂橫掌於胸前掌心向下掌指向左；眼視右手方向（圖414）。

動作要領：(1)重心下沉，右支撐腿首先要屈蹲，左腳再邁出。(2)立身中正，鬆腰沉髖，鬆肩垂肘，雙臂撐圓。

易犯錯誤：(1)右支撐腿未屈蹲，左腳邁出產生「搶步、砸地」現象。(2)身體前俯後仰、突臀，左右歪髖。

動作方向：此動作身體東方向。

技擊含義：此勢動作，身體轉動的幅度雖然不是很大，仍然要以腰髖的轉動帶動雙掌及左腳的邁出協調而動。同時身體重心沿縱軸下沉，右腿屈蹲，左腳邁出的動作才能輕靈、自

如，就可以盡量避免「搶步、砸地」現象的出現。鬆腰沉髖，以保持身體重心的穩定，鬆肩垂肘，含胸拔背，氣沉丹田，立身中正體現了傳統楊式太極拳的獨特風格和特點。所以要如拳諺所云：「不強用力，以心行氣；步如貓行，上下相隨；呼吸自然，一線串成；變換在腰，氣行四肢；分清虛實；圓轉如意。」

圖 415

動作 2 身體微向右轉，重心移於左腿，左腳全腳掌踏實，左腿屈膝慢慢向前弓出，成左弓步；同時左掌由右前臂上穿出，掌心向上，掌指向前與肩平；右掌屈臂收於左肘下，掌心向下，掌指向左；眼向前平視（圖 415）。

動作要領：(1)左掌前穿，右掌屈收與弓步動作同時協調完成。(2)上體正直，鬆肩沉肘，雙臂不可挺直。

易犯錯誤：(1)重心起伏，上體過於前俯凸臀。(2)左右歪髖，雙臂僵直。

動作方向：此動作身體東方向。

技擊含義：身體重心前移時，動作姿勢要平穩，髖關節要沿水平位置平移，不可出現重心大起大伏的現象。左掌的伸出及右掌的回收要與左弓步的動作同時完成。動作過程中，要意貫右掌，為向下「採化」的勁力。左掌意貫掌指，為「長勁」。立身中正，鬆腰髖，沉肩肘，含胸拔背，雙臂撐圓。要體會拳諺所云：「氣宜鼓蕩，神宜內斂。勿使有缺陷處，勿使

有凹凸處，勿使有斷續處。其根在腳，
發於腿，主宰於腰，行於手指。由腳而
腿、而腰，總須完整一氣。」

圖416

第 95 式　轉身單擺蓮

動作 1　接上勢，身體向右後轉，
左腳尖內扣135度，重心於左腿，右腳
提起，前腳掌於右前方著地，成右虛
步，隨體轉，右掌由左臂下向前橫掌穿
出，掌心向下，腕與胸平，掌指斜向
左；左掌向內屈收畫弧，掌心轉動向
下，左掌指與右肘相對；眼向前平視（圖416）。

動作要領：(1)身體右轉左腳內扣幅度以135度為宜。(2)
立身中正，腰髖鬆沉，鬆肩沉肘，雙臂撐圓。(3)雙掌運轉與
轉腰、虛步動作協調一致。

易犯錯誤：(1)身體前俯、突臀，左右歪髖。(2)左腳扣腳
幅度小影響身體右轉。

動作方向：此動作身體西方向。

技擊含義：身體右後轉動的靈活與否，左腳內扣的幅度是
起到關鍵的作用。由於傳統楊式太極拳的腳內扣外展基本上都
是實腳轉動，所以轉動時髖關節要放鬆，以腰髖的轉動帶動上
下動作同時協調進行。右腳的踏地落點，要視左腳的內扣幅度
進行適當的調整，以保持身體的穩定性。雙臂的動作要隨腰而
動，右掌向前的穿出時，要意貫右臂為穿勁，動作完成時右掌
為向下的帶勁。左掌為向內的引化勁。此時，要尾閭中正，鬆
腰沉髖，沉肩墜肘，氣沉丹田，右腳踏地要有力度，左七、右

三的重心分配是身體重心穩固的保
證。要如拳諺所云：「雙重為病，干
於填實，與沉不同也；雙沉不為病，
自而騰虛，與重不一也；雙浮為病，
祗如漂渺，與輕不例也；雙輕不為
病，天然輕靈，與浮不等也。」

動作 2　身體向右轉，重心於左
腿，右腿屈膝提起，右腳面微向內
扣，向前彈踢；左掌向前迎拍右腳
面，同時右掌向下畫弧於右髖旁，掌
心向下，虎口向前；眼向前平視（圖
417）。

圖 417

動作要領：(1)身體右轉的同時右腿彈踢，拍擊腳面動作
才能輕靈。(2)上體要保持正直，右臂保持弧形。

易犯錯誤：(1)上體前俯重心偏斜，身體向前傾倒。(2)右
臂僵直，拍腳動作不靈活。

動作方向：此動作身體西方向。

技擊含義：此勢動作身體向右轉的同時，要以腰的轉動帶
動右腿先提起，右腳面微向內扣，然後右腳迅速向前彈踢，與
此同時，隨腰的轉動左掌向前拍擊右腳。右掌向右下弧形下
落，意貫右掌為「採按」勁。雖然是獨立拍腳的動作，身型仍
要達到虛領頂勁，立腰鬆髖，肩肘鬆沉，右臂保持弧形。要達
到拳諺所云：「刻刻留心在腰間，腹內鬆靜氣騰然。尾閭中正
神貫頂，滿身清利頂頭懸。仔細留心向推求，屈伸開合聽自
由。」

第96式　上步指襠捶

動作1　接上勢，左支撐腿屈蹲，右腳跟著地，身體向右轉，腳尖外展45度；右腳踏實，重心移於右腿，左腳提起向前邁步，腳跟先著地；右掌變拳提收於右腰側，拳心向上，左掌向上經面前畫弧於右肩前，掌心轉動向內，掌指向右；眼隨身體轉動向前平視（圖418）。

圖418

動作要領：⑴左腿先屈蹲，右腳再落地才能輕靈。⑵立身中正，鬆腰沉髖，雙臂撐圓。

易犯錯誤：⑴左支撐腿未屈蹲，右腳出現「搶步」現象。⑵身體前俯、突臀，左右歪髖。

動作方向：此動作身體西北方向。

技擊含義：此動的動作過程與右摟膝拗步動作1過程近似，唯一

圖418 正面

不同的地方就是右掌握拳提收於腰際右側，提收時，意貫右臂為撐勁，動作要飽滿。右肘的方向為右後45度。右腋不可緊夾身體。

動作2　身體向左轉，左腳全腳掌踏實，重心移於左腿，左腿屈膝慢慢向前弓出，成左弓步；左掌先落於右腹前，掌

心翻轉向下，再向前經左膝前
摟至左膝外側，掌心向下，掌
指向前；右臂內旋，右拳隨體
轉向前方打出，拳眼向上，拳
與髖平；眼向前平視（圖
419）。

圖 419

動作要領：(1)上體保持
正直，雙肘微屈。(2)右肩放
鬆、右拳向前截打時，右前臂
微內旋，含有向前下之意。

易犯錯誤：(1) 身體前
傾，弓背低頭。(2)聳肩，雙肘挺直。右肩向前送出。

動作方向：此動作身體向西方。

技擊含義：此勢動作時，身體左轉，重心前移，髖關節的
水平移動，帶動上體立身位移。右腿的腳腿之力，逐漸地移向
左腿形成左弓步。左掌落於右腹前時，掌心向內，掌指向右，
意貫左臂下側，是向的下「截勁」。然後翻轉掌心向下，意貫
左臂外側，向前經左膝前弧形摟過於左膝外側時是「橫勁」。
虎口向前，掌指側向前，加強了左掌的掤、按勁力。同時右臂
隨身體的轉動邊內旋邊向前打出。此時，要鬆肩沉肘，坐腕前
打，拳面朝前。尤其強調的是，左右腳的橫向距離要與肩同
寬。定勢時，雙腳應做到「一條中心線」，是指身體的中線。
「左右兩側分」。是講雙腳要在身體中線的兩側，如把前腳直
接收回，雙腳間距離應與肩同寬為宜。身形的中正安舒，鬆肩
拔背，雙臂保持弧形、撐圓，是意貫雙臂、力達雙掌的必然條
件。要體會拳諺所云：「其跟在腳，發於腿，主宰於腰，形於

手指，由腳而腿、而腰，總須完整一氣。」

第97式　上步右攬雀尾（掤勢）

動作1　接上勢，身體向左轉，左腳尖外展45度，重心移於左腿，隨體轉右腳跟提起；同時，左臂外旋，翻轉左掌心向上，向左畫弧撤至左腹前，掌心向上，掌指向右；右拳隨體轉向前展伸，腕與肩平，拳眼向上，拳面向前；眼隨體轉向前平視（圖420）。

動作要領：(1)立身中正，肩肘鬆沉，雙臂呈弧形。(2)右拳向前展伸的動作幅度要適宜。

易犯錯誤：(1)雙掌動作與轉體動作不協調。(2)俯身、聳肩、吊肘，左右歪髖。

動作方向：此勢動作身體向西南方。

技擊含義：此動作時，隨身體的左轉，左掌與右拳同時而動。右拳向前順肩展伸，拳與肩平，拳面向前，意貫拳面。左臂外旋，左掌翻轉向上，向左回撤。此時，意貫左肘關節，是向後的撐勁同時左臂還含有引帶之意。要含有前送（右拳），後撐（左肘）的相對對拔之勁力感覺。頂頭懸，身中正，鬆腰髖，順肩胯。右腳跟提起，右前腳掌要具有蹬踏的力度感覺，要支撐身體的穩定。要體會拳諺所云：「向前後退，乃得機得勢。有不得機得勢處，其病必於腰腿間求

圖420

圖 421

圖 422

之。」

動作2 身體繼續微向左轉，重心於左腿；右腳提起向右前邁出，腳跟先著地，同時左掌向後而上畫弧屈臂於右胸前，掌心向下，掌指向右；右拳變掌向左下畫弧於左腹前，轉動掌心側向上，掌指向左；眼隨體轉向前平視（圖 421）。

動作要領：(1)立身中正，沉肩垂肘，雙臂保持弧形。(2)鬆腰沉髖，右腿屈膝，雙腳間橫向距離 30 公分為宜。

易犯錯誤：(1)身體歪斜、突臀，左右歪髖。(2)聳肩、仰肘，雙膝挺直，重心起伏。

動作方向：此勢動作身體向西南方。

動作3 身體向右轉，重心移於右腿；右腳全腳掌踏實，右腿屈膝慢慢向前弓出，成右弓步；隨體轉，右臂向上經面前立掌向前掤出，掌心側向前，掌指向上，與鼻平；左掌隨體轉落於右肘內側，掌心側向上，掌指對右肘；眼隨體轉向前平視（圖 422）。

動作要領：(1)以腰轉動帶動上下動作協調完成。(2)沉肩、墜肘，含胸拔背。(3)右臂立掌向前掤出要成立圓弧形。

易犯錯誤：(1)身體前俯、突臀，雙腋緊夾身體。(2)聳肩、仰肘，雙膝挺直，重心起伏。

動作方向：此勢動作身體向西方。

第97式　上步右攬雀尾（挒勢）

動作 1　接上勢，身體向左轉，重心移於左腿，成坐步；雙掌隨身體轉動向左後挒至腹前，雙掌心側相對，右掌心向左，掌指向前；左掌心側向上，掌指向右，隨體轉；眼隨體轉向前平視（圖423）。

動作要領：(1)向後挒時，左肘應向左側後45度方向撤肘。(2)立身中正，沉肩、墜肘，鬆腰沉髖。(3)右肘與身體保持20公分左右距離為宜。

易犯錯誤：(1)身體後仰、左右歪髖，雙腋緊夾身體。(2)聳肩、仰肘，雙膝挺直，動作姿勢起伏。

動作方向：此勢動作身體向西南方。

第97式　上步右攬雀尾（擠勢）

動作 1　接上勢，身體向右轉，重心於左腿，成坐步；同時右臂外旋屈肘提於腹前，右掌心向內，掌指向左；左臂內旋上提附於右腕內側，左掌心向前，掌指斜向

圖423

圖 424

圖 425

上，掌指向右；眼隨體轉向前平視（圖 424）。

　　動作要領：⑴腰的轉動帶動雙手相合。⑵立身中正，沉肩、墜肘，鬆腰沉髖。

　　易犯錯誤：⑴身體前俯突臀、左右歪髖，雙腋緊夾身體。⑵聳肩、右膝挺直，動作姿勢起伏。

　　動作方向：此勢動作身體向西方。

　　動作 2　重心前移，右腿屈膝慢慢向前弓出，成右弓步；同時雙掌向前擠出，腕與肩平，右掌心向內，掌指向左；左掌心向外，掌指斜向上；眼向前平視（圖 425）。

　　動作要領：⑴立身中正，沉肩、雙肘應有下垂之意。⑵雙臂撐圓，動作要飽滿。

　　易犯錯誤：⑴身體前俯，雙臂僵直。⑵聳肩、左膝挺直，動作姿勢起伏。

　　動作方向：此勢動作身體向西方。

圖 426

圖 427

第 97 式　上步右攬雀尾（按勢）

動作 1　接上勢，重心微向前移，成右弓步；同時雙掌向前平展，左掌從右掌上向前分開，腕與肩平，雙掌心相對，虎口向上，雙掌指向前；眼向前平視（圖 426）。

動作要領：(1)立身，沉肩、雙肘下垂。(2)雙掌前分要舒腕展指，雙臂保持弧形。

易犯錯誤：(1)身體前俯、雙臂僵直。(2)雙臂過於上舉，聳肩仰肘。

動作方向：此勢動作身體向西方。

動作 2　重心後移於左腿，成左坐步，同時，雙臂屈肘挑掌收於胸前，兩掌心側相對，掌指斜向上；眼向前平視（圖427）。

動作要領：(1)重心後移與屈臂挑掌應同時協調完成。(2)兩臂放鬆，雙腋微虛，屈肘挑掌動作成弧。

易犯錯誤：(1)雙肘平展，俯身突臀。(2)重心後移與收掌動作脫節、不協調。

動作方向：此勢動作身體向西方。

動作 3 重心前移，右腿屈膝慢慢向前弓出，成右弓步；雙掌微向下，再向前上按出，掌心向前，掌指向上與肩平；眼向前平視（圖 428）。

圖 428

動作要領：(1)雙掌前按動作要走弧形，雙臂撐圓，雙肘微屈。(1)雙掌前按，要順腕立掌，腕部要柔順。

易犯錯誤：(1)雙臂僵直，上體前俯、突臀。(2)聳肩、前按動作時雙掌過高。

動作方向：此勢動作身體向西方。

第98式 單 鞭

圖 429

動作 1 接上勢，身體向左轉，右腳尖內扣 135 度，重心移至左腿；雙掌隨腰轉動微向上，經面前向左畫弧至身體左前側，掌心向外，掌指向上；眼視左掌方向（圖 429）。

動作要領：(1)右腳尖內扣幅度應盡量大。(2)轉體時動作

圖430

圖431

姿勢平穩，雙臂撐圓，含有勁力上引之意，動作呈弧形。(3)雙掌至體左前以達到45度為宜，角度過大，重心易偏斜。

　　易犯錯誤：(1)身體姿勢起伏，雙臂挺直。(2)雙掌至體左前角度過大。

　　動作方向：此動作身體向南方向。

　　動作2　身體向右轉，重心移於右腿，左腳提起向左前邁出，腳跟先著地；隨體轉，左掌向下畫弧至右腹前，掌心向上，掌指向右；右掌轉動掌心向上，向內畫弧經頷下握勾手向右前，勾尖向下，勾背略高於肩；眼視勾手方向（圖430）。

　　動作要領：(1)向右轉體幅度要適中，不可超過右前45度。(2)勾手向右前伸出與左腳邁出、左掌下落動作要協調一致。(3)立身中正、鬆肩墜肘，鬆腰沉髖。

　　易犯錯誤：(1)左腳邁出時身體重心起伏，凸臀，雙臂僵直。(2)動作不協調、脫節，向右轉體幅度大、重心向後傾倒。

動作方向：此動作身體向西南方向。

動作3 身體向左轉，重心前移，左腳全腳掌踏實，左腿屈膝慢慢向前弓出，成左弓步；同時左掌向上經面前，立圓（立掌）向前推出，掌心向前，掌指向上；右勾手向右後方拉開，勾尖向下，勾背略高於肩；眼向前平視（圖431）。

動作要領：(1)向左轉體、弓步與雙手的動作要同時完成。(2)立身中正，鬆腰沉髖，含胸拔背。(3)鬆肩墜肘，雙臂保持弧形。

易犯錯誤：(1)向左轉體時身體重心起伏，動作不協調、脫節。(2)聳肩仰肘，雙臂僵直。

動作方向：此動作身體向東方向。

第99式 下 勢

動作1 接上勢，身體向右轉，右腳外展135度，重心於右腿，右腿屈膝下蹲，同時左腳內扣90度，左腿伸直，成左仆步，隨體轉，右勾手向右後方伸出；左掌向上向右於面前屈臂落於胸前，掌心向右，掌指斜向上；眼視右手方向（圖432）。

動作要領：(1)上體右轉與右腳尖外展、左腳尖內扣動作同時協調完成。(2)立身中正，鬆肩墜肘，右勾背高於肩，雙臂撐圓。(3)身體右轉的方向以右後45度為宜。

圖432

易犯錯誤：(1) 轉
體、仆步動作脫節不協
調。(2) 身體前俯，凸
臀。

動作方向：此動作
身體西南方向。

動作 2　身體向左
轉，重心於右腿，隨體

圖 433

轉，左掌向下沿左腿內側向前穿出，掌指向前，掌心向右；右
勾手平舉於身體右側，勾尖向下；眼隨體轉向前平視（圖
433）。

動作要領：(1)轉身穿掌時，右腿應全蹲，雙腳全腳掌著
地。(2)立身中正，鬆肩沉肘，雙臂撐圓。(3)右勾手背略高於
肩。

易犯錯誤：(1)身體前俯、弓背，產生身體傾倒現象。(2)
雙臂僵直，右勾手下落，動作不飽滿。

動作方向：此動作身體向東方。

第100式　上步七星

動作 1　接上勢，身體向左轉，左腳尖外展轉正，重心前
移，右腳尖內扣，身體直起成左弓步；左掌繼續前穿，立掌
挑起，掌心側向右，掌指向上；右勾手在身後下落，勾尖轉
向上；眼視左掌方向（圖 434）。

動作要領：(1)左腳外展與右腳扣的動作，應與身體轉
動、直起協調一致。(2)左掌挑起、腕與肩平，雙臂微屈。

易犯錯誤：(1)左掌過高，右臂過於挺直。(2)身體前俯突

圖 434　　　　　　　　　　圖 435

臀。

　　動作方向：此動作身體向東方。

　　技擊含義：此勢動作特別強調的是身體左轉、直起的同時，左掌要沿左腿的內側繼續向前穿掌，此時以掌指為力點，意貫左掌指，具有「穿透力」的感覺，為「穿勁」。隨弓步的形成，左掌立掌挑起，同時右臂內旋下落，右勾尖轉動向上。雙腳的動作順序為左轉、右扣。尤其重要的是，從左仆步到左弓步的形成，隨身體重心的移動，身體左轉、直起。虛領頂勁，尾閭中正，鬆腰沉髖的要領始終貫穿動作之中。要體會拳諺所云：「順項貫頂兩膀鬆，束烈下氣把襠撐。用意開勁兩捶爭，五指抓地上彎弓。」

　　動作 2　身體轉正，左腳尖外展 45 度，重心於左腿；隨身體轉動右勾手變掌，雙掌平舉於身體兩側，掌心向外，掌指向上，腕與肩平；眼向前平視（圖 435）。

　　動作要領：(1)以腰的轉動帶動手腳的動作協調完成。(2)

立身中正，含胸拔背，鬆肩墜肘，雙臂撐圓。

易犯錯誤：(1)身體前俯、突臀，左右歪髖。(2)雙臂伸直，聳肩，動作脫節。

動作方向：此動作身體向東方向。

圖436

技擊含義：此動身體的轉動幅度雖然很小，但仍要體現出主宰於腰，以腰為軸帶動左腳外轉，雙手平舉。身形要保持立身中正，鬆腰沉髖。雙臂平舉要鬆肩沉肘，雙臂撐圓。要如拳諺所云：「有準頂頭懸，腰之根下株。上下一條線，全憑兩手轉。變換取分毫，尺寸自己辯。」

動作3 身體正向，重心於左腿，右腳提起向前邁步，右腳前腳掌踏地，成右虛步；雙掌握拳，雙拳由體側向下經腹前兩腕交叉，右拳在外向前上架起，腕與肩平，拳心向內，拳背向前；眼向前平視（圖436）。

動作要領：(1)右腳虛步動作與雙拳上架動作應協調一致。(2)身體正直，鬆肩沉肘、含胸拔背，鬆腰沉髖。

易犯錯誤：(1)重心前傾身體前俯，聳肩，架肘，突臀。(2)動作不協調，脫節。

動作方向：此動作身體向東方。

技擊含義：重心於左腿，右腳提起向前邁出，右前腳掌踏地成右虛步時，右前腳掌要具有支撐感，身體的重心分配為左七、右三。雙臂相合雙拳上架，雙臂要撐圓，尾閭中正，含胸拔背，沉肩垂肘，尾閭中正，鬆腰鬆髖，以保證動作姿態的中

正安舒。雙臂舉架的同時，不僅力達
雙臂上側，雙臂同時還要意貫雙臂外
側，具有向外的雙掤勁。此勢動作幅
度雖然不大，但要體現出拳諺所云：
「圓之出入，方之進退，隨方就圓之
往來也。方為開展，圓為緊湊。方圓
規矩之至，其孰能出此以外哉。」

圖 437

第 101 式　退步跨虎

動作 1　接上勢，身體向右轉，
重心於左腿，右腳向右後撤步，重心
移至右腿；右拳向下收於右腰側，拳心向上；左拳隨身體轉動
稍向右畫弧，拳心向內；眼隨體轉向前平視（圖 437）。

動作要領：(1)右腳撤步方向為偏右後方 45 度為宜。右腳
後撤，前腳掌先踏地，隨重心右移全腳踏實，右腳與前進方向
成 45 度。(2)雙拳動作要以腰轉動來協調進行。

易犯錯誤：(1)重心右移過快，產生身體向右傾倒現象。
(2)右腋緊夾身體，右膝關節與右腳尖上下不相對。

動作方向：此動作身體東南方向。

技擊含義：此勢動作右腳提起向右後撤步的方向要保持在
右後 45 度，右腳後撤，前腳掌先踏地，隨重心右移全腳踏
實，右腳尖與前進方向成 45 度。特別要注意的是身體右轉與
身體重心右移要協調一致。否則極易產生身體向右傾倒的現
象。左拳隨身體轉動稍向右畫弧，意貫左臂右側，為掤勁，是
格擋化解的動作意識。右拳向下收於右腰側，右肘的動作方向
同樣為右後 45 度，此時意貫右肘，力達肘關節是向後撐頂的

動作意識。身形要達到虛領頂勁，含胸拔背，鬆肩沉肘，鬆腰坐髖，要如拳諺所云：「身形腰頂豈可無？缺一何必費工夫！腰頂窮研生不已，身形順我自伸舒。捨此真理終何極？十年數載亦糊塗！」

動作 2 身體向左轉，重心於右腿，左腳提起，前腳掌踏地，成左虛步；右拳向右前畫弧至身體右前側，拳變掌、掌心向前，掌指向上與眼平；左拳向下經腹前落於左髖外，拳變掌，掌心向下，掌指向前；眼向前平視（圖438）。

圖 438

動作要領：(1)立身中正，鬆腰沉髖，沉肩墜肘。含胸拔背，兩臂呈弧形。(2)主宰於腰，雙臂動作隨腰轉而動。

易犯錯誤：(1)雙肩聳起，雙臂挺直，上體前俯。(2)動作不協調，上下動作脫節。

動作方向：此動作身體東方向。

技擊含義：此勢動作身體向左轉，

圖 438 正面

以腰的轉動帶動雙拳同時而動。同時帶動左腳提起踏地成左虛步。以達到上下動作協調完成。立身中正，鬆腰沉髖，沉肩墜肘，含胸拔背的動作要領，不僅保持了身體重心的沉穩，同時將勁力也通暢地運用到雙臂。動作外形是雙臂向外展開，但要

意貫雙前臂外側，為撐掤勁。要如拳諺
所云：「對待於人出自然，由此往復於
地天。但求捨己無深病，上下進退永連
綿。」

圖 439

第 102 式　轉身雙擺蓮

動作 1　接上勢，身體向右轉，重
心微移至左腿，右腳以前腳掌為軸腳跟
向內擰轉，隨體轉，右掌向內畫弧於胸
前，掌指側向左；左掌自下而上弧形圈
合於右掌外，腕與肩平，掌指側向右，
雙掌心向下；眼視左掌方向（圖 439）。

動作要領：⑴身體沿縱軸轉動，右腳向內擰轉幅度要
大，身體右轉應與右腳成順勢。⑵立身中正，鬆肩墜肘，含
胸拔背；鬆腰沉髖，雙臂撐圓。

易犯錯誤：⑴身體歪斜，聳肩，抬肘。⑵雙臂僵直，雙
腋緊夾身體。

動作方向：此動作身體東南方向。

技擊含義：身體右轉；身體的重心要微移於左腿，右腳以
前腳掌為軸腳跟向內擰轉的動作才能輕靈自如。以腰轉為軸帶
動雙臂同時向體前圈合，左掌於內；右掌於外，雙虎口在同一
直線。此時意貫雙掌虎口，為拿勁。拿勁就是控制對方的腕、
肘、肩等部位，以防止對方化脫。同時要注意步法、身法及動
作方向的配合，上下動作要相隨相合。身體外形要達到立身中
正，鬆肩墜肘，含胸拔背；鬆腰沉髖，雙臂撐圓，要如拳諺所
云：「周身實力意中定，聽探順化神氣關。」

動作 2 身體繼續向右後轉，重心於右腿，以右前腳掌為軸；隨體轉，左腳順勢提起於右腳前落步，腳跟先著地；雙掌保持合抱姿勢，雙掌心向下；眼隨身體轉動向前平視（圖 440）。

動作要領：(1)立身中正，腰髖鬆沉，身體穩固。(2)左腳落地點應適中，身體旋轉角度以 230 度左右為宜。(3)沉肩墜肘，含胸拔背，雙臂撐圓。

易犯錯誤：(1)左腳落地時偏離身體重心，產生「砸地」現象。(2)轉體時左腳未順勢而動，動作脫節。

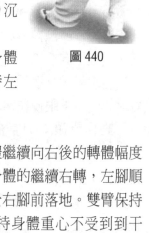

圖 440

動作方向：此動作身體西北方向。

技擊含義：此勢動作的重點是身體繼續向右後的轉體幅度很大，運動速度相對也較快。因此隨身體的繼續右轉，左腳順勢蹬地，身體沿縱軸而動，左腳提起於右腳前落地。雙臂保持上勢動作外形，就是為了在旋轉時保持身體重心不受到到干擾。腰髖的鬆沉也是為了重心穩固。要如拳諺所云：「亂環術法最難通，上下相合妙無窮。陷敵深入亂環內，四兩千斤著法成。」

動作 3 身體向右轉，左腳尖內扣，重心於左腿，右腳提起向前邁出，以前腳掌踏地，成右虛步；隨體轉，左臂外旋，左掌向下向內收於胸前，掌心翻轉向上，掌指向右；同時右掌由左前臂上向前橫掌抹出，掌心向下，掌指斜向左；眼視右掌方向（圖 441）。

動作要領：(1)身體轉動帶動雙掌動作，右虛步的形成協

| 圖 441 | 圖 441 正面 | 圖 442 |

調一致。(2)尾閭中正，鬆肩垂肘，含胸拔背，鬆腰沉髖。

易犯錯誤：(1)上體前俯、突臀，左右歪髖。(2)動作不協調脫節，重心起伏。

動作方向：此動作身體向東方。

技擊含義：此勢動作以腰髖的轉動帶動左腳的內扣，同時右腳點地成虛步時要與右掌的前抹動作協調完成。腰髖為順勢，身形要達到尾閭中正，鬆肩垂肘，含胸拔背，鬆腰沉髖，雙臂撐圓。動作外形不可起伏，此時要意貫左掌左臂內側為化勁。意貫右掌及右前臂外側為抹勁。肩背舒鬆雙肘關節要具有撐勁。要如拳諺所云：「輕靈活潑求懂勁，陰陽既濟無滯病。若得四兩撥千斤，開合鼓蕩主宰定。」

動作4 重心於左腿，右腳提起向左而上，再向右做扇形外擺，腳面展平；雙掌在體前自右向左迎拍右腳面；眼視雙掌（圖 442）。

動作要領：(1)右腳上舉外擺時，上體微前迎，但避免俯

身。(2)右腳外擺應以腰為軸，用橫勁。(3)迎拍右腳時要有兩響。

易犯錯誤：上體前俯或後仰失去重心。

動作方向：此動作身體東方向。

技擊含義：擺連腳時，要提頂吊襠，身體沿縱軸方向上提拔，左支撐腿可微向上頂起，同時以腰的轉動帶動右腳以扇形向外擺動，力達右腳背外側為橫擺勁。不可將此動作做成向右踢腿的現象，也不可為了擊拍腳面而彎腰俯身。身形要做到立身中正，鬆肩舒背，氣沉丹田要如拳諺所云：「身雖動，心貴靜；氣須斂，神宜舒。心為令，氣為旗；神為主帥，身為驅使。」

第103式　彎弓射虎

動作1　接上勢，重心於左腿，左腿支撐，右小腿屈收右膝上提，腳尖自然下垂；左掌擺至身體左側，右掌擺至左肩前，掌心向外與肩平，雙掌指向上；眼視左掌方向（圖443）。

動作要領：(1)立腰、豎項，立身中正，沉肩、墜肘，雙臂撐圓。(2)雙掌左擺方向為體左側前45度，右膝提起方向為體前、右前45度為宜。

易犯錯誤：(1)雙臂挺直，身體左右搖晃。(2)擺掌、提膝方向不到位，產生身體向後傾倒現象。

動作方向：此動作身體東北方向。

技擊含義：此勢動作，左腿獨立支

圖443

撐，雙掌順勢向體左側前擺掌，左腕略
高於肩，右腕與肩平。右小腿屈收右膝
上提，動作方向為右側前。身形上要達
到虛領頂勁，立腰豎項，鬆肩垂肘，含
胸拔背，雙臂撐圓，氣沉丹田。如拳諺
所云：「遇機得勢進退走，三前七星顧
盼間。周身實力意中定，聽探順化神氣
關。」

動作 2 身體向右轉，重心於左
腿，左支撐腿屈蹲，右腳向右側前方邁
步，腳跟先著地，同時隨體轉雙掌下

圖 444

落，掌心向外，掌指向上；眼視左掌方向（圖 444）。

動作要領：(1)左支撐腿應微屈下蹲後右腳再向前邁步。
(2)尾閭中正，鬆肩沉肘，腰髖鬆沉，雙臂撐圓。

易犯錯誤：(1)左腿未屈蹲，右腳邁出，出現「搶步」現
象。(2)俯身、突臀，左右歪髖。

動作方向：此動作身體東南方向。

技擊含義：此勢動作右腳的邁出，左支撐腿的重心要微微
下沉，隨腰髖的轉動，右腳順勢向右側前邁出，才能體現出邁
步如貓行的輕靈穩健的動作特點。也避免了「搶步」、「砸
地」現象的出現。立身中正，含胸拔背，鬆腰沉髖，氣沉丹
田，雙臂撐圓。意貫雙掌及前臂下側，為採、掤之意。如拳諺
所云：「極柔即剛極虛靈，運若抽絲處處明。開展緊湊乃縝
密，待機而動如貓行。」

動作 3 身體繼續向右轉，重心於左腿，右腳跟著地；隨
體轉，雙掌向下、向右經右膝前畫弧於身體右側，兩掌握拳，

拳心向下，拳眼相對；眼隨體轉向前平視
（圖445）。

　　動作要領：(1)向右轉身幅度應以右
前45度為宜。(2)立身中正，兩肩放鬆，
兩臂撐圓。(3)轉體時，右腿膝部微屈，
右腳尖翹起。

　　易犯錯誤：(1)身體前俯，突臀，左
右歪髖。(2)轉體、擺拳動作不協調。

　　動作方向：此動作身體東南方向。

圖445

　　技擊含義：身體繼續右轉，腰髖的轉
動帶動雙掌向下，向右掤掌，當雙掌順序
經過右膝前時，雙掌握拳。此時身形要做到虛領頂勁，尾閭中
正，鬆肩，含胸，腰髖鬆沉、雙臂撐圓，尤其是右腿的膝關節
不可挺直，要微屈，以保證身體重心的沉穩。動作如拳諺所
云：「上下一條線，全憑兩手轉。變換取分毫，尺寸自己
辨。」

　　動作4　身體向左轉，重心前移，右腳全腳掌踏實，右腿
屈膝慢慢向前弓出，成右弓步；左拳經胸前向左前方折疊打
出，拳與胸平，拳眼斜向上；右拳屈肘同時向左前方打出，至
右額前，拳心向外，拳眼斜向下，雙拳面向左側前方；眼視左
拳方向（圖446）。

　　動作要領：(1)雙臂撐圓，力達拳面，雙拳眼斜相對。(2)
主宰於腰，身體向左轉與雙拳打出及弓步動作要協調完成。(3)
立身中正，鬆肩墜肘，肩背舒展，雙臂撐圓。

　　易犯錯誤：(1)身體前俯，聳肩、直臂。(2)轉體、打拳動
作不協調。

圖 446　　　　　　　　　　圖 446 正面

動作方向：此動作身體東北方向。

技擊含義：此勢動作，特別要注意的是，右腿的弓步方向為右側前方，即右前 45 度，而雙拳的打出方向則為左前 45 度，是兩個不同的隅向。雙拳要向右做掛拳，力達雙拳。然後雙拳隨腰髖的左轉，折肘向左前側擊打。定勢時要立身中正，鬆腰沉髖，沉肩墜肘，雙臂撐圓，肩背舒展，氣沉丹田。如拳諺所云：「拳之運動，惟柔與剛；彼以剛來，我以柔往；彼以柔來，全在稱量；剛中寓柔，與人不仵；柔中寓剛，人所難防。」

第 104 式　進步搬攔捶

動作 1　接上勢，身體向左轉，左腳以前腳掌為軸，腳跟微向內擰轉，重心移於左腿，成坐步；隨體轉，左臂外旋，左拳變掌，掌心轉動向上、向下畫弧至腹前左肩外，掌指向右；同時右拳向下畫弧至體前，拳心向下，拳眼向左；眼隨體轉向

前平視。（圖 447）。

圖 447

動作要領：(1)腰髖的轉動帶動左腳跟向內撐轉。(2)雙掌動作應與重心左移協調完成。(3)重心左移，動作姿勢不可起伏，要平穩過度。

易犯錯誤：(1)聳肩、吊肘，凸臀。(2)動作上下不相隨，動作脫節。(3)雙腋緊夾身體。

動作方向：此動作身體向東北方向。

技擊含義：傳統楊式太極拳由於彎弓射虎的動作方向為隅向，由此勢開始，動作套路要恢復到原來的運動方向，因此隨身體左轉動的同時，左腳跟相應的要向內撐轉將動作方向做必要的調整，身體重心的左移與雙手的動作要協調而動。此勢動作雖然幅度不大，但轉體、撐腳，移重心、左掌，右拳的動作要協調一致的完成，不可有斷續、頓挫的地方。身法上要虛領頂勁，立身中正，鬆腰沉髖，鬆肩垂肘，含胸拔背，雙臂撐圓。動作

圖 447 正面

時要意貫左臂下側，為「引化」之意。左肘的動作方向應為左側後 45 度。右拳動作時，要意貫右臂內側，為「掛帶」之感。左掌指與右拳眼相對，相距 3 拳的距離為宜。要體會拳諺所云：「頂、區、丟、抗，失於對待也，所以為之病者，既失

沾、黏、連、隨，何以得知覺運動？既不知己，焉能知人？所謂對待者，不以頂、匾、丟、抗相對於人也，要以沾、黏、連、隨等待於人也。能如是，不但對待無病，知覺運動亦自然得矣，可以進於懂勁之功矣！」

動作2 身體繼續向左轉，重心於左腿，右腳提起向前邁出，腳跟先著地；隨體轉，左掌向左側上畫弧至左肩外，掌心向外，掌指向上，腕與肩平；右拳向下畫弧至左腹前，拳心向下，拳眼向內；眼視左掌方向（圖448）。

圖448

動作要領：(1) 雙掌動作應與邁步協調完成。(2) 立身中正，鬆腰沉髖，含胸拔背，肩肘鬆沉，雙臂撐圓。(3) 動作姿勢不可起伏，身體重心要穩固。

易犯錯誤：(1) 身體前俯，突臀、左右歪髖，聳肩、吊肘。(2) 身體重心起伏。

圖448 正面

動作方向：此動作身體向北方向。

技擊含義：腰髖的轉動，同時帶動了雙臂的動作。此時，向左後畫弧時，先要意貫左肘關節，以肘帶為主，同時又含有向下的捋勁，動作外形才能飽滿。後展時，意貫左臂外側，是

立掤勁。而右拳，隨腰的轉動向左畫弧時，此時意貫右臂內側，是引帶勁。落於左腹前時，右拳與身體的距離以 20 公分為宜，雙臂要撐圓，鬆肩沉肘，要虛腋。鬆腰沉髖，圓襠斂臀，左膝關節與左腳的方向一致，使得身體重心更加穩固，同時也加強了立身中正的動作概念。要體現拳諺所云：「主宰在腰，上於兩膊相繫，下於胯、兩腿相隨。」

圖 449

動作 3 身體向右轉，重心移於右腿，右腳全腳掌踏實。右腿屈膝慢慢向前弓出，成右弓步；隨體轉右拳向前翻打，拳心向上，拳面向前，與胸平；同時左掌向前，橫掌下壓於右拳前，掌心向下，掌指向右，腕與肩平；眼向前平視（圖 449）。

動作要領：(1)上體正直，雙肩鬆沉，雙臂撐圓。(2)左掌、右拳間距離以一拳為宜。(3)雙掌的動作與弓步要同時協調完成。

易犯錯誤：(1)翻打、蓋掌，與弓步的動作不協調。(2)身體前俯，聳肩，雙臂挺直。

動作方向：此動作身體向東方向。

動作 4 身體向右轉，右腳尖外展 45 度，重心於右腿，左腳提起向前邁出，腳跟先著地；右拳收於右腰間，拳心向上，左掌立掌向前、向左畫弧攔出，掌心側向右，掌指向

圖 450

圖 451

上，腕與肩平；眼向前平視（圖 450）。

動作要領：(1)立身中正，鬆腰沉胯，雙臂不可挺直。(2)邁步、攔掌、收拳動作要協調完成。

易犯錯誤：(1)右臂緊夾身體，動作不協調。(2)俯身、突臀，左右歪髖。

動作方向：此動作身體向東南方向。

動作 5　身體向左轉，重心移於左腿，左腳全腳掌踏實。左腿屈膝慢慢向前弓出，成左弓步；右拳自腰間向前打出，拳眼向上與胸平；左掌收至右前臂內側，掌心側向下，掌指斜向上；眼視右拳方向（圖 451）。

動作要領：(1)立身中正，兩臂微屈，沉肩垂肘，雙臂撐圓。(2)弓步形成、左掌收回、右拳打出動作協調，速度均勻。(3)右拳、左掌之間以一拳為宜。

易犯錯誤：(1)上體前俯突臀，聳肩，右臂僵直。(2)動作不協調，上下不相隨。

動作方向：此動作身體向東方向。

第 105 式　如封似閉

動作1　接上勢，重心於左腿，左掌心轉動向上，掌指向右，由右肘下向前穿出；右拳變掌，雙掌心相對，掌指向前，腕與肩平；眼向前平視（圖452、453）。

圖452

動作要領：(1)動作時身體重心要平穩，動作輕靈，雙肘微屈。(2)立身中正，鬆肩垂肘。

易犯錯誤：(1)身體重心起伏，聳肩。(2)上體前俯，雙臂僵直。

動作方向：此動作身體向東方向。

動作2　重心移於右腿，右腿屈膝，成坐步；

圖453

右拳變掌，雙掌心相對，虎口向上，屈臂挑掌收於胸前，兩掌心側相對，掌指斜向上；眼向前平視（圖454）。

動作要領：(1)重心右移，與挑掌屈收動作協調完成。(2)雙臂放鬆，雙腋微虛，屈肘挑掌動作成弧形。

圖 454   圖 455

易犯錯誤：(1)雙肘平展，仰身挺腹。(2)重心右移與屈臂挑掌動作脫節、不協調。

動作方向：此動作身體向東方向。

動作3 重心移至左腿，左腿屈膝慢慢向前弓出，成左弓步，雙掌微向下再向前上按出，掌心側向前，掌指向上，腕與肩平；眼向前平視（圖455）。

動作要領：(1)雙掌前按應走弧線，雙臂微屈撐圓。(2)上體正直，鬆腰沉胯。雙掌前按要順腕立掌，腕部要柔順。

易犯錯誤：(1)上體前俯、突臀，雙臂僵直。(2)雙掌前按動作幅度過大，聳肩平肘。

動作方向：此動作身體向東方向。

第106式 十字手

動作1 接上勢，身體向右轉，左腳尖內扣90度，重心於左腿；隨體轉，雙掌向上、向右畫弧於面前，掌指向上，雙

圖 456   圖 457

掌心向外，腕與肩平；眼向前平視（圖 456）。

　　動作要領：⑴身體向右轉時，身體重心不可起伏。⑵立身中正，兩臂呈弧形，鬆肩、垂肘。

　　易犯錯誤：⑴身體重心起伏，俯身突臀。⑵聳肩揚肘，雙臂挺直。

　　動作方向：此動作身體向南方向。

　　動作 2　身體微向右轉，右腳尖外展 45 度，重心移於右腿；成右側弓步，隨體轉，雙掌微向上、再向左右平分撐開，掌與髖平，掌心向外，掌指向兩側；眼視右掌方向（圖 457）。

　　動作要領：⑴鬆腰沉髖，身體重心下沉，雙掌平撐分開雙臂保持弧形。⑵立身中正，身體正直。

　　易犯錯誤：⑴身體前、俯突臀，雙臂挺直。⑵雙掌平分撐開與右腳轉動動作脫節，不協調。

　　動作方向：此動作身體向西南方向。

圖458　　　　　　　圖459　　　　　　圖460

動作3 身體微微向左轉，重心移於左腿，右腳尖內扣45度；隨身體轉動，雙掌向下畫弧於腹前雙腕交叉合抱，右掌在外，雙掌心向內，掌指向左、右斜下方；眼視前下方（圖458）。

動作要領：(1)雙臂合抱時要沉肩、鬆肘虛腋。(2)重心左移、雙掌合抱動作應同時協調完成。(3)立身中正，鬆腰沉髖。

易犯錯誤：(1)身體前俯，突臀。(2)雙掌合抱時，聳肩、平肘，雙腋緊夾身體。

動作方向：此動作身體向南方向。

動作4 重心於左腿，右腳內收成開立步，雙腳平行與肩同寬，然後雙腿慢慢直立；雙掌交叉合抱上舉於體前，腕與肩平，右掌在外，雙掌心向內，掌指向左、右，成斜十字形；眼向前平視（圖459、460）。

動作要領：(1)收腳成開立步、雙掌合抱上舉，動作要協

調。(2)尾閭中正，沉肩垂肘，含胸拔背，鬆腰沉髖，雙臂撐圓。(3)雙膝關節不可挺直。

易犯錯誤：(1)身體前俯，聳肩吊肘。(2)雙臂緊夾身體，動作脫節。

動作方向：此動作身體向南方向。

第107式 收 勢（合太極）

動作1 接上勢，雙臂內旋，向前平展分開，掌心向下，與肩同寬，掌指向前與肩平；眼向前平視（圖461）。

圖461

動作要領：(1)雙臂自然撐圓，鬆肩、垂肘。(2)虛領頂勁，尾閭中正，鬆腰沉髖，鬆肩沉肘，含胸拔背。

易犯錯誤：(1)上體前俯，聳肩平肘。(2)雙掌距離過寬，雙臂挺直。

動作方向：此動作身體向南方向。

技擊含義：此勢動作雙臂邊內旋、邊向前平展，使雙掌自然分開與肩同寬、同高。此時，要鬆肩、垂肘，意貫肩關節及雙肘關節，使雙臂含有向下的「沉勁」同時雙掌指含有向前的「展伸勁」。所以雙臂的動作外形要強調成弓形。身形上要達到尾閭中正，虛領頂勁，含胸拔背，鬆腰沉髖的要求。只有這樣雙臂才具有以上勁力的感覺和動作外形的自然撐圓。要如拳諺所云：「蓋內之虛靈不昧，能致於外之清明，流行乎肢體也。若不窮研輕重、浮沉之手，徒勞掘井不及泉之嘆爾。」

動作2 身體自然直立。雙掌慢慢下落至兩腿外側，掌心向下，掌指向前；眼向前平視（圖462）。

動作要領：(1) 身體正直，頭微上頂，鬆肩垂肘，呼吸自然。(2) 雙臂微屈，順腕、舒指。

易犯錯誤：上體前俯，聳肩。

動作方向：此動作身體向南方向。

技擊含義：此勢動作雙掌慢慢下落至

圖 462

兩腿外側，掌心向下，掌指向前，動作看似極其簡單，但雙掌的動作過程卻包含了極其複雜的勁力變化。在動作過程中意貫雙臂下側，勁力變化的順序應是①沉肩（肩關節的鬆沉）、②垂肘（肘關節的沉落），③順腕（腕關節順勢的沉落），④展掌（掌指的舒展）。所以雙掌的動作是向下的鬆沉的勁力變化，而不是雙掌邊下落、邊內收的錯誤的動作過程。自然虛領頂勁，立身中正，含胸拔背，腰髖鬆沉的身法要領是動作勁力變化的關鍵。要體會拳諺所云：「夫運而知，動而覺；不運不覺，不動不知。運極則為動，覺盛則為知。動知者易，運覺者難。先求自己知覺運動得之於身，自能知人；要先求知人，恐失於自己。不可不知此禮也。夫而後懂勁然也。」

動作 3 左腳收至右腳旁，雙腳併攏成開立步；雙掌輕貼兩腿外側，兩臂自然下垂，眼向前平視（圖 463）。

動作要領：(1) 呼吸自然，身體正直。(2) 兩臂放鬆，收腹斂臀，含胸拔

圖 463

背。

易犯錯誤：身體前俯、後仰、歪斜，挺胸、凸腹、突臀。

動作方向：此動作身體向南方向。

技擊含義：此勢動作，雙腳自然併攏，身體自然直立，不偏不倚，虛領頂勁，眼向前平視，下頜微收，口微開；鬆肩，虛腋，雙臂自然撐圓，雙掌指輕貼雙腿外側，含胸拔背，腰髖鬆沉；氣沉丹田，收腹斂臀，雙膝微屈，神態安閑。要如拳諺所云：「解曰：先在心，後在身。腹鬆，氣斂入骨，神舒體靜，刻刻存心。切記一動無有不動，一靜無有不靜。視靜猶動，視動猶靜。動牽往來氣貼背，斂入脊骨。要靜。內固精神，外示安逸。」

楊式太極拳技擊用法

楊式太極拳技擊用法動作名稱

第1式　預備勢

傳統楊式太極拳套路中「無極式」，就是現在人們所經常提到的「預備勢」，它是整套動作的起始動作姿勢，其動作要領是貫穿整套動作的精髓。《太極拳論》首先提到「太極者，無極而生，陰陽之母也」。

從動作整體外形講，「無極式」要做到身體自然直立。動作極其簡單，看似容易，但卻內含極其豐富，有著嚴格的動作要領。

從傳統楊式太極拳動作要領和練習法則講，「預備勢」動作就要做到：頭頂懸；虛領頂勁，身體自然挺拔。眼平視；精神提起，意念集中。口微開；舌抵上腭，呼吸平緩。下頜微收；豎項立頂，立身中正。肩鬆沉；神態自然，呼吸下沉。含胸拔背；身體自然舒鬆。肘微屈；雙臂保持弧形，動作飽滿。鬆腰；沉髖，身體重心平穩。尾閭中正；收腹斂臀，身體保持自然弓形。雙膝微屈；身體避免僵直。十趾微抓地；身體保持平穩，重心穩固。正如《無極歌》所講：「無形無象無分拿，一片神行至道夸。參透虛無根蒂固，渾渾沌沌樂無涯。」

傳統楊式太極拳套路動作練習時，「預備勢」是直接開步進行動作開始的。腳的方向是兩腳平行，腳尖向前，與肩同寬，是佔有「地方」的意思。因為只有這樣才能站得最穩，只有有了「根據地」，才能立場堅定站穩腳跟回擊對方。

但是，由注重於技擊術逐漸演變為健身拳術，慢慢的後人將「預備勢」動作進一步完善，成為由併立步到開立步的運動過程。

第2式 起 勢

傳統楊式太極拳套路中，起始動作的名稱稱之為「太極出勢」，是套路開始和出手的意思。這也是我們現在所稱謂的「起勢」的動作。

太極出勢的動作是整套動作的起始動作姿勢。現在所流傳的傳統楊式太極拳起勢動作演練有兩種方式：(1)身體自然直立，兩臂掌心向下、向前平舉與肩平，然後再慢慢下落。(2)如本書所介紹的演練方式。本套路所演練的起勢動作過程，是當年楊澄甫宗師準備南下教拳在京時所傳授。它一改傳統的兩臂平舉，而是演化為兩臂掌心相對，虎口向上向前平舉。它揉進和借鑒了武式太極拳的立圓動作，豐富了原起勢的動作過程，使之更具有攻擊力和化解力。如北京的崔毅士先生、武匯川先生、王旭東先生，杭州的牛椿明先生等都演練過。本套路的「起勢」動作就是按我祖父崔毅士所傳進行介紹。

技擊含義：

(1)對方雙手死握我雙腕下壓，我順勢向下沉肩，卸對方之力。趁對方回抽瞬間，我力發於腳，提髖緊腰，雙臂向前提起送出，破壞對方重心，使之向後傾倒。（圖1、2）

(2)再如對方雙掌向我迎面撲來，或如對方雙手抓我雙肩，我以雙臂虎口向上接應對方雙肘或雙臂下側，將對方向

圖1

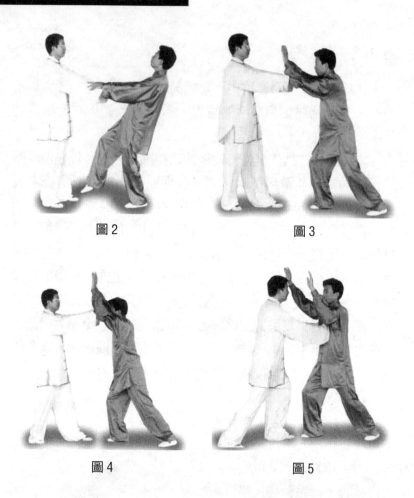

圖 2　　　　　　　　　圖 3

圖 4　　　　　　　　　圖 5

後掀起，隨之用雙掌攻擊對方胸部。（圖3、4、5）

　　(3)對方正手或反手握我雙腕，我鬆腰沉髖，沉肩垂肘，以挑掌動作結合弧形路線，向內引進化解；使之身體重心前傾，腳跟拔起，力量落空。（圖6、7）

　　(4)結合上勢動作，我雖已破壞對方重心，但未解脫，此時，我即刻向下、向兩側分掌，使對方處於被動局面，在對方

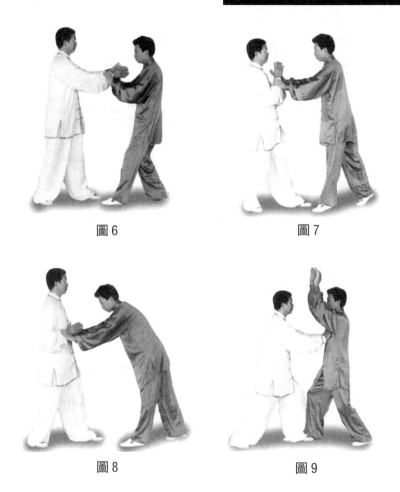

圖6　　　　　　　　圖7

圖8　　　　　　　　圖9

想撤手變化之時；我隨之放長擊遠，雙掌向對方胸部推按，以腳、腿、腰之力將對方推出。（圖8、9）

(5)我雙手進攻對方胸部，對方處於被動局面，對方由內向外分撥我雙掌時，我即時鬆肩肘，雙手拿住對方雙腕，迅速下落使之身體重心前傾，趁對方身體前傾時，起腿以膝關節頂撞對方。（圖10、11）

圖 10 　　　　　　　　圖 11

第3式　左掤勢

　　《太極拳十三式打手歌訣》中第一句就提到「掤、捋、擠、按，須認真」，這就說明這四式動作在整套動作中佔有極其重要的作用。掤、捋、擠、按四種手法也稱謂為「四正手」。而採、挒、肘、靠四種手法在太極拳術中稱之為「四隅手」。「四正手」與「四隅手」相呼應，統稱「四正四隅手」，也稱之為「太極八法」。

　　左掤動作是傳統楊式太極拳套路中，第一個邁步、合手、弓步分手的動作，也是整套動作姿勢高低的標尺。身、腰、手、腳，雖然在文字敘述中有先後，但在練習中必須同時開始和同時完成。要體會拳諺所云「切記一動無有不動，一靜無有不靜」的動作協調、完整的理念。凡邁步都必須輕靈，遵循「邁步如貓行」的拳理。如本勢左腳向前邁出，身體重心首先要先坐實右腿，右膝關節要屈蹲，控制著左腿緩慢向前邁出，這也是「分清虛實」在步法上的一種表現。左弓步時，以髖關

節的水平移動，帶動上體直立前移。弓腿之膝關節不可超出腳尖，而蹬腿的膝關節要微屈，切不可蹬得挺直。以弓腿為實，蹬腿為虛；雙膝關節要與腳尖方向保持一致（在本套路練習時，特別要注意凡邁步動作都要按此規矩完成）。前掤的手臂不可超過肩部的高度，身體要保持立身中正，在本套路中，左掤式就充分體現出傳統楊式太極拳獨特的運動外形、勁力內含及其攻防作用。「掤勁義何解，如水負舟行，先實丹田氣，次緊頂頭懸，周身彈簧力，開合一定間，任爾千斤力，漂浮亦不難。」左臂的平掤要體現出「掤在兩臂」的勁力特點，但絕不是硬頂。要保持柔韌性和彈性，要做到尾閭中正、含胸拔背，鬆肩、垂肘、虛腋，雙臂撐圓，動作要飽滿，保持動作的靈活性。以腰為主宰，勁發於腿腳，使全身的彈簧力瞬間集中於掤手之臂。

嚴格地講右手下掤的動作勁力方向，同時包含了向下、向後、向外的勁力成份，這三個方向的合力就是我們經常強調的勁力要「整」。

本勢中的下掤動作就是以向下的力量為主。本套路中雖然有平掤、立掤、下掤等等之分，採的動作定勢時手的位置也不盡相同。由於動作外形的不同及其不同的勁力方向的側重，那麼不同的動作就產生各種變化莫測的效果。這些都要在本套路的練習中由具體的動作來體現、說明。

技擊含義：右臂向上迎擊對方左拳進攻，沾黏對方手腕，小臂內旋反手抓腕，順勢下掤，左手臂以平臂掤勁攻擊對方胸部及軟肋，同時迅速上左步踩踏對方腳面或伸到對方身後使對方傾倒（圖12、13、14）。

圖 12　　　　　　　圖 13

圖 14

第4式　右攬雀尾

傳統楊式太極拳套路中右攬雀尾的動作，包含了太極拳中的主要手法掤、捋、擠、按，既「四正手」。這「四正手」，既可以分開作為單勢動作進行練習，又可以以動作組合的形式出現。在拳術的演練時，動作之間的銜接沒有明顯的界限，是

以連貫、協調、和緩，一氣呵成。動作的銜接均以腰髖的轉動為主，以腰髖為軸，四肢為輪，軸轉、輪自然動作自如，要做到一動，四肢百骸隨動的原則。掤時要把力點集中在兩臂，右臂為立掤，其勁力要意貫右掌小拇指及右臂外側，左臂為下掤，其勁力要意貫左掌指及左臂下側，雙臂動作飽滿撐圓，即拳理中所提到「掤在兩臂」。

捋時以腰髖的轉動，帶動雙手回捋，右手為捋勁；其勁力要意貫右掌及右臂內側，左手為向下、向後的合力捋，要以左肘的向左後側 45 度方向為準，要立身、鬆肩、含胸，沉腰髖。虛實分明，勁力剛柔相濟。即拳理中所提到「捋在掌中」。

擠的動作時，要鬆腰、沉髖，保持坐步步型，以腰髖的轉動，身體縱軸而動，帶動雙掌相合，再隨重心前移向前擠出。其勁力要意貫右掌背及腕部，左掌附於右腕內側，其勁力要意貫左掌心輔助發力，要含胸拔背、沉肩垂肘，雙臂動作要飽滿撐圓，即拳理中所提到「擠在手背」。

按的動作時，不僅要鬆腰、沉髖，而且身體重心的移動要平穩、圓活。以弓步——坐步——弓步的步法變化，與雙掌的屈臂挑掌回收，左右分開；再沿平橢圓形向前按出的動作，要上下相隨，動作協調一致。將腿腳之力，以腰為中繼站送到上肢，其勁力要以腰背的力量意貫雙掌指。此時，虛領頂勁、立身中正，含胸拔背、沉肩垂肘，雙臂動作飽滿撐圓，腕部要放鬆。虎口撐圓，掌心內涵。即拳理中所提到「按在腰攻」。當我們了解了動作的勁力變化時，就要處處注意，時時留心。雙臂的運轉都要呈弧形，雙腋不可緊夾身體，腰髖的縱軸轉動有著重要的作用。正如拳諺所云：「每一動，惟手先著力，隨即

圖 15　　　　　　　　　　　　圖 16

鬆開。尤須貫串一氣，不外起、承、轉、合。始而意動，既而勁動，轉接要一線串成。」

技擊含義：右攬雀尾的動作，包含了太極拳中的主要手法掤、捋、擠、按，即「四正手」。其動作技擊含義分別為：

掤：對方用右拳向我襲來，我即用右立掤動作迎擊，用右臂貼對方腕部及前臂。（圖 15）

捋：對方用左拳進攻，我即閃身用左臂貼黏對方前臂，翻腕採按，以右掌附於對方臂膀以向左轉身之勢，借對方之力，順對方來勢，將對方勁力化解。（圖 16）

擠：雙方交手時，對方進攻之手失敗，欲想回抽時，我即以擠手的方式隨之跟進。（圖 17）

按：對方用擠勁進攻，我則以雙掌左右分開化解，隨之我乘機以雙按掌進擊。（圖 18、19）

第5式　單　鞭

單鞭的動作造型可以講是傳統楊式太極拳套路中極具代表

圖 17

圖 18　　　　　　　　　圖 19

　性的動作之一。此動作由於雙臂前後分展，猶如一條舒卷自如
的長鞭所以得名。

　　單鞭動作的全過程要體會動作開與合的有機配合，即開中
有合，合中寓開，開合相濟的原理。當然此原理不僅對此勢如
此，式式都要求注意。太極拳理論中提到身法「外三合」之
說，即「肩與胯合」、「手與腳合」、「肘與膝合」，在此勢

動作中表現最明顯。手、臂，與腿、腳，均含有上下垂直相對之意。所謂「相合」，不應片面、教條理解為動作外形必須絕對垂直相對。而是在運動中注重動作的銜接，身體各部位關節的相對協調、和順，強調了楊式太極拳動作「立身中正安舒」，「沉穩氣勢渾厚」的整體性和完整性。

單鞭動作充分體現出採、挒、肘、靠四種手法和勁力連貫而成的動作特點。向左轉腰時，雙掌的勁力體現及動作意識為左採、右挒；向右轉體時，右臂外旋，右手的動作過程要以右肘關節為力點，體現出肘打的意念。而左手的動作則是向下採按的動作意識和下挒勁的體現。身體向左轉，成左弓步時，先以左肩臂為靠勁，繼而左臂弧形前展，左掌再向前雲掌推按。正如拳諺所云「採在十指，挒在兩肱，肘在屈使，靠在肩胸，進在雲手」，柔中寓剛，人所難防。

單鞭拳勢的動作過程並不複雜，但運動時要圓潤流暢，不得有斷續停頓之勢。身體的左右轉動，要注意強調腰髖的轉動必須協調一致。左轉體弓步時，鬆腰、沉髖，以腰髖的轉動帶動左臂向上、向前的大弧形運動軌跡。但運動時左掌指不可超過上眉，動作要一氣呵成。定勢時，左臂與右臂的夾角應在135度為宜。左掌與左腿的弓步方向一致，左掌指與鼻相平齊，掌心側向前，虎口撐圓，意貫左臂外側。右勾手的動作方向為右後45度。右勾背略高於肩，但右腕關節不可死折、力達勾背。此時立身中正，含胸舒背，肩要鬆沉，肘要下垂。雙臂的動作外形要圓活、飽滿，沉穩中要寓有輕靈之意。舒展中含有緊湊之感。要體會拳諺所云：「以心行氣，務沉著，乃能收斂入骨，所謂命意源頭在腰隙也。」

圖 20

圖 21

圖 22

圖 23

技擊含義：

單鞭的用法較多，我們可以理解為對方從左後上打來，我即轉身用左採手化解；由側方打來即用右捌手格擋。如離身較近，即用肘打；用勾手勾掛對方進攻，用勾背進擊對方下頷和胸部，以左雲掌進擊對方臉面。（圖 20、21、22、23）

第6式　提　手

　　提手的動作過程，強調了以腰髖的左右轉動，使得身體沿縱軸方向而動，並且帶動雙臂的動作同時進行。身體向左轉的擰腰，右腳內扣的合髖，這一看似不協調的動作過程，卻為下一動作的完成孕育著極大的力量。右腳跟的提起，不僅是為了增加轉體時的靈活，同時也是加強雙臂的勁力。右前腳掌的踏地，不能是虛點，而要有力度，要有支撐感，借以保持身體重心的穩固。虛領頂勁，尾閭中正的要領是身體縱軸轉動的基礎。鬆肩沉肘，含胸拔背使得雙臂的平展，具有向下的沉勁和向後的引化勁。引出對方的虛處，破解對方的勁源。身體向右的回轉，右腳跟的著地，右虛步的形成，前三、後七的身體重心的分配，避免了身體前俯、突臀的現象的產生。腰髖的鬆沉，加重了動作底盤的實力，同時進行的雙掌從耳側向前的合掌而產生的提拔勁，也由此而生。

　　此勁乃是傳統楊式太極拳術中沾勁的表現。其目的在於提拔對方之根基，破壞對方的勁數，使其重心偏斜、傾倒。用腰腿的力量沾提，絕不是單純的用掌提，提勁時，雙腳的動作要紮實，虛領頂勁，氣貼脊背，才能得機得勢而動。

　　提手動作的定勢，要注意到動作的上下相隨；內外相合，身體關節的相呼應，即肩與髖關節的相對；右肘與右膝關節的相對，右掌指與鼻尖的相對；左掌指與右肘關節的相對，雙臂與雙腿的相對。只有掌握和了解這些相關的知識，提手動作才能達到完整一氣的境界。

　　技擊含義：提手的動作技擊含義有二點：

　　⑴對方用雙手合按我雙臂時，我即用動作1的手法將對

圖 24

圖 25

方來力化解，使其足跟拔起失去重心，趁對方回收之時，我順勢進擊。（圖 24）

(2)對方右拳進擊，以左手分其右手，反手捋其腕或前臂，右掌附其臂膀，微向下鬆沉，趁對方回抽之時，由下向上以提勁將對方破解。（圖 25）

第7式 上 勢

現在的練習者在套路練習時，絕大部分都丟掉或忽視了此動作。其實，在傳統楊式太極拳套路中，上勢動作是有著極其重要的作用的。

上勢的動作過程可以看作是兩部分動作的組合，即捋勢和擠靠勢。當身體向左轉時，左臂外旋，弧形下落，此時要意貫左臂下側，含有向下的掤勁，同時又要含有向側後的撐勁，意貫左肘關節。這樣既保證了左臂動作的飽滿，又限制了左臂動作的方向，即向身體左側後 45 度方向運轉。腰髖的轉動同時帶動了右掌的前展，右腕關節要合順，意貫右臂外側，是向前

的立掤勁。隨身體的轉動雙臂要含對拔之勁。腰髖轉動時，右腳跟要含有向後的蹬勁，而左膝關節與左腳方向的一致，使得左支撐腿含有撐勁。才能做到圓襠、斂臀，鬆腰沉髖，不僅使身體靈活自如地轉動，而且也控制了由於身體的轉動動作重心起伏的弊病。

隨後，雙掌隨腰的轉動做捋勢，身體向右的回轉，左掌按附於右前臂時，身體重心右移，以左腿的力量催動腰髖向前平移，成右弓步，雙臂也隨同腰髖的平移向前下擠出，同時含有向前的肩胸的靠勁。意貫右前臂外側，左掌輔助發力。此勢動作外形與右攬雀尾的擠勢動作相仿，但卻體現出兩種不同的勁力方法和產生不同的效果。

右攬雀尾的擠勢動作是平擠，左掌附於右掌腕部，是破壞對方的重心後，將對方沿水平方向放出，使對方後退。此勢動作左掌按附於右臂內側，力的方向是本人的前下方的勁力，是以「擠靠」勁為主打，是將對方沿本人勁力前下方放出，使對方後退後跌到在地。動作身形微微有些前俯，絕不可過於前傾，使自己失去重心。如拳諺所云：「偏輕偏重為病，偏者，偏無著落，所以為病。因無著落，必失方圓。」

上勢的動作是由捋勢和擠靠勢組合而成。而動作之間的結合都是由腰髖的左右轉動進行連接的，沒有明顯的界限，上下動作的相隨相合，協調一致，達到了拳理要求連綿不斷，圓活連貫，運勁如抽絲，一氣呵成的境界。

技擊含義：對方以雙按掌進擊，我以擠手相迎，微化解對方勁力，然後將對方向前下方放出。（圖 26、27）

圖 26　　　　　　　　　　圖 27

第 8 式　白鶴亮翅

　　白鶴亮翅動作，是傳統楊式太極拳極具代表性動作之一。動作外形舒展大方，圓活、瀟灑。此勢動作的虛步步型，是楊式太極拳拳式中的高架虛步。所謂「高架」是指動作外形相對而言，同是虛步步型，手揮琵琶、提手動作就屬於中架虛步，自然海底針的虛步動作就屬於低架虛步。

　　白鶴亮翅，雖然動作外形看似直立，但是動作要領卻是絲毫無變。首先身形要達到虛領頂勁，含胸拔背，鬆腰沉髖，收腹斂臀的要求。既要有向上的挺拔之勢，又要含有向下的沉勁，這樣就有上下對拔、把身肢拉長的感覺。尤其是右臂雖然向上擎托高舉，但是鬆肩、垂肘的動作原理也要充分體現，右肘關節不可揚起，要鬆沉，右肩與右掌指呈一弧形，雙臂要呈弧形不可挺直，才能將腿腳之力，腰髖之勁，通暢的灌注到雙掌。前三（左腳）後七（右腿）的身體重心的合理分配，就是整體動作勁力的基礎保證。含胸拔背、鬆腰沉髖、鬆肩垂肘，

圖 28　　　　　　　　　　　圖 29

加強了身體重心的穩固性，同時也保證了呼吸的深沉，也充分體現出太極拳原理中所包含的升、降，虛、實，開、合，採按、擎托等相對、統一的哲理。以心意之動，寓動作之形，如拳諺所云：「心氣一發，四肢皆動。足起有地，動轉有位。或黏而游，或連而隨；或騰而閃，或摺而空；或搠而捋，或擠而按。」

技擊含義：對方以左拳進擊，我以左掌向外撥化，握其腕臂，向下採按，對方以右拳再進擊，我即以右掌虎口卡其腕，向上托擎，使其失卻重心，向後傾倒，或我起腿攻擊對方下部。（圖28、29）

第9式　左摟膝拗步

摟膝拗步，也是楊式太極拳極具代表性動作之一。無論左、右摟膝拗步動作的身法、勁力的變化都是極其豐富的。

首先是步法的轉換，從白鶴亮翅動作的高架虛步到右支撐腿的屈蹲下坐，身體重心下沉，身型上要達到「立身中正」的

要求。即使是左腳邁出，上體也要正直。這就盡量避免了為了邁步而失去身體的平衡，產生突臀、左右歪髖的錯誤動作。當然也就不符合「斂臀」和「尾閭中正」的拳理要求，這一點是要注意的；其次身體重心的前移，左腿屈膝前弓成左弓步時，身體的平穩位移，髖關節沿水平位置的運動，是避免動作過程中身體上下起伏的要點。演練時步法的變化是由虛步——坐步——邁步——弓步構成的，尾閭中正是貫穿始終的。而主宰於腰，腰髖的轉動卻起著主導作用。兩掌的動作要隨腰的轉動而動，腰的左右轉動切不可搖晃，因為一晃動必然產生身體俯仰，與拳理不符。雙掌的運轉，勁力的變化尤其要注重體會。

動作1右臂的擺掌與動作3左掌由右肩前落於右腹前的勁力為「截勁」，截擊對方動作，使之失卻重心，所以要意貫右臂左側，左臂下側。

動作2右臂後展時，先要意貫肘關節的同時又要具備向下的掤勁，所以是下掤勁與肘勁的合力。動作2動作完成時，要意貫雙臂，同時含有向外的掤勁。鬆腰沉髖、含胸拔背、沉肩垂肘是勁力貫注到雙臂的保證。在此勁力意識下，由腰的左轉，將右腿的腿腳之力，運用到前推掌和下摟掌。前推掌時，萬不可將掌心向前，而是微側向前，虎口撐圓，意貫右臂外側，沉肩垂肘，順腕舒指，力達指尖。下摟掌時，意貫左臂後側撐勁的同時，又要有向下和向外的採按勁，虎口向前，是為了便於拿採對方，這也是傳統楊式太極拳動作的獨特風格。肩髖上下相對相合，避免了過份強調向前送肩，或兩肩高低不平的現象。因而摟膝拗步動作的勁力、步法的變化是極其重要的，也是要細心體會的，可以透過單勢、定勢（以定勢架勢做較長時間的練習）體會動作的勁力。因為拳諺所云：「氣宜鼓

圖 30　　　　　　　　　圖 31

蕩，神宜內斂。勿使有缺陷處，勿使有凹凸處，勿使有斷續處。」「一身之勁，練成一家。分清虛實，發勁要有根源；勁起於腳跟，主宰於腰間，行於手指，發於脊骨。」

技擊含義：一手摟開對方進擊的手或腳，我向前上步，插於對方腿後，或採踏對方一腳，另一掌向前擊打對方胸部反擊。（圖 30、31）

第 10 式　手揮琵琶

手揮琵琶的動作變化幅度不是很大，但是，在動作的運轉變化中，身形的正確與否、身體重心分配的是否合理，就直接的影響到步法上的變化、勁力上的體會。

動作 1 右腳向前的跟步，現在一般的提法是：向前跟半步。所謂半步，就是本人弓步的一半的距離來理解。所以向前的跟步，右腳與左腳的縱向距離應以不超過此範疇為最好，超過這個範疇，雙腳的縱向距離太近，身體重心偏前，極易產生左腿獨立支撐的現象，使得身體向前傾倒。但在傳統的楊式

太極拳練法中卻強調了向前跟「寸步」。所謂寸步，就是跟步的距離範疇不是很大。跟步距離要合理，實際上是突出了技擊上的含義。所以在跟步的運動過程中，跟步的距離合適與否，有著很重要的作用。要保持自己下盤的穩固，就要以鬆腰髖的動作要領來約束，這樣即避免了身體重心的起伏和動作外形的不正確。更重要的一點是為動作 2 打下了良好的基礎，即身體右轉，右掌的向後「引帶」，重心的右移，右腳的踏實，使之具有強烈得勁力感。

動作 3 的向左轉體，左腳跟踏地，成左虛步；前三（左腳）後七（右腳）的身體重心的分配，使得左腳具有向後的蹬勁，左腳掌與地面的夾角以不超過 60 度為宜。雙膝要屈，右腳與右膝關節在同一 45 度方向，右腳具有向前的撐勁，使下盤根基更加穩固。隨身體的轉動，兩掌前後交錯，雙臂下沉相合的同時，具有向前推（揮）出之意。動作強調了「揮」字，是推出、送出的意思。也是楊式太極拳中「借勁」、「長勁」的一種表現，即借對方之力，以我勁力之延長，將對方發出。

此勢動作外形與提手動作看似只是左右相反，卻是兩種不同的勁力表現形式，提手動作詮釋已經做了注解可參看比較。身體縱軸的旋轉貫穿了動作的始終，其他動作要領也已在分解動作中做了提示。所以在練習中要體會拳諺所云：「自己懂勁，接及神明，為之文成。於人懂勁，視聽之際，遇而變化，自得曲誠之妙形。」

技擊含義：對方以右拳擊打，我即以轉身閃過的同時，以右掌扶其腕，順勢向後引帶，左掌貼扶於對方肘關節，兩掌左右沉臂相合的同時，以反關節的方法將對方擒拿，趁對方回抽

圖 32　　　　　　　　　圖 33

之時，順勢將對方發出。（圖 32、33、34）

第 11 式　左摟膝拗步

同前。

第 12 式　右摟膝拗步

圖 34

左、右摟膝拗步動作，也是傳統楊式太極拳的代表動作之一。左摟膝拗步和右摟膝拗步，動作雖然左、右相反，但其勁力和步法的變化也近相同。在傳統楊式太極拳套路中，此兩勢動作也有著動作之間銜接的作用，所以也習慣稱之為「銜接式」。

無論是左式變右式，還是右式變左式，身體與腳的轉動都是體前側 45 度，尤其是膝關節與腳尖的方向一致，是膝關節軟組織不受損傷的保證。前腳的外展，也體現出傳統楊式太極

拳「碾腳」的動作特點。頂頭懸，尾閭中正的身法要求，使得一腳向前邁出時，支撐腿要穩住重心，姿勢不可起伏。加強了腿部力量的練習，同時也提高了身體的平衡能力。特別要提出的是：雙腳的橫向距離不可超過肩寬，但也不可在同一直線上，以 20～30 公分為宜。因為雙腳與身體重心的垂線，三點確定一平面。穩固了身體的重心，確定了動作姿態的平穩，從而為把腳腿的力量運用到前推掌的勁力奠定了基礎。如果雙腳的橫向距離超過肩寬，勢必身體重心偏於左或右，重心的不穩定，自然也就談不上勁力的合理運用。左右摟膝拗步在套路中可以是相互連續的動作，也可以作為太極拳的基本功來練習。雙掌的動作與弓步的形成，都要在腰髖轉動的帶動下協調完成。

技擊含義：右手摟開對方進擊的手或腳，我向前上步，插於對方腿後，或採踏對方一腳，左掌向前擊打對方胸部反擊。（圖 35、36）

圖 35　　　　　　　　圖 36

第13式 左摟膝拗步 第14式 手揮琵琶

第15式 左摟膝拗步

（均同前）

第16式 進步搬攔捶

搬攔捶的動作是傳統楊式太極拳套路中五種拳法之一，在民間的流傳中有的名稱是「進步」搬攔捶，有的提法是「上步」搬攔捶，「進步」或「上步」只是提法不同，但同是連續向前進步、上步的意思。

搬攔捶動作2目前有兩種練習方法，一種是：右腳跟著地，腳尖外撇，右拳搬打。另一種就是本書所敘述的練習方式，此練習方法是當年楊澄甫宗師在京所傳，如北京的崔毅士、武匯川、王旭東，杭州的牛春明等先輩都演練過，60年前澄甫宗師在我家庭院親自指導我祖父練習的照片就是如此。本書就是依照我祖父，崔毅士所親傳套路進行釋解。

搬攔捶的動作是由三種不同的攻防動作組合而成，這種連環手法通常又稱之為「緊三拳」或「緊三捶」。

其一：分解動作2，右拳由左腹前，向前弧形翻打，動作過程即含有防備的意思，又含有以拳背攻擊對方胸部的含義。左掌的向前橫掌蓋壓，不僅含有向下的採按意念，同時又是輔助右拳的進攻，以迎面掌進擊對方。左掌與右拳之間的距離應是本人一拳的空間。一般來講，這個距離也是對方的前臂的長度，是控制對方的有利、合理的位置。

其二：分解動作3，左掌立掌微向下、向左橫攔，右拳同

時收於腰間右肘向體右後側 45 度方向，通過腰髖的轉動，使得左掌、右拳，分別向前、後兩側平撐，左掌意貫左臂下側，是「立掤勁」。右拳意貫肘關節和右臂下側，含有向下的「掤勁」、向後的「引帶勁」。但是不能挺胸背肩，要含胸拔背，以肩背的舒展將左掌、右拳有機地貫通，使之具有彈性和韌性。是化解對方進擊的有利保證。

其三：分解動作 4，通過身體的轉動，弓步的形成，右拳以右臂旋轉的動作方式向前直拳打出，右臂的旋轉，加強了右拳的攻擊力度。同時右腿的弓蹬，將腳腿的力量充實到右拳。而左掌的微向上、向右的弧形回收，也是攔截的含義，左掌落於右前臂內側，與右腕的距離也是一拳的空間，同樣這個距離也是控制對方前臂長度的有利、合理的位置。

搬攔捶的動作過程是連貫、有序的進行的，練習時要注意身體、腳的轉動方向，要能夠注意到身形的正確，尤其是上下動作的協調。演練時要體會到拳諺所云：「不強用力，以心形氣；步如貓行，上下相隨；呼吸自然，一線串成；變換在腰，氣行四肢；分清虛實，圓轉自如。」

技擊含義：對方以右拳進擊，我即以右拳搬壓，同時以左掌還擊，對方以左手接我左掌，我將對方化解，同時進步逼近對方，借轉腰之勢，用右腳腿之力，急以右拳擊其胸、腹。（圖 37、38、39）

圖 37

圖 38　　　　　　　　　　　圖 39

第 17 式　如封似閉

　　如封似閉的動作可以看作是搬攔捶動作的勁力的延伸。動作演練時要在鬆腰沉髖、沉肩垂肘的動作意識引導下，身體重心微微下沉的同時，左臂的外旋、左掌的翻轉與右拳的前伸、雙臂動作同時進行。這也就是太極拳勁法中的「長勁」。

　　所謂「長勁」，就是勁路、意氣的再延伸。尾閭中正是極其重要的，身體重心的微下沉，帶動肩背的舒鬆，催動了右拳的前伸，力貫拳面。而左臂的動作則以前穿動作協調進行，因此，左掌指不僅具有穿勁，同時左臂還具有向前的掤勁。

　　含胸拔背的動作要領，使得雙臂保持弧形，動作勁力的飽滿。左掌前穿，雙掌前展分開成開式後，再隨身體重心的後移，髖關節的水平移動，帶動身體平穩位移。右腿屈膝後坐，右膝關節與右腳的方向一致，奠定了身體重心的穩固。先沉肩、再垂肘，以雙手拇指為力點，腕關節向內旋轉，帶動雙掌指，立圓弧形向上挑起，收於胸前，雙腋要虛，不可緊夾身

體。雙掌心側相對，雙臂呈八字形。此時，身形要立身中正，虛領頂勁，含胸拔背，鬆腰沉髖，氣息要平穩，精神要提起。身體重心前移時，動作外形不可有起伏，身體要保持立身位移。以右腿之力緩慢將身體重心移向左腿，成作左弓步。同時隨身體重心前移，雙臂微內旋，向下旋腕，翻轉掌心側向下。雙手以人字形向兩側平分，掌心側相對，鬆肩垂肘、虛腋，此時力貫雙掌外側，以轉臂旋腕的動作繼續將外力化解。然後，雙掌再沿橢圓形路線向前展臂推出，雙掌前推時要保持在肩寬的範圍內。掌指向上，與鼻平，掌心側相對，順腕舒指，腕部不可向前坐腕用力，手指與肩要保持在圓活、自然的狀態。同時身體重心隨向前展臂前推動作，以「虛領頂勁」之意，腳生之力，將身體重心前移。含胸拔背、坐腰，掌心內含，意念貫注十指。這樣才能達到拳諺所云：「太極之武事，外操柔軟，內含堅剛。而求柔軟之於外，久而久之，自得內之堅剛。非有心之堅剛，實有心之柔軟也。」

技擊含義：對方用左掌推我右拳或右肘，我即以左掌由右臂下穿出，接其左腕，掤住對方來勢，順其勢微後引帶化解，以動其重心，抽出右掌按其臂膀，然後以雙掌進擊。（圖 40、41、42）

圖 40

圖 41   圖 42

第18式　十字手

　　傳統楊式太極拳術中，此勢的動作外形狀如十字，故名十字手。

　　十字手的動作，看似簡單，但卻包含了勁力的變化，重心的移動，步法的轉變等諸要素，而這些動作都是以腰、髖的轉動來協調進行。身體右轉，左腳內扣90度，腰髖轉動帶動腳內扣，此時，重心於左腿，雙掌隨腰動以「引帶勁」向右畫弧。身體繼續右轉時，右腳外展45度，身體重心移於右腿，成右側弓步，雙掌於面前微向上、向兩側平分畫弧與髖平時，意貫雙臂下側及雙掌外緣是「沉勁」。鬆肩沉肘氣息下沉，雙臂有下墜、鬆沉之意。「沉勁」在太極拳術中有極其重要的作用，往往許多發力都是先伴有「沉勁」，破解對方來勢再隨機而變。身體左轉，右腳內扣45度，此時雙腳平行，同時身體重心已移於左腿，雙掌繼續向下畫弧，雙臂內旋，於腹前交叉合抱為「下掤勁」。重心於左腿，右腳先提起，前腳掌微蹬

地，順勢回收，前腳掌先踏地，再全腳掌踏實，雙腳距離與肩同寬。隨身體重心的提起，雙腿緩慢直立。雙掌上提合抱手面前為「上掤」。

無論「上掤」還是「下掤」勁力都要意貫雙臂外側，雙臂圓抱，氣勢飽滿。身形要保持立身中正，含胸拔背、垂肩沉肘、鬆腰沉髖，勁由足下起，由腳而腿、而腰、而指，「要從梢節起，中節隨，跟節催之而已。此固分而言之，若合而言之，則上自頭頂，下至足底，四肢百骸，總為一節」。所以「十字手」的動作要連綿不斷，動作之間要和順、柔和，勁力要飽滿，虛實要分明，一氣呵成。所以此勢勁力變化無常，可掤可按，可挒可捋，可靠可肘，直來橫引，斜來身旋。

此勢動作目前有兩種練習方式。其一，雙掌交叉合抱時，雙掌心側向上，然後再接下一分解動作；其二，如本書所述，是澄甫宗師所傳。

技擊含義： 對方雙手進擊我面部，我以雙掌將對方雙手分撐開，破壞其來勢。如對方進擊我腹部，我以下掤接其來勢，

圖43

圖44

圖 45

圖 46

趁對方回收之時，我順勢用合掤將對方合勁送出。（圖 43、
44、45、46）

第 19 式　抱虎歸山

此勢動作名稱目前社會上流傳的有「抱虎推山」、「抱虎
歸山」之名。其中抱或推是動作意識的表現，是一種技擊的手
法。在傳統楊式太極拳套路中，抱虎歸山的動作外形雖然與右
摟膝拗步的動作極其相似，但在演練的時候，要突出右掌摟抱
的動作意識，這是這兩個動作之間明顯的區分。此勢動作先以
腰髖的右轉，帶動雙掌的前後展伸，然後再以腰的回轉，將雙
掌巧妙的回收。這一張一弛，一開一合，就充分地體現出太極
拳理所提到的「開中寓合，合中寓開」的原理。

從十字手的定勢開始，向右轉體時，要以腰髖的轉動使身
體沿縱軸方向平穩旋轉，同時左腳以腳跟為軸，向內扣轉，左
膝關節要相向而動。膝關節與腳尖上下相對，保持身體的穩定
性。身體重心微下沉，鬆腰沉髖是動作旋轉的關鍵，雙臂隨轉

體而動，在動作時不僅要達到掤在兩臂的意識，而且還要微微向外撐展。當身體轉到西南方時（即體右斜前 45 度），動作的感覺是擰腰合髖。此時，身體重心要穩固在左腿，以腰髖的繼續右轉，帶動右腳提起向右前方邁出。所以在此動作時，髖關節的轉動是決定右腳能否輕鬆前邁的關鍵。這樣就避免了右腳先邁出，而身體卻還未轉到位的弊病，同時也就避免了身體前俯、突臀，左右歪髖的毛病。

虛領頂勁、尾閭中正是保證身體縱軸旋轉的精髓。含胸拔背、鬆肩垂肘是意到、手到、氣到、勁力的保證。鬆腰沉髖是身體轉動、上下動作協調配合的前提。只有注意到這幾方面的要領，動作才能圓活、自如，協調、和順。

技擊含義：對方由右後進擊，我急轉身躲閃的同時右掌防下，左掌擊上，並上步進擊。如對方以左手推我左臂，我則趁勢雙掌扶其臂膀以四正手的方式將其發放。（圖 47、48、49）

圖 47

圖 48

圖 49

第 20 式　右攬雀尾

同前。

第 21 式　斜挪勢

同第 3 式左掤式。

技擊含義：對方由左後向我進擊，我轉身以右掌向下裏採對方一臂，同時以右掌沾黏對方手腕，小臂內旋抓腕，順勢下採，左手臂以平掤勁進攻對方胸部及軟肋，同時迅速上左步踩踏對方腳面或伸到對方身後使對方傾倒。（圖 50、51）

第 22 式　肘底捶

此勢的動作名稱，有稱做「肘底看捶」、「肘底藏捶」、「肘底打捶」的，動作實質上是相同的。肘底捶是傳統楊式太極拳術中五種拳法之一。是套路練習中，從隅向回到原演練方向（正向）的重要環節。

圖 50

圖 51

　　身體向左轉，左腳外展，要具有「碾動」的意識。在傳統楊式太極拳的練習中，身體轉動是指身體腰髖部位的轉動帶動上體沿縱軸旋轉，才能達到「肩與胯合」的要求，這一點是非常重要的。在此基礎上，雙臂的動作運轉才能自如、圓活連貫。雙掌於體側平展成陰陽掌時，右腳跟的提起不僅加強了身體轉動的靈活性，同時也加強了雙臂的力度。左臂微外旋，轉動掌心向上時，要鬆肩垂肘，順腕舒指，肩關節要鬆沉、撐開，使得掌指與肩保持弧形。勁力的意貫，左臂不僅要具有向外撐擴的感覺。並且借以腰髖的轉動之勢，更加強了向左引帶的勁力。同時而動的右臂動作，保持了向外的撐勁。雙掌指、雙臂，透過含胸拔背的身形要求，成一弓形，使得雙臂具有彈性。虛領頂勁身形的挺拔，尾閭中正保持了穩定的感覺。右腳及時的跟進，鞏固了身體的底盤，鬆腰沉髖就避免了身體轉動時動作姿勢的起伏。右腳跟向內的擰轉、踏實，右膝關節與腳尖方向一致，防止了突臀、歪髖的不良習慣。雙掌的圈合，絞動，左掌的穿撐（其它武術套路中此掌也稱為迎面掌或迎

圖52　　　　　　　　　　圖53

手），右臂的旋轉，右拳的扣擰，左腳虛步的形成，在身體回轉的同時，以腰為軸，協調而動，動作一氣呵成。如拳諺所云：「心氣一發，四肢皆動。足起有地，動轉有位。能去能就，能剛能柔。不動如山岳，難知如陰陽。」

技擊含義：對方用右拳向我頭部進擊，我急以右掌攔截，握其腕部，趁對方下落回抽時，以右臂的擰扣抑制對方，同時用左掌的穿撐進擊對方面部。（圖52、53）

第23式　左右倒攆猴

「左右倒攆猴」，或「左右倒輦侯」、「左右倒卷肱」，雖然字意上不同，但是講的都是同一個動作，本書採用的名稱是澄甫宗師所傳。

「左右倒攆猴」動作時，無論左式還是右式，首先要注意的是虛領頂勁，身體的中正，以腰髖的轉動帶動雙掌前後對稱的、對拔的分撐開。如「右倒攆猴」其內在的意識是右拳變掌的下落、回抽至右髖側時，不僅是單純的下落動作，而要具有

意念和勁力。下落時，右臂及右掌指不僅要含有向下沉的「掤勁」，同時還要具有向後回抽時的「肘勁」，即意貫肘關節。因此右臂同時含有兩種勁的合力，動作外形要圓，才能達到勁力的飽滿。同時左掌的隨腰而動，要有向前的前撐立掤勁，雖然轉體動作幅度不大，但一撐、一頂的意識是必須具備的。身體繼續向右的轉動，使得雙掌加強了前後的展伸，勁力的延長。鬆肩垂肘，肩背的舒鬆，保證了雙臂在 135 度夾角的合理性。同時右支撐腿的重心穩固，左腳輕鬆提起向左側後退步（即身體左側後 45 度的方向），左前腳掌的踏地，鞏固了身體的穩定性。

尾閭中正，身體沿縱軸的左轉，帶動了左腳的內扣踏實，右臂的卷收，左臂外旋的同時進行體現了太極拳練習中一動無有不動的連綿不斷的感覺。鬆腰沉髖，重心的左移，左坐步的形成，雙掌於胸前相對交錯時，右腳隨之轉正（內扣碾腳）的協調進行，更加渲染了左臂回帶、引收的勁力，右掌向前推、撐的意識。所以講，右倒攆猴動作的定勢，要達到：虛領頂勁，含胸拔背，鬆腰沉髖，垂肘沉肩，收腹斂臀的要領提示。雙臂撐圓，左膝關節與左腳的方向一致，也是動作姿態正確與否的保證。肩與胯合，上下相隨，倒攆猴的動作過程，強調了整體性、連貫性和協調性。

在傳統楊式太極拳套路中，倒攆猴的動作是分左、右對稱進行的，運動過程是一樣的，只是左右動作相反，身體動作方向不同而矣。這也是傳統楊式太極拳術中，唯一的一組採取退步的形式、結合進攻的手法的動作組合。無論是左還是右倒攆猴，定勢動作的完成，才是這組動作的最後完結，下一組動作才能由此繼續連貫的開始進行。練習時絕不是盲目地追求所謂

動作的連貫性，而忽略了動作各個環節的體現。正如拳諺所云：「夫太極拳者，千變萬化，無往非勁。勢雖不侔，而勁歸於一。夫所謂一者，自頂致足，內有臟腑筋骨，外有肌膚皮肉，四肢百骸相聯而為一者也。」

技擊含義：倒攆猴採取的是防守反擊的手法，如對方用右拳進擊，我以左掌採其腕，坐實左腿，向左轉體，向內引帶對方，同時用右掌擊其胸部或面部，右腳向內的轉動鎖住對方一腳，而向上勾提使對方失去重心被擊倒。（圖54、55、56）

圖 54

圖 55

圖 56

第 24 式　斜飛勢

斜飛式動作有兩點要注意：

一是右腳收回落地點的正確與否不僅影響到身體重心的穩定性，更重要的是影響到整體動作的繼續完成。右腳回收落地點，要與左腳跟在同一橫線。左腳跟與右腳的距離是本人的肩寬（即本人一橫腳寬），這樣不僅保證了身體重心的穩固性，同時為身體的右轉、左腳的內扣打下了良好的基礎。右轉體時，身體沿縱軸旋轉，與左腳的內扣擰轉同時進行。重心右移，並不意味著身體位置的左右晃動，所以，右前腳掌踏地要有力度，不是虛放，要有承重感。既保證了左腳轉動時的靈活，同時也控制了身體動作姿態的穩定；

二是以腰為軸，腰髖的轉動帶動上下動作的相隨相合。雙掌的絞手、合抱動作與右腳邁出的動作要同時協調進行。鬆腰沉髖是重心穩固的保障，也是為右臂的捌掌積蓄力量。身體右轉，重心右移成右弓步，左腳的弓蹬，催動右臂右掌向體右前捌出，意貫右臂外側。左掌的採按同時含有向下的沉勁和向下外的採按勁。

也可以講，斜飛式動作的一合一開也是傳統楊式太極拳術中「開合勁」的體現。太極拳的動作，不外開、合的基本動作組合。拳諺所云「開合虛實，即為拳經」，「架子不外虛實開合」。開時心意與手足具開，發勁致勝，這種勁就稱之為「開勁」。而合時心意與手足俱合，蓄勁待發，這種勁就稱之為「合勁」。開中寓合，合中蓄開，是相輔相成的。身法的正確，肩肘的鬆沉，右臂與右腳的同向，這些都是斜飛式動作完成的要素，在練習中也是相當重要的。

圖57

圖58

技擊含義：對方由右後以左拳向我襲來，我急轉身，以雙掌的絞合、合抱，將其化解，同時以左掌控制其左腕，上右步進身，以右臂的開勁，進擊對方頸部，將對方捌倒。（圖57、58、59）

圖59

第25式 提 手

第26式 上 勢

第27式 白鶴亮翅

第28式 左摟膝拗步

（均同前）。

第29式　海底針

目前此勢的動作名稱民間流傳的有：「海底撈針」、「海底藏針」、「海底探針」等等，其義都是講此勢動作是低架虛步。本書所採用的是「海底針」名稱，是澄甫宗師所傳。

傳統楊式太極拳術中，虛步步型可以歸納為三種：高架虛步，如白鶴亮翅，高探馬；中架虛步，如提手，手揮琵琶；低架虛步，如海底針。這三種虛步由於動作外形的不同，自然支撐腿的承重也不一樣。

海底針的動作屬於低架虛步，首先支撐腿的膝關節與腳的方向一致，上下相對，是鬆腰沉髖要領實施的關鍵。身體重心的分配，前腳的承重感必然比其他兩種虛步的承重感要大一些，可以講是前四後六。因為海底針的動作，上體不是直立，而是折體（即身體向前俯身）下坐，上體前俯舒展伸拔。為了保持身體的中定和穩固性，以六成的重心放在支撐腿，同時前腳又為了避免由於身體的前俯而產生的動作不穩定，所以就必然加強了前腿的支撐力，增強了承重感，以四成的力量放在前腳。絕不是單純地追求動作外形的低架勢，而採取「雙重則滯」的五五分成的做法，雙腿同時屈膝下彎，右掌做成「劈掌」和「砍掌」的錯誤動作。或上體稍有前傾就彎腰駝背，聳肩縮首。只有下盤的穩固，上體的前傾不超過45度，才保證了上肢動作的自如，連貫、和順。隨身體的轉動，右掌由胸前大弧度的立圓向前下斜插掌時，要轉腰順肩，舒腕力貫指尖。

這也就是傳統楊式太極拳術中「鑽勁」的體現。左掌向前的立圓弧形的下落，為右掌的動作增加了穩定感和力度。要如拳諺所云：「上欲動而下自隨之，下欲動而上自領之；上下動

圖 60　　　　　　　　　　　　圖 61

中部應之，中部動而上下和之。內外相連，前後相需。所謂一以貫之者，其斯之謂矣！」

　　技擊含義：海底針的動作具有多種作用，動作⑴、⑵是解脫法，分解動作⑶是進擊法。

　　⑴如對方用右手死握我腕部下方，我即以弧形動作向前下插掌，逼其失去重心，而脫手。（圖 60、61）

　　⑵如對方用右手死握我腕部上方，我即以弧形動作向前下插掌，借以解脫。（圖 62、63）

　　⑶如對方用右拳向我進擊，我用左掌摟開對方，用右掌直插對方襠部，以掌指戳擊對方。（圖 64、65）

第30式　閃通臂

　　目前此勢的名稱在民間的流傳中有「閃通背」，「閃」字含有躲閃、化解，快速之意；「山同背」，是指雙臂、頭，動作外形如「山」字型；「扇通臂」，則指動作定勢，背部舒拔似扇面。雖然文字不同，但其動作外形、技擊含義是一樣的。

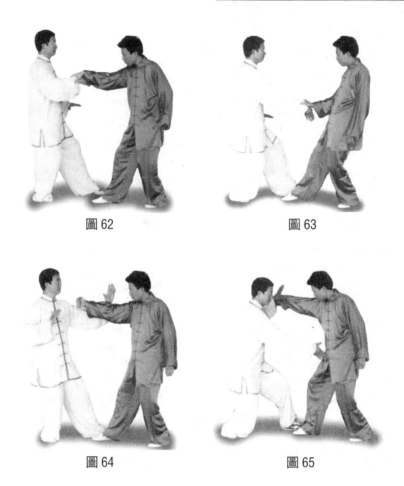

圖 62　　　　　　圖 63

圖 64　　　　　　圖 65

本書所採用的名稱，是依據澄甫宗師所傳。

　　當我們做閃通背動作 1 身體向右的轉動時，是由低架的動作姿態恢復到身體中正的動作架勢。身法的變化是由腰髖的轉動，帶動上體向右的擰轉，同時右臂的內旋、翻轉上提，是傳統楊式太極拳術中的勁法之一「提勁」的體現。即為提上、拔高之意。提時要借腰的擰轉之勢，腰腿之力，雙掌隨腰轉動起

身翻掌，就蘊育著
快速躲閃、化解之
意。左腳的邁出，
此時要鬆腰髖，頂
頭懸、沉肩肘、雙
臂撐圓，是力量的
積蓄。

圖66

　　動作2時，腰
髖沿水平位置的移
動，帶動身體立身
弓步，右腿的弓蹬
之力，催動了雙掌
推撐動作的完成。
這一推一撐，也蘊
涵著快速進擊之
意。推掌時左臂不
可僵直，要自然撐
圓。右掌的上撐要
含微向後的引帶勁
力，是順步撐架

圖67

掌，所以身體要側向前。定勢時要達到勢停意不斷，立身中
正，肩與髖，肘與膝、掌與腳的形合意連。鬆肩沉肘，含胸拔
背，將勁力貫通於腰，背、肩、臂，意撐八方。

　　技擊含義：對方用拳或掌向我進擊，我用右臂迎擊，同時
翻掌向後外引帶化解使其實卻重心，同時進步以左掌向對方胸
肋部及背部進擊。（圖66、67）

第31式　轉身撇身捶

轉身撇身捶的動作也是傳統楊式太極拳套路中五種拳法之一，它的動作是由兩部份組成：轉身撇拳（捶）及弓步沖拳。「轉身」強調了此動作身法的變化，在轉身的時候，首先要注重的是虛領頂勁，尾閭中正，即腰髖的轉動帶動身體沿縱軸的旋轉。左腳的內扣135度，加強了身體向右後轉動的幅度。使得右腳隨身體的轉動能輕鬆的提起邁出。右腳的落點要稍偏右，雙腳的距離與肩同寬，以避免雙腳在同一直線上的現象出現。左腳、右腳，身體重心垂線三點確定了動作姿勢的穩定性，加強了撇拳（捶）動作的力度。

「撇拳（捶）」也稱之為「反背拳（捶）」，一般的講「撇拳（捶）」動作的翻打，是在大幅度轉體的情況下借勢進行的。右拳的翻打是以右肘關節為圓心，右前臂為半徑，拳以扇面形的動作弧線體現。右拳擊打時意貫拳背，是翻打、格擋的意思。鬆肩垂肘，右臂撐圓，是右拳動作姿態，勁力通順的的基礎保證。隨身體重心的右移，右弓步的形成，腰髖的繼續右轉，右拳回收，含有引帶，化解之意。左掌橫掌推出。此時意貫左掌外緣及左臂，稱之為「剛勁」或「截勁」。其作用全在右拳的引入落空，對方不能化解時，向對方中心發力。動作上應虛領頂勁，含胸拔背，肩肘鬆沉、立身中正，斂氣凝神，力由腳而腿，而腰、而掌，節節貫通。隨後，腰髖的回轉，身體的左轉，帶動右拳的擊打。在傳統楊式太極拳術中，凡用身法和手法將對方勁力順勢化解稱之為「吞」，也可以看作是合勁。而用身法和手法順勢借力進擊，稱之為「吐」，也可以看作是開勁。這動作上的一吞一吐，勁力上的一開一合，技法上

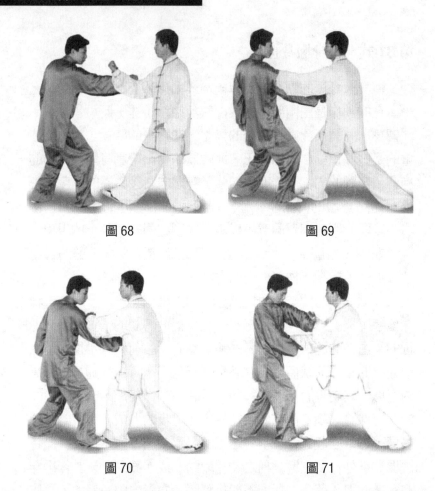

圖 68　　　　　　　　圖 69

圖 70　　　　　　　　圖 71

的一化一進，就把轉身撇捶的動作的圓活連貫，連綿不斷，勁力的剛柔相濟有機的組合起來。

　　技擊含義：對方由右後用右拳進擊，我急速轉體，以右拳自上而下撇拳翻打格擋。並順勢向後與帶化解對方之勢，隨即以左橫掌進擊對方胸部，對方以左手推攔，我轉腰化解以右拳進擊對方軟肋。（圖 68、69、70、71）

第32式 進步搬攔捶

同前。

第33式 上步右攬雀尾 第34式 單 鞭

（均同前）。

第35式 左右雲手

左右雲手的動作是傳統楊式太極拳套路中，唯一的一組身體的重心左右移動，橫向出步也叫側行步的動作形式出現，因而身體重心的穩定就是至關重要的。髖關節要保持在與地面水平的位置移動，腰髖的鬆沉不僅保證了身體重心的穩定，同時也為雙腳的側行開步、收步，提供了有力的機體保證。

在側行步中，隨身體重心的左右移動，雙腳輪流踏實支撐，雙腿的動作虛實要分明，要掌握「輕提、慢落」的步法規律，既左腳能輕鬆的提起向左側行邁出，右腳也能輕靈的提起向左腳靠近。

一般的講，側行步的步幅要合度，即是以右腿的支撐，左腿自然伸直橫行邁出一步，以前腳掌輕鬆落地為宜。右腳的提收同樣也是以前腳掌的踏地支撐，身體重心保持平穩左右過度，上體不可俯身歪斜搖晃。雙腳的腳尖向前，雙膝關節要保持與雙腳的同向。這也就是我們平常所講的「點起點收」。雙腳的橫向距離在傳統楊式太極拳術中的要求是與肩同寬。自然不可大於肩寬，同時也不可小於雙腳靠攏。如果雙腳靠攏，則身體極易失去重心，不易保持平衡。立身的中正，身體縱軸的左右轉動，上體以扇面的活動範圍動轉，帶動了雙臂的運轉。

雙臂在體前的反向輪流交錯立圓絞動，其勁力也是在不斷的變化。以右臂為例，右臂由左肩前到右體側前的動作過程，右臂的逐漸內旋翻轉掌心向外，其勁力為「掤勁」。右掌由右側前下落到右腰髖部位時，其勁力為「掤按勁」。由右側經腹前到左腹前時，右掌臂為下「掤勁」。由左腹前到到左肩前時，力貫掌指為「抄裏勁」。勁力變化過程是

圖 72

掤勁——掤按勁——掤勁——抄裏勁。左右相同，身體轉動的幅度分別以左側前 45 度，右側前 45 度為宜。不可超過 180 度，否則身體重心極易偏斜，產生身體向後傾倒的現象。

　　雙臂在運轉過程中，均要保持弧形，鬆肩垂肘，含胸拔背，上手掌指與上眉平齊，稱之為「上齊眉」，與身體的距離為本人的四拳距離。下手掌指與腹齊，稱之為「下齊腹」，與身體的距離為本人的兩拳的距離。距離過大動作顯得零散、破碎。距離太小，動作顯得拘謹、無力。雙掌的運轉與左腳的邁出、右腳的回收，身體重心的移動要同時同向，協調配合進行。不可肩關節先動，上下動作脫節、不相隨，形成身體扭動。掌隨體轉，眼隨掌動，精神提起。

　　要體會拳諺所云：「太極者圓也，無論內外、上下、左右，不離此圓也。太極者方也，無論內外、上下、左右，不離此方也。圓之出入，方之進退，隨方就圓之往來也。方為開展，圓為緊湊。方圓規矩之至，其孰能出此以外乎！」

　　技擊含義：對方用左、右拳或掌連續進擊，我則用左、右

圖 73　　　　　　　　　圖 74

前臂或掌雲撥對方的進擊破解對方。同時用一掌進擊對方軟肋。（圖 72、73、74）

第 36 式　單　鞭

同前。

第 37 式　高探馬

高探馬的動作也是傳統楊式太極拳套路中高架虛步之一，它的動作過程強調了此動作身法變化的重要性。在向左轉身的時候，首先要注重的是虛領頂勁，尾閭中正，即腰髖的轉動帶動身體沿縱軸的旋轉。使得左腳隨身體的轉動能輕鬆地提起前移。左腳的落點要稍偏左，雙腳的距離與肩同寬，以避免雙腳在同一直線上的現象出現。左腳、右腳、身體重心垂線三點確定了動作姿勢的穩定性。在大幅度轉體的情況下右掌借勢橫掌向前展伸。此時意貫右掌外緣及右臂，稱之為「剛勁」或「截勁」。其作用全在引入落空，在對方以知受力，但不可變化之

時，隨即向對方中心發力，其勢勁力快而短促。鬆肩垂肘，右臂撐圓，是右掌的動作姿態，勁力通順的基礎保證。左臂的回帶，左掌的鬆沉回收，含有借勁，引帶化解之意。乘人之勢，借人之力，達到「牽動四兩撥千斤」的意境，同時也充實了右掌的橫切「截勁」。因而左掌的回收，右掌的展伸，左腳的踏地虛步，均隨腰髖的轉動上下相隨、協調配合進行。身形上，腰髖的轉動，身體的重心具有向上的提拔之意，同時也使得雙膝關節隨之向上展伸。

腰身的拔伸體現了傳統楊式太極拳尾閭中正、虛領頂勁的含義。含胸拔背，鬆肩垂肘，使得雙臂的勁力有機的貫穿，成為一體。但右掌、左臂勁力的輕與重，虛與實，要合理的分配，要達到拳諺所云：「半輕半重不為病；偏輕偏重為病。半者，半有著落也。所以不為病；偏者，偏無著落也，所以為病。偏無著落也，必失方圓；半有著落，豈出方圓？」

註：此勢動作，右掌的向前展伸，一種做法是立掌向前推出，以撲面掌的動作形式出現；另一種就是如本書所描述，此動作形式是依澄甫宗師當年所傳。其技擊含義大同小異。

技擊含義：對方以右拳或右掌向我進擊，我左掌翻轉，向下、向後借勁引帶，右掌同時隨腰髖的轉動直擊其面或喉頭。（圖 75、76）

第 38 式　右分腳

右分腳的動作是傳統楊式太極拳套路中，分腳、蹬腳、單擺、雙擺四種腿法之一。四種腿法的共同之處就是一腿獨立支撐，另一腿以不同的腳法出現。

右分腳共分 5 勢分解動作完成，但這五勢分解動作卻是一

圖 75 　　　　　　　　圖 76

氣呵成的，動作之間沒有明顯的界線。動作的虛與實，開與
合，起與落，都要做到主宰於腰，上下相隨，一動無有不動，
動作均勻柔和的要領。如身體重心下坐（沉）時，雙掌的動作
同時左右平撐，此時為開。右掌為實，左掌為虛。左腳邁出腳
跟著地與雙掌的動作同時到位，此時為合。左弓步，身體右
轉，雙掌體前交錯抹掌，右掌抹出與左弓步要達到手到腿到。
不可腿先到，掌後到。或掌先到，腿後到。此時為開，身體不
可前俯突臀。身體沿縱軸提拔，向左轉體，隨之帶動右膝提
起，膝關節與腰平，左掌橫帶，右掌平捋，以腰的轉動帶動左
掌緩慢橫帶，右掌同時平捋相合。協調進行的提膝動作也同時
到位。此時為合，為起。左腿支撐，右腳緩慢自左向右橫分，
腳面微內扣，與腰平，雙掌也同時左右平撐，此時為開。定勢
時雙腿的膝關節不可挺直，要含蓄。右腳的進擊部位是對方的
膝關節與腰部。氣沉丹田，胸含背圓，鬆肩垂肘。右分腳的動
作過程身體的左右轉動有著極其重要的作用，「虛領頂勁，氣
沉丹田，不偏不倚，所謂尾閭正中神貫頂，滿身清利頂頭

圖77　　　　　　　　　圖78

「懸」。雙掌的勁力變化也隨腰髖的動轉而變化，雙掌相合，左掌在內，右掌在外。為雙掤勁。右腳分出，意貫腳外側。拳諺所云：「筋骨要鬆，皮毛要攻。節節貫穿，虛靈在中。」又云，「立身中正安舒，支撐八面；行氣如九曲珠，無微不到，所謂『氣遍身軀不稍滯』也。」

　　註：分腳的動作目前有兩種形式，一種是腳面繃平，力貫腳尖；另一種如本書所描述，腳面微內扣，力貫腳外緣。無論何種形式，在傳統楊式太極拳術中分腳的高度，都是以膝關節、腰部為攻擊目標，所以起腿不高，並且分出的腿不是平直，而是微屈，蓄而待發。本勢動作依據祖父崔毅士所傳。

　　技擊含義：對方用拳、掌進擊，我用雙掌掤架，撥開對方攻擊，迅速抬腿攻擊對方。（圖77、78）

第39式　左分腳

　　同前。

第40式　回身左蹬腳

　　蹬腳動作是傳統楊式太極拳套路中四種腿法的其中一種，它是以一腿支撐，另一腿腳尖回勾，力達腳跟，向前蹬出。

　　回身左蹬腳動作練習的時候，首先要把回身的概念搞清楚，回身是指身體向側後方轉，動作時要虛領頂勁，立身中正，充分利用腰髖的轉動與雙掌、左膝同時而動。虛領頂勁，右腳以腳跟為軸，頭頂、右腳跟在同一縱軸線上。腰髖轉動的同時，雙臂平撐，左臂與左膝關節要上下相對，同時輔助用力轉動，尤其是右腳要控制身體轉動的幅度。左腳落地，右支撐腿的重心首先要下沉，左腳才能落地，否則極容易產生左腳搶步的現象出現。由於身體重心猛然傾斜，身體向前傾倒。重心穩固後，雙掌同時向下畫弧，意貫雙掌是採按勁，雙掌於腹前相合。身體重心提起，隨之左膝關節屈膝上提，膝關節向身體左側方，同時雙掌的合掌上提，意貫雙臂外側及上側含有提、掤勁。雙掌翻轉向兩側平分時，左腳也同時向左側蹬出，腳尖回勾，力達腳跟。

　　在傳統楊式太極拳套路練習時，對於左蹬腳的動作要求是，左腳的蹬出，左腿（主力腿）不是完全伸直，而是膝關節微屈，不僅有利於動作的爆發力，而且也有利於主力腿的迅速回收。蹬腳的高度是在對方膝關節與腰髖的高度，強調了動作的技擊性、穩固性。左臂與左腿的上下相對，也加強了動作的合理攻擊性，同時順勢的動作外形，也盡量避免了本人在獨立支撐時，正面暴露給對方。肩肘的鬆垂，雙臂的撐圓，穩固了身體的重心。上下動作要相隨，動作要協調一致。拳諺所云：「當時而動，如龍如虎，出乎爾動而急如電山。」

　　技擊含義：對方由身後向我進擊，我則迅速轉身，以左掌撥開對方拳掌，避開對方的來勢，並迅速起腳蹬之，使其上下受攻，難以防備。（圖79）

圖79

第41式　左摟膝拗步

第42式　右摟膝拗步

　　（均同前）。

第43式　進步栽捶

　　栽捶，也是傳統楊式太極拳術中五種拳法之一。「栽」字顧名思義就是由上向下的動作，但在此動作過程中，雖然右拳的動作弧度不是相當大，卻也是右拳的運動過程從腰側弧形向前下栽打。鬆腰沉髖，身體重心下沉，身型上要達到立身中正的要求。即使是右拳栽打，上體也要保持正直。這就盡量避免了為了栽打而失去身體的平衡，產生俯身、突臀，左右歪髖的錯誤動作。當然也就不符合「斂臀」和「尾閭中正」的拳理要求，這一點是要注意的；其次身體重心的前移，左腿屈膝前弓成左弓步時，身體的平穩位移，髖關節沿水平位置的運動，是避免動作過程中身體上下起伏的要點。尾閭中正是貫穿始終的。而主宰於腰，腰髖的轉動卻起著主導作用。左掌、右拳的動作要隨腰的轉動而動，腰的左轉動切不可搖晃，因為一晃動必然產生身體俯仰，歪髖與拳理不符。雙掌的運轉，勁力的變

化尤其要注重體會。

動作1左臂的擺掌與動作3左掌由右肩前落於右腹前的勁力為「截勁」，截擊對方動作，使之失去重心，所以要意貫右臂左側，左臂下側。右掌握拳提收時，先要意貫肘關節的同時又要具備向下的掤勁，所以是下掤勁與肘勁的合力。

動作1動作完成時，要意貫雙臂，同時含有向外的掤勁。鬆腰沉髖、含胸拔背、沉肩垂肘是勁力貫注到雙臂的保證。在此勁力意識下，由腰的左轉、將右腿的腿腳之力，運用到栽捶和下摟掌。栽捶時，右臂邊內旋邊向前下栽打，拳面朝前下方，要鬆肩、送臂、順腕。沉肩垂肘，力達拳面。下摟掌時，意貫左臂後側撐勁的同時，又要有向下和向外的的採按勁，虎口向前，是為了便於拿掤對方，這也是傳統楊式太極拳動作的獨特風格。肩髖上下相對相合，避免了過分強調向前送肩、或兩肩高低不平的現象。因而栽捶動作的勁力、步法的變化是極其重要的，也是要細心體會的，可以由單勢、定勢（以定勢架勢做較長時間的練習）體會動作的勁力。因為拳諺所云：「氣宜鼓蕩，神宜內斂。勿使有缺陷處，勿使有凹凸處，勿使有斷續處。」「一身之勁，練成一家。分清虛實，發勁要有根源：勁起於腳根，主宰於腰間，行於手指，發於脊骨。」

技擊含義：一手摟開對方的進擊的手或腳，我向前上步，插於對方腿後，或採踏對方一腳，另一拳向前擊打對方下部反擊。（圖80、81）

第44式　翻身撇身捶

撇身捶的動作是傳統楊式太極拳套路中五種拳法之一。在整套的拳術演練中，出現了「轉身撇身捶」與「翻身撇身捶」

圖 80　　　　　　　　　圖 81

的兩種不同身法變化的形式。同是撇身捶「轉身」與「翻身」又有何不同？

　　一般講「轉身」是指身體向側方回轉，轉身時身體應保持立身中正，虛領頂勁，鬆腰沉髖，利用腰髖的轉動帶動雙臂的動作進行。如閃通背動作身體側向前方，然後轉體接撇身捶動作應理解為「轉身」。「翻身」一般的講是指身體由前向後做180度的翻轉，轉體動作幅度大於「轉身」的幅度。它的動作含義包括了翻與轉雙重的意思。同樣身體應保持立身中正，利用腰髖的動轉帶動雙臂的動作進行。如「進步栽捶」動作身體正向前方，然後轉體接撇身捶動作應理解為「翻身」。

　　在傳統楊式太極拳術的套路中，初期的演練形式，進步栽捶動作以後緊接的就是翻身二起腳再連打虎式，有騰空拍腳的動作，動作比較剛烈、勇猛。楊澄甫宗師經過不斷的思索、揣摩，就演變成目前的動作形式，動作變得柔和、緩慢，圓活、連貫，一氣呵成，更貼切楊式太極拳「連綿不斷，棉裡藏針」的特點。

　　我祖父當年學拳時，就曾練習翻身二起腳再連打虎式，後期就遵循楊澄甫宗師的修改進行演練。我幼年練拳時，在祖父的教導下也練習過此種動作形式。

　　目前，此動作的名稱有的稱為「回身撇身捶」，還有稱為「轉身撇身捶」，其含義是一樣的。

第45式　進步搬攔捶

　　同前。

第46式　右蹬腳

　　無論左式還是右式的蹬腳動作，都是傳統楊式太極拳套路中腿法的一種，同是以一腿支撐，另一腿腳尖回勾，力達腳跟，向前蹬出。

　　蹬腳的動作練習的時候，首先要虛領頂勁，立身中正，豎腰立頂，以保持身體縱軸的重心穩固。鬆肩垂肘，雙臂撐圓，同樣是為了達到加強身體重心的穩定，避免了聳肩揚肘所造成的身體重心上浮，呼吸緊張，上重下輕的弊病的出現。

　　在傳統楊式太極拳套路練習時，對於蹬腳的動作要求是，腳的蹬出，蹬腳的腿並不是完全伸直，而是略微屈膝，目的就是蹬腳的同時，留有適當的餘地，既可以瞬間發力加強力度，又可以在不利的情況下迅速將腳回收，而且蹬腳的高度是以對方膝關節與腰髖的高度為攻擊部位。突出強調了蹬腳動作的技擊含義。動作的時候，蹬腳的主力腿與上臂要上下相對，同樣是加強了技擊的力度的同時，盡量避免將自己的正面暴露給對方，所以為順勢。

　　技擊含義：對方以雙拳、掌進擊，我以掌撥開對方的進

擊，隨即以腳蹬踹對方，使其傾倒。（圖82、83）

圖82

第47式 左打虎勢

打虎勢的動作是傳統楊式太極拳套路中，以雙拳動作出現的兩種動作形式之一，也是雙貫拳。動作過程中要求處處對稱協調，上下相隨一致。身體重心左移，一邊弓腿，一邊上下雙拳相合，腿到拳到，上下相隨。而不是腿先到，再合雙拳。身體立身的中正，決定了雙拳動作的效果和力量。左拳自左向頭前上方畫弧圈打時力達左拳面，是貫拳。拳心向外，拳眼向下，左臂含有向外的撐勁。右拳同時向下屈臂圈打，同樣力達拳面，也為貫拳。拳心向下，拳眼向內，右臂含有向外的撐勁。雙拳上下要成

圖83

一直線，左腳、左拳在前，是順步順勢。左拳的高度一般在頭前上方20公分的距離。離頭部太近，左臂動作軟塌無力；離頭部距離太遠、太高，左臂動作僵直，不符合太極拳理。右拳與身體的距離也是本人兩拳的距離。右拳距身體近，右臂則不具備撐勁，動作不飽滿；距身體遠，右臂動作同樣僵直，失去了太極拳圓活、自然，動作處處呈弧形的要領。所以，左打虎

的動作練習時要做到頂頭懸，身體中正，鬆腰沉髖，含胸舒背，雙臂撐圓，沉肩墜肘，動作飽滿。正如拳諺所云：「十三總勢莫輕視，命意源頭在腰隙。變換虛實須留意，氣遍身軀不稍滯。」

技擊含義：對方由身後向我進擊，我即刻轉身用左拳向下格擋化解，然後由左貫拳進擊對方頭部，同時右拳進擊對方軟肋部，形成上下夾擊之勢。（圖84、85）

圖 84

第48式　右打虎勢

同前。

第49式　右蹬腳

同前。

圖 85

第50式　雙探掌

雙探掌的動作，目前知之者極少，此動作是澄甫宗師所傳。我祖父教我練拳時，經常提到當年練習時，澄甫宗師總講：「雙手探喉，貫耳拳」，所指的就是雙探掌的動作。

當身體右轉，右腳向前邁出時，雙掌隨體轉而動，向兩側畫弧收於腰間，雙臂是向內抄裹。此時，尾閭中正，鬆腰沉

髖。雙腋不可緊夾身體，雙肘的方向應為各自側後 45 度，沉肩墜肘，雙臂撐圓。當身體重心右移時，雙掌同時向前上方穿掌，意貫雙掌指，力達指尖。是「鑽勁」，也稱之為「入勁」。一般用於人順我背與對方接近時，突然用旋轉的方法將對方來勁化解，同時用掌指向對方進擊。

從雙探掌的動作過程講，雙臂是由平撐的動作狀態，向下畫弧時，雙臂外旋，翻轉掌心向上收於腰間。透過雙臂的旋轉，雙掌向內圈合抄裹。隨身體重心的前移弓步的形成，以左腳的蹬踏之力，貫注到雙掌指。身形要達到尾閭中正，鬆肩舒背，所以雙臂不可挺直，雙肘微屈，雖然是意貫指尖，但也要含有沉著之意。正如拳諺所云：「舉步周身要輕靈，尤須貫穿，氣宜鼓蕩，神宜內斂。莫叫斷續一氣研。勿使有凸凹處，勿使有斷續處。其根在腳，發於腿，主宰於腰，形於手指。由腳而腿、而腰，總須完整一氣。向前、後退，乃得機得勢。有不得機得勢處，身便散亂，必至偏倚，其病必於腰腿間求知。」

技擊含義：對方雙掌或雙拳向我進擊，我以雙臂由內向外的旋轉將其臂膀圈合托起，以一腳向前上步踩踏對方腳面的同時，以雙掌指進擊對方咽喉。（圖86、87、88）

第51式　雙峰貫耳

目前在民間流傳的楊式太極拳動作名稱中，此動作的名稱多稱之為「雙峰」貫耳，是形容雙拳如同

圖86

圖 87 　　　　　　　　　　圖 88

兩座山峰夾擊，說明雙拳的力度；還有的稱之為「雙封」貫耳，是說明雙拳同時封閉圈打的含義；也有的稱之為「雙風」貫耳，是指雙拳的動作速度快而有力。雖然字面不同，但含義相同。

雙峰貫耳的動作練習時，首先要注意身體的中正，不可因為向前的貫拳圈打，而造成上體前俯，那麼，必然產生是向後的突臀現象出現，身體重心向前傾斜。雙峰貫耳雙拳的圈打動作要與弓步的形成同時協調完成。雙掌於腰側握拳，雙臂同時向內旋轉，雙拳從身體兩側後弧形向頭前貫打。雙拳的貫打動作完成時要腰髖鬆沉，鬆肩沉肘，含胸拔背，肩背舒展，雙臂撐圓。左腳的向前的弓蹬之力要於腿、於腰、於肩，節節貫穿，意貫雙拳。雙拳的高度與太陽穴平齊。要如拳諺所云：「輕靈活潑求懂勁，陰陽既濟無滯病。若得四兩撥千斤，開合鼓蕩主宰定。」

技擊含義：我以雙拳或雙掌進擊對方，對方用手向下按壓，我即順勢向下鬆沉化解，然後雙臂環繞向前，用雙拳進擊

圖 89   圖 90

對方頭部。（圖 89、90）

第 52 式　左蹬腳　　　　**第 53 式　轉身右蹬腳**

第 54 式　進步搬攔捶　　**第 55 式　如封似閉**

第 56 式　十字手　　　　**第 57 式　抱虎歸山**

第 58 式　右攬雀尾　　　**第 59 式　斜單鞭**

（均同前）。

第 60 式　右野馬分鬃

　　野馬分鬃的動作是傳統楊式太極拳套路中極具代表性的動作之一。它的動作外形不僅開展大方，舒適圓活，而且對勁力的要求也是極其嚴格的。從步法、勁力的變化講，它屬於「蓄勢暗勁弓蹬步」。動作 1 是蓄。身體的右轉，鬆腰沉髖，沉肩墜肘，雙臂合抱撐圓，左腿屈膝支撐，都在積蓄力量，屬於太極拳術中的「相合」。動作 2 是暗勁弓蹬步，屬於太極拳術中

的「相開」。是指雙臂舒展，弓步時勁力的爆發，撒放。

　　右臂要含有「掤勁」，拳諺如此釋義「掤勁義何解，旋轉如飛輪，投物於其上，脫然擲尋丈，急流成旋渦，浪卷若螺紋，落葉墜其上，攸爾便沉淪。」意思是說，掤勁好似飛輪、旋渦，落上之物，便有拋出沉落之感。右肩、背具有「靠勁」，拳諺如此釋義：「靠勁義何解，其法分肩背，斜飛勢用肩，肩中還有背，一旦機可乘，轟然如搗碓，仔細維重心，失中徒無勁。」意思是講，肩靠、背靠，首先要得勢，但絕不可失去重心，被他人所制。所以右肩、背、臂要具備「掤、靠」的意念。左掌要具備「掤、按」之勁。左臂含有向後、向外的撐勁。肩髖上下相對相隨。鬆肩舒背，肩肘鬆沉。虛領頂勁，立身中正。右腿，右臂為順勢。

　　傳統楊式太極拳術中左掤式前臂為屈臂前舉，意貫前臂為「掤勁」；野馬分鬃前臂為展臂前伸，意貫前臂、背、肩，為「掤、靠勁」；斜飛式前臂為展，意貫前臂為「掤勁」當先。這三種形式的動作，前臂都是在體前上方，所以也稱之為「上手」。同樣後手的動作，相對講稱之為「下手」。「下手」共同之處就是掌、臂都具備向下、向後、向外的勁力內含。不同之點就是掌與身體的距離不盡相同，因而勁力的著重點也不同，這就需要練習者慢慢體會細細揣摩。以上就是這三式動作外形不同之處，勁力表現各異之點。雖然動作外形、勁力各不相同，但虛領頂勁、立身中正是貫穿始終的。正如拳諺所云：「先要兩股前節有力，兩肩鬆開，氣向下沉。勁起於腳根，變換在腿，含蓄在胸，運勁在兩肩，主宰在腰。上於兩膊相繫，下於兩胯、兩腿相隨。勁由內換，收便是合，放即是開。靜則具靜，靜是合，合中寓開，動則俱動，動是開，開中寓合。觸

之則旋轉自如，無不得力，才能
引進落空，四兩撥千斤。」

　　技擊含義：對方以拳掌進擊
或拿抓我左掌，我即以轉體趁勢
引進，化其來勢，並以右掌從左
臂下突然進擊，攻入對方腋下，
同時上右步，以掤靠之勁使對方
跌到。（圖 91、92）

圖 91

第 61 式　左野馬分鬃

　　右式野馬分鬃的動作轉換到
左式野馬分鬃的動作，身形的變
化不大，首先要注意尾閭中正，
鬆腰沉髖，沉肩墜肘，氣沉丹
田。身體沿縱軸旋轉，腰髖的轉
動帶動雙臂同時而動。轉體時，
雙掌首先要保持上勢動作不變，
因為腰髖的轉動之勢，帶動右臂
繼續向右延續掤帶勁力的意念，

圖 92

同時左掌輔助右掌的動作向右引
帶。當左腳提起向側前邁出，腳跟著地時，雙臂同時內外旋轉
相合。上下動作要相隨相合，意貫雙臂，為雙掤勁。

第 62 式　右野馬分鬃　　　第 63 式　左掤勢
第 64 式　上步右攬雀尾　　第 65 式　單　鞭

　　（均同前）

第66式　左玉女穿梭

傳統楊式太極拳套路中典型的以「四隅」方向（即四個斜向）的路線為主的連續動作就是玉女穿梭。在套路練習時雖然有左、右玉女穿梭之分，但其動作要領是相同的，只是動作方向及動作過程中的具體演練方式略有不同而已。

玉女穿梭的動作在練習時，對於它的勁力特點的體現目前有兩種講法，一種認為：「穿梭」的含義是指前臂的動作（無論左臂還是右臂為前時）在動作過程中含有向前上穿架的動作含義。比較強調穿的動作含義的體現；另一種的解釋為：「穿梭」是形容向前推按的掌法動作速度之快，勁力之猛。其實兩種解釋並不矛盾，無論是穿架也好，還是架撐也好，都是首先有著防衛的動作意識，而向前的按推掌才是進擊的動作實質。兩者缺一不可。

此勢動作時，首先要注意的是，身體向右轉帶動右腳提起向前邁出時，右腳落地的方向是關鍵。例如：在本書的套路中單鞭動作的身體面向正東方向，身體右轉，右腳的落點方向應為西南方，即身體向右轉動了135度。只有明確了轉體的方向，左玉女穿梭的動作才能正確的完成。在動作過程中要注意到立身中正，腰髖鬆沉，雙掌的動作隨腰髖的轉動協調而動，手腳的動作上下相隨，沉肩墜肘、雙臂撐圓、圓活飽滿。拳諺所云：「亂環術法最難通，上下隨合妙無窮。陷敵深入亂環內，四兩千斤著法成。手腳齊進橫豎找，掌中亂環落不空。欲知環中法何在？發落點對即成功。」所以，動作在練習時要認真揣摩的，體會其中的奧妙。

同樣其它方向的的穿梭動作，轉體、邁步是關鍵。

圖93

圖94

技擊含義：對方由右後向我襲來，我即轉身，先以右掌接迎，在向右掠帶的同時，左臂由下向上撐架，將對方重心破壞，同時左腳向前上步，右掌迅速進擊對方胸部，將對方擊倒。（圖93、94、95）

第67式　右玉女穿梭

目前在民間流傳的傳統楊式太極拳套路中，從左式穿梭的動作到右式穿梭的動作過程練習時有兩種方式：一種如本書所描述：由左玉女穿梭定勢，右腳隨身體向右轉，先提起落地，然後左腳內扣，重心穩固後，右腳再向前邁出，分為兩部份進行完成；另一種為：一次性完成動作，即由左玉女穿梭定勢，右腳提起隨身體向右轉，邊轉動邊找對方向再邁步。澄甫宗師在教學時一開始即如此。經過常年教學認為一次性完成動作，不僅身體重心不易掌握，極易產生身體傾倒的現象，而且動作方向也不易準確掌握。所以就改進為如本書所描述，這樣重心不僅穩定，動作方向也能準確掌握。我祖父教我練習時，兩種

圖 95

圖 96

圖 97

圖 98

練習方法都讓我掌握，揣摩兩種練習的細微之處。

　　技擊含義：對方由右後向我襲來，我即轉身，先以左掌接迎，在向右掠帶的同時，右臂由下向上撐架，將對方重心破壞，同時右腳向前上步，左掌迅速進擊對方胸部，將對方擊倒。（圖 96、97、98）

第 75 式　下　勢

　　下勢動作是傳統楊式太極拳術中唯一的一組以仆步的形式出現的動作，在整套的動作中總共出現兩次。兩次的共同點是：下勢動作都是以弓步動作為起始，仆步動作形成後，接下來都是以弓步為銜接式，然後再進行下面的動作。不同點是：一次是以獨立步的動作形式出現，另一次卻是以虛步的動作形式出現，自然動作的表現形式及勁力變化也是不同的，對於兩種不同動作形式，將結合具體動作進行詮釋。

　　一般講，下勢動作前的弓步動作開步要大些，就是指雙腳的前後及橫向距離要略大些，這樣有利於仆步動作的形成。從單鞭式的弓步，身體右轉的同時，雙腳要按右展（右腳）、左扣（左腳）的順序進行。腰髖的鬆沉，尾閭的中正，是仆步形成的動作關鍵，也是保持動作穩定的要領。當仆步形成後，腰髖的轉動帶動左掌沿左腿內側向前穿掌。肩肘的鬆沉，增加了左手穿掌的力度和右勾手向外撐力的內涵感覺。

　　拳理所講：「身滯則進退不能自如，故要身靈。舉手不可有呆像。彼之力方礙我皮毛，我之意以入彼骨內。兩手支撐，

一氣貫穿。左重則左虛，而右已去；右重則右虛，而左已去。氣如車輪，周身具要相隨。有不相隨處，身便散亂，便不得力，其病於腰腿求知之。」下勢的動作也稱之為「瀉力法」，如對方用力過猛，我則順勢以下勢動作緩解其力，此為「力過則瀉」。又可稱之為「補氣法」，若對方用力牽引我，它必定產生憋氣現象，我若稍加力向後牽引，對方必定隨之加力牽拉，憋氣現象隨之加重，我則順勢發之，彼必仰倒，此為「氣過則補」。

技擊含義：對方以猛力進擊，我則順勢以撲步化解其力及其來勢，然後再反擊，撲步是以腿為進的方法。（圖99、100）

圖99

第76式　左獨立

此勢動作的名稱民

圖100

圖 101 圖 102

間流傳的有：「錦雞獨立」、「金雞獨立」、「更雞獨立」、
「寒雞獨立」，以及「獨立式」等等，雖然名稱繁多，也是大
同小異，其意就是要提請練拳者注意到此勢動作的重點就是要
立身中正，虛領頂勁，動作姿態要挺拔。在挺拔之時，還要注
重身形的動作要領的體現，即含胸拔背，鬆肩垂肘，肩背舒
鬆。

　雖然是獨立式，但也要做到力撐八面，從弓步到獨立動作
的完成，不僅是支撐腿的直起，更重要的是要以意領氣，以氣
帶動，虛領頂勁，身體才能沿縱軸直起，在動作過程中重心保
持穩定，身體才能不偏不倚。在起身的同時，左掌翻轉下落，
為掤按勁。同時右掌穿提，為擎勁，這一起一落，以意領為
主，動作要輕靈，柔和、緩滿，勁力要飽滿，動作要和順。上
下要相隨，肩髖要相對。左臂具有向後的撐勁，左掌含有向下
的掤按之意。左肩鬆沉，但身體不可向左傾斜。右掌的穿提。
意貫虎口的同時，右臂還具有向前的立掤勁。右肩背要舒鬆，
沉肩垂肘，右掌指與鼻相平時，還要達到肘膝相對。

這些動作完成的中心要點就是要尾閭中正，腰髖要鬆沉，含胸拔背，精神提起，意識放鬆，動作才能不僵拙，沉穩之中寓有輕靈，獨立支撐八面，勁力節節貫通。

技擊含義：該勢為乘勢攻擊法，例如接前勢，對方意寓後撤時，我即跟進，一掌按其手，一掌托其臂，同時用腳攻擊對方的下部。（圖101、102）

第77式　右獨立

第78式　左右倒攆猴（右倒卷肱1）

第79式　斜飛勢　　　第80式　提　手

第81式　上　勢　　　第82式　白鶴亮翅

第83式　左摟膝拗步　　第84式　海底針

第85式　閃通臂　　　第86式　轉身撇身捶

（均同前）。

第87式　白蛇吐信

傳統楊式太極拳套路中，白蛇吐信的動作過程與轉身撇身捶的動作身法變化是一樣的。白蛇吐信的動作是傳統楊式太極拳套路中兩種探穿掌法之一，它的動作是由兩部份組成：轉身收掌及弓步探掌。「轉身」強調了此動作身法的變化，在轉身的時候，首先要注重的是虛領頂勁，尾閭中正，即腰髖的轉動

帶動身體沿縱軸的旋轉。雙腳的距離與肩同寬，以避免雙腳在同一直線上的現象出現。左腳、右腳、身體重心垂線三點確定了動作姿勢的穩定性，加強了掌的動作的力度。如轉身撇身捶，「撇拳（捶）」動作的翻打，是在大幅度轉體的情況下借勢進行的。右拳的翻打是以右肘關節為圓心，右前臂為半徑，拳以扇面形的動作弧線體現。右拳擊打時意貫拳背，是翻打、格擋的意思。鬆肩垂肘，右臂撐圓，是右拳動作姿態，勁力通順的的基礎保證。變化到白蛇吐信的動作時，隨身體重心的右移，右弓步的形成，腰髖的繼續右轉，右拳變掌回收，含有引帶、化解之意。左掌橫掌推出，此時意貫左掌外沿及左臂，稱之為「剛勁」或「截勁」。其作用全在右掌的引入落空，對方不能化解時，向對方中心發力。動作上應虛領頂勁，含胸拔背，肩肘鬆沉，立身中正，斂氣凝神，力由腳而腿，而腰、而掌，節節貫通。隨後，腰髖的回轉，身體的左轉，帶動右掌的伸出，此時意貫右掌指，為「長勁」。所謂長勁就是勁路意氣的延伸。

在傳統楊式太極拳術中，凡用身法和手法將對方勁力順勢化解稱之為「吞」，也可以看作是合勁。而用身法和手法順勢借力進擊，稱之為「吐」，也可以看作是開勁。這動作上的一開一合，勁力上的一吞一吐，技法上的一化一進，就把白蛇吐信的動作的圓活連貫，連綿不斷，勁力的剛柔相濟有機的組合起來。

技擊含義：對方由右後用右拳進擊，我急速轉體，以右拳自上而下撇拳翻打格擋。並順勢拳變掌向後引帶化解對方之勢，隨即以左橫掌進擊對方胸部，對方以左手推攔，我轉腰化解以右掌進擊對方軟肋及喉頭。（圖103、104）

圖 103

圖 104

第 88 式　進步搬攔捶　　第 89 式　上步右攬雀尾

第 90 式　單　鞭　　　　第 91 式　左右雲手

第 92 式　單　鞭　　　　第 93 式　高探馬

　　（均同前）。

第94式 穿 掌

傳統楊式太極拳套路中以掌指為力點出現的動作有雙探掌、白蛇吐信和進步穿掌。無論是何種方式的單掌或雙掌的前探，都是在弓步形成的同時完成前伸探掌的動作。

探掌動作時，雙臂或單臂的前伸，都要做到立身中正，鬆肩垂肘，肩背舒展，鬆腰沉髖，氣沉丹田，雙臂保持弧形，意貫掌指。在練習時要注意到雙臂不可伸直，伸直則肩關節極易聳起，不僅動作外形笨拙，而且勁力內含也僵硬，失去了太極拳術中虛中有實、實中有虛的意念。同時也達不到動中寓靜、靜中寓動的拳理要求。雙臂過於彎曲，動作外形顯得軟塌無力，自然就談不到勁力的合理運用。所以，太極拳術中直與屈之間的概念，不包含日常的直、屈的直觀的感覺，而應是似直非直、似屈非屈的感覺。使得勁力的變化能隨心所欲，雖然是意貫掌指，但肩背要舒展，不可以身體的重量壓到手掌，否則就容易產生身體前俯、突臀的錯誤動作外形。弓步動作的形成與掌指的前探動作要體會到「其根在腳，發於腿，主宰於腰，行於手指。由腳而腿、而腰，總須完整一氣。向前、後退，乃能得機得勢。有不得機得勢處，身便散亂，必至偏倚，其病必於腰腿求知。上下、前後、左右皆然」。

技擊含義：(1)我用右橫掌進擊對方，對方以右手攔截，我則順勢化解的同時，上左步以左掌指進擊對方喉部及頭部。(2)對方以直拳進擊，我以右掌蓋壓的同時，上左步以左掌指進擊對方喉部及頭部。（圖105、106）

圖 105

圖 106

第 95 式　轉身單擺蓮

　　目前在民間流傳的傳統楊式太極拳套路，此勢動作有兩種練習方法，一種名稱為「轉身十字蹬腿」或「十字蹬腿」，即右腿以前蹬的形式出現。另一種為本書所描述，「轉身單擺蓮」，右腿以擺蓮腳的形式出現。此勢動作是澄甫宗師所變動，據我祖父講：「楊老師提到拳術套路中蹬腳的動作比較多，只有一個雙擺蓮動作，顯得有些單調，變動一下，使得套路中前有單擺蓮，後有雙擺蓮，不僅前後動作有相互呼應之意，而且也豐富了腿法的變化。」

　　拳諺也提到：「絍手高探對心掌，十字擺蓮往後翻。」雖然有的名稱中「連」、「蓮」音同，字不同，但其意相同，形容動作「如同蓮花連續擺動」。我所珍藏的 30 年代，澄甫宗師在我家親自教我祖父動作的照片，就是佐證。

　　此勢動作，首先要注意的是扣腳轉體的動作過程，身體轉動為 180 度，左腳的內扣幅度也很大，因此髖關節的放鬆是轉

體的動作關鍵，尾閭中正，以左
腳跟為軸，以腰的轉動為主，身
體沿縱軸旋轉。其次是虛步擺掌
的動作，右腳的點地位置同樣不
可忽視，雙腳的橫向距離太寬，
極易產生身體重心向右偏斜，身
體向右傾倒的現象。橫向距離
小，身體重心不穩，易產生身體
前俯、突臀，左右歪臀的弊病。
因此，雙腳的橫向距離要與肩同
寬，右腳的點地要成順勢。左七
右三的重心分配，是絕不可忽視
的。自然立身中正，含胸拔背，
鬆腰沉臀，沉肩墜肘，雙臂撐圓
的動作要領同時要體現出來，
「發勁須上下相隨，乃能一往無
敵；立身須中正不偏，方能八面
支撐。靜如山岳，動若江河。」

圖 107

圖 108

　　技擊含義：對方從身後向我
進擊，我急轉身；以雙掌封護自
己，將對方拳掌格擋，迅速起腿進擊對方下部，同時用左掌拍
擊對方面部。（圖 107、108）

第 96 式　上步指襠捶

　　指襠捶，也是傳統楊式太極拳術中五種拳法之一。「指
襠」顧名思義就是直接擊打對方的下部的動作，但在此動作過

程中，雖然右拳的動作幅度不是相當大，卻也是右拳的運動過程從右腰側向前直打。鬆腰沉髖，身體重心下沉，身型上要達到「立身中正」的要求。即使是右拳直打，上體也要保持正直。就盡量避免了為了追求直打的效果而失去身體的平衡，產生俯身、突臀，左右歪髖的錯誤動作。當然也就不符合「斂臀」和「尾閭中正」的拳理要求，這一點是要注意的。

其次身體重心的前移，左腿屈膝前弓成左弓步時，身體的平穩位移，髖關節沿水平位置的運動，是避免動作過程中身體上下起伏的要點。「尾閭中正」是貫穿始終的。而「主宰於腰」，腰髖的轉動卻起著主導作用。左掌、右拳的動作要隨腰的轉動而動，腰的左轉動切不可搖晃，因為一晃動必然產生身體俯仰，歪髖與拳理不符。雙掌的運轉，勁力的變化尤其要注重體會。動作1左臂的擺掌與動作3左掌由右肩前落於右腹前的勁力為「截勁」，截擊對方動作，使之失去重心，所以要意貫右臂左側，左臂下側。右掌握拳提收時，先要意貫肘關節的同時又要具備向下的挒勁，所以是下挒勁與肘勁的合力。

動作1動作完成時，要意貫雙臂，同時含有向外的挒勁。「鬆腰沉髖」，「含胸拔背」，「沉肩垂肘」是勁力貫注到雙臂的保證。在此勁力意識下，由腰的左轉、將右腿的腿腳之力，運用到指襠捶和下摟掌。指襠捶時，右臂邊內旋邊向前直打，拳面朝前，要鬆肩、送臂、坐腕。「沉肩垂肘」，力達拳面。下摟掌時，意貫左臂後側撐勁的同時，又要有向下和向外的挒按勁，虎口向前，是為了便於拿採對方，這也是傳統楊式太極拳動作的獨特風格。肩髖上下相對相合，避免了過份強調向前送肩、或兩肩高低不平的現象。因而栽捶動作的勁力、步法的變化是極其重要的，也是要細心體會的，可以藉由單勢、

定勢（以定勢架勢做較長時間的練習）體會動作的勁力。因為拳諺所云：「氣宜鼓盪，神宜內斂。勿使有缺陷處，勿使有凹凸處，勿使有斷續處。」「一身之勁，練成一家。分清虛實，發勁要有根源：勁起於腳跟，主宰於腰間，行於手指，發於脊骨。」

技擊含義：一手摟開對方的進擊的手或腳，我向前上步，插於對方腿後，或踩踏對方一腳，另一拳向前擊打對方下部。（圖 109、110）

第 97 式　上步右攬雀尾

第 98 式　單　鞭

第 99 式　下　勢

（均同前）。

圖 109

圖 110

第100式 上步七星

傳統楊式太極拳套路中，上步七星的動作是從低架式仆步變化到高架式虛步的動作，是步法幅度變化比較大動作之一。因而動作要領掌握的正確與否是極其重要的，從低架式仆步變化到高架式虛步，其中重要的過渡動作是弓步起身。

弓步起身的動作，首先要解決好身體轉動的同時，左腳先向外展，腳尖轉正，然後右腳隨之內扣135度。此時，身體重心前移，左腿前弓，動作要緩慢完成，要時時注意虛領頂勁，身體沿縱軸方向，向上頂起，立身中正意貫頭頂。切不可起身時，髖關節向左側突歪，用俯身前沖之貫性動作起身。隨身體左轉重心前移，左掌繼續向前穿伸，此時意貫掌指。

當弓步形成時，意貫左臂下側，為「立掤勁」。同時右臂內旋，轉動勾尖向上，力達右臂及勾背。腰髖鬆沉，肩背舒展，立身中正。如拳諺所云：「肌膚骨節，處處開張，不先不後，迎送相當。前後左右，上下四傍，轉接靈敏，緩急相當。」

當動作完成後，左腳外轉，幅度在30～45度之間，重心於左腿，右腳要蹬地提起，輕提慢放，成右虛步。充分體現出邁步如貓行的勁力內涵。右前腳掌踏地成右虛步時，右前腳掌要具有支撐感，身體的重心分配為左七、右三。雙臂相合雙拳上架，雙臂要撐圓，含胸拔背，沉肩垂肘，尾閭中正，鬆腰鬆髖，氣沉丹田，勁起於左腳，力達於雙臂，以增加前後之間的張力，以保證動作姿態的中正安舒。雙臂舉架的同時，不僅力達雙臂上側，雙臂同時還要意貫雙臂外側，具有向外的雙掤勁。此勢動作幅度雖然不大，但要體現出拳諺所云：「圓之出

入，方之進退，隨方就圓之往來也。方為開展，圓為緊湊。方圓規矩之至，其孰能出此以外哉。」自然動作之間的協調一致，上下動作的相隨相輔是絕不可乎視的。

技擊含義：

(1) 對方以右拳進擊，我以左掌向外搠化，同時以右拳自下而上攻擊對方下頜。右腳提起進擊對方前進腿的迎面骨。（圖 111、112）

(2) 對方以右拳進擊，我以雙拳十字架起，隨即起腿進擊對方下部。（圖 113）

圖 111

圖 112

圖 113

第101式 退步跨虎

傳統楊式太極拳套路中，左虛步、雙掌上下、左右分開外形相似的動作是白鶴亮翅和退步跨虎。這兩個動作的共同點是，雖然動作外形看似直立，但是動作要領卻是絲毫無變。首先身形要達到虛領頂勁，含胸拔背，鬆腰沉髖，收腹斂臀的要求。既要有向上的挺拔之勢，又要含有向下的沉勁，這樣就有上下對拔、把身肢拉長的感覺。雖然是右臂同樣向上擎托高舉，但是鬆肩、垂肘的動作原理也要充分體現，右肘關節不可揚起，要鬆沉，右肩與右掌指呈一弧形，雙臂要呈弧形不可挺直，才能將腿腳之力，腰髖之勁，通暢地灌注到雙掌。前三（左腳）後七（右腿）的身體重心的合理分配，就是整體動作勁力的基礎保證。

含胸拔背、鬆腰沉髖、鬆肩垂肘，加強了身體重心的穩固性，同時也保證了呼吸的深沉，也充分體現出太極拳原理中所包含的升、降，虛、實，開、合，採按、擎托等相對、統一的哲理。以心意之動，寓動作之形，如拳諺所云：「心氣一發，四肢皆動。足起有地，動轉有位。或黏而游，或連而隨；或騰而閃，或摺而空；或掤而掤，或擠而按。」動作外形相似但勁力的運用卻有相當大的區別，白鶴亮翅的動作，意貫右掌虎口，右掌是向上擎托高舉之意，左掌為掤按之意。退步跨虎的動作，意貫雙掌及前臂外側，為向外開展、撐掤之意。

退步跨虎的動作要注重身體左右的轉動，在軀幹端正，旋轉圓活，舒展大方中寓有緊湊之感。雖然定勢時雙掌左右分開，更須注意開中寓合，合中寓開的意念。

技擊含義：對方以雙拳左右同時向我進擊，我即以雙掌將

對方雙拳分開，隨即起左腳攻擊對方下部。（圖114、115）

第102式　轉身雙擺蓮

圖114

傳統楊式太極拳套路中，轉身雙擺蓮，是唯一的一組以大幅度轉身，運動速度相對較快的動作組合。而且對腰腿功夫的要求較高。從整體動作過程講是向右後轉身360度。但是，在具體動作過程中，動作1、2是相當重要的環節。從退步跨虎的定勢到動作2身體轉動的方向應為退步跨虎的定勢的左後側方45度，也就是，身體沿順時針方向轉動了近230度左右，左腳

圖115

跟的落點以此方向為宜。在身體轉動的過程中首先是身法的正確，尾閭中正身體沿縱軸方向旋轉，鬆肩墜肘，含胸拔背、氣沉丹田，加強了身體重心的穩固性。身軀的中正，才能達到敏捷中求穩定。動作3是整體動作啟、承、轉、合的銜接點，腰髖的動轉使得身體繼續右轉，左腳內扣，重心左移，右腳點地成虛步，雙掌一引化、一抹掌，把整體旋轉動作完成。

擺連腳時，轉動帶動右腳自左向右上以扇形向外擺動，力達右腳背外側為橫擺勁。動作如張開扇面，雙掌同時自右向左順序拍擊腳面，不可將此動作做成向右踢腿的現象，也不可為了擊拍腳面而彎腰俯身，失去中正安舒之意。

目前在民間流傳的此勢動作名稱，「連」與「蓮」通用。一為延續不斷，連接和順的寓意。另一為此勢動作猶如風擺蓮花般的象形比喻。自然動作的連續和順，快速度的大回轉和擺腿是本勢動作的特點。

技擊含義：(1) 對方以右拳進擊時，我以右掌握其腕，左掌虎口卡其上臂形成撅臂之式，同時向右轉體，以左腳勾掛對方一起，使之傾倒將其制服。

圖 116

(2) 對方由身後進擊，我即刻迅速轉體，雙掌用捌或採或掤的動作防化，同時起腿攻擊對方形成上下夾擊之式使之難以招架。（圖116、117、118、119）

圖 117

圖 118

圖 119

第 103 式　彎弓射虎

　　傳統楊式太極拳套路中，彎弓射虎是唯一的一組弓步方向
與雙拳的動作方向，在兩個不同的隅向的動作。如前面所描述
的玉女穿梭的動作，雖然弓步的方向全是隅向，但雙掌的動作
方向都為順勢順向。彎弓射虎上下動作方向的不同，不僅加強
了身體轉動的幅度，同時也強調了主宰於腰，以腰的力量加強
了雙拳的力度意識。突出了左顧、右盼、中定連的重要性。彎
弓射虎雙掌動作的勁力的變化，是以不同的階段，以不同的勁
力方式出現，但總的動作意識是延續不斷的。如動作 1 轉體邁
步時，意貫雙掌及前臂下側，為掤之意。動作 3、4 在繼續延
續掤勁的同時，雙掌握拳勁力變化為掛帶之意，當轉體弓步時
隨腰的轉動雙拳向前擊打，力達雙拳面。身形要達到虛領頂
勁，立身中正，鬆腰沉髖，沉肩墜肘，肩背舒展，氣沉丹田，
雙臂撐圓。

　　動作意識要如拳諺所云：「拳之運動，惟柔與剛；彼以剛

來，我以柔往；彼以柔來，全在稱量。剛中寓柔，與人不忤；柔中寓剛，人所難防。運用在心，不矜不張。中有所主，無人猖狂。隨機應變，終不驚慌！」

技擊含義：對方以拳向我進擊，我以雙掌才掤化，趁對方回撤之時，我即順勢轉身以雙拳擊打對方胸部、肋部及頭部。（圖 120、121）

第104式　進步搬攔捶

第105式　如封似閉

第106式　十字手

（均同前）。

第107式　收　勢（合太極）

傳統楊式太極拳套路中，

圖 120

圖 121

圖 121 正面

「無極式」是現在人們所經常提到的「預備勢」，而「合太極」是整套動作的結束動作姿勢。其實，就是「合太極」返回「無極式」，即結束動作返回預備勢。其動作要領是貫穿整套動作的精髓。《太極拳論》首先提到「太極者，無極而生，陰陽之母也。動之則分，靜之則合。」

從整體外觀講，「合太極」的動作要做到身體自然直立。動作極其簡單看似容易，但卻內含了極其複雜和嚴格的動作要領。從傳統楊式太極拳動作要領和練習法則講，「合太極」動作就要做到：頭頂懸；虛領頂勁，身體自然挺拔。眼平視；精神提起，意念集中。口微開；舌抵上腭，呼吸平緩。下頜微收；豎項立頂，立身中正。肩鬆沉；神態自然，呼吸下沉。含胸拔背；身體自然舒鬆。肘微屈；雙臂保持弧形，動作飽滿。鬆腰；沉髖，身體重心平穩。尾閭中正；收腹斂臀，身體保持自然弓形。雙膝微屈；身體避免僵直。十趾微抓地；身體保持平穩，重心穩固。正如《無極歌》所講：「無形無象無分拿，一片神行至道夸。參透虛無根蒂固，渾渾沌炖樂無涯。」又如太極拳論所云：「虛領頂勁，氣沉丹田，不偏不倚，忽隱忽現。左重則左虛，右重則右杳，仰之則彌高，俯之則彌深。進之則愈長，退之則愈促。一羽不能加，蟬蟲不能落。人不只我，我獨知人英雄所向無敵，蓋皆由此而及也！」

傳統楊式太極拳至此收勢合太極，返回無極式，由動入靜，與預備勢前後呼應、對稱，所以稱之為「合太極」。此時，神態安閑，心智爽朗。一般講要靜立 3～5 分鐘，意守丹田。如拳諺所云「氣以直養而無害」，不可草草收勢，而影響演練效果。

大展好書　好書大展
品嘗好書　冠群可期

大展好書　好書大展
品嘗好書　冠群可期